网购顾客后悔

的成因、影响及其管理策略

The Causes, Effects and Management Strategies
of Online Shopping Customer Regret

张初兵◎著

企业管理出版社
ENTERPRISE MANAGEMENT PUBLISHING HOUSE

图书在版编目（ＣＩＰ）数据

网购顾客后悔的成因、影响及其管理策略 / 张初兵
著. -- 北京：企业管理出版社, 2017.1
ISBN 978-7-5164-1393-7

Ⅰ.①网… Ⅱ.①张… Ⅲ.①网上购物—消费者行为
论—研究 Ⅳ.①F713.365.2

中国版本图书馆CIP数据核字(2016)第270876号

书　　名：网购顾客后悔的成因、影响及其管理策略

作　　者：张初兵

责任编辑：申先菊

书　　号：ISBN 978-7-5164-1393-7

出版发行：企业管理出版社

地　　址：北京市海淀区紫竹院南路17号　　邮编：100048

网　　址：http://www.emph.com

电　　话：总编室（010）68701719　发行部（010）68701073
　　　　　编辑部（010）68456991

电子信箱：emph003@sina.cn

印　　刷：北京大运河印刷有限责任公司

经　　销：新华书店

规　　格：170毫米×240毫米　16开本　　21印张　　280千字

版　　次：2017年1月第1版　2017年1月第1次印刷

定　　价：66.00元

序

网络购物已成为大众消费的主流方式。然而，网络购物问题频出，消费者经常会后悔。由于网络购物与传统购物的情境差异，原有顾客后悔理论并不能很好地解释网购顾客后悔。因此，有必要对网购顾客后悔进行深入研究。

本书的主要研究结论如下：

（1）遵循从具体到抽象、由表及里、由浅入深的认识逻辑，提出网购顾客后悔三层次特征，分别是情境特征、基本特征与核心特征。情境特征包括频发性、可逆性与易逝性；基本特征包括自责性、两面性与多维性；核心特征包括认知性、决策性与比较性。

（2）考虑网络购物的特点，将购后等待纳入消费者购买决策过程中，提出消费者网购决策过程。据此，从决策过程视角，提出并论证网购顾客后悔包括过程后悔与结果后悔，结果后悔又包括等待后悔与评价后悔，而评价后悔又包括选项后悔与意义后悔。

（3）根据"消极事件或情感→上行反事实思维→后悔"的理论逻辑，借鉴网上零售服务失败类型以及现有后悔成因研究成果，采用关键事件法对网购顾客后悔的成因进行探索性研究，发现网购顾客后悔成因包括服务传递失败、顾客需求不符、卖家行为不当和购后外部刺激四大类。其中，服务传递失败和顾客需求不符是网购顾客后悔的主要成因。

（4）财务与程序转换成本都会通过后悔正向影响负面口碑相传；等待不满对感知订单处理时间和感知商品配送时间与后悔的关系有中介作用；服务补救后程序、交互与分配公平会负向影响后悔，但两两或三者之间的交互效应并不显著；网商服务质量中的有形性、响应性与移情性对后悔没有影响，但是可靠性与保证性会负向影响后悔。

（5）网购顾客后悔积极影响包括积极认知功能（加深理解、洞察自我与指导决策）与积极行为功能（增进交流）。此外，网购顾客后悔对增进交流的作用效应最强，而对加深理解与指导决策的作用效应相对次之，对洞察自我的作用效应最弱。性别与网购经验对加深理解、洞察自我、指导决策和增进交流均没有显著的影响。

（7）借鉴传统应对策略量表，研究发现消费者越后悔，越会进行积极表达应对，而不会回避应对。进一步，设计开发出网购顾客后悔应对策略多维量表，包括计划解决、表达应对、心理摆脱与坦然接受，而表达应对又包括网下寻求社会支持、网上表达应对（网上寻求安慰和社交平台诉说）。其中，网上表达应对维度被首次提出。

（8）根据后悔是否出现，将网购顾客后悔分为潜在后悔与现实后悔。一方面，从网商、顾客与外部诱因来识别潜在后悔，并提出真实呈现、充分沟通与凸显差异三种预防策略。另一方面，通过售后调查、在线监测和定期回访来评估现实后悔的程度，并提出参与式解决、社会性支持、损失性补偿、可逆性保障与跨期式关怀五种干预策略。

本人就职于天津财经大学商学院市场营销系，并在南开大学商学院工商管理博士后流动站工作。本书是国家社会科学基金青年项目"网购消费者后悔情绪的成因、影响及其管理策略研究（项目编号：12CGL048）"的研究成果。在项目研究过程中，特别要感谢我的博士后导师李东进教授与硕士生导师易牧农教授的悉心指导，还要感谢项目组成员陈旭辉、张童、侯如靖、周永军博士以及段建华硕士的努力工作，还要感谢吴波、李研博士的无私帮助。此外，在项目研究过程中，参考了国内外许多学者的相关研究成果，并在书后列出了主要参考文献，在此一并向他们表示感谢。

张初兵

2016 年 5 月

目　录

第一章 导论

在本章中，首先，阐述本研究的现实背景与理论背景；其次，从理论与实践两个方面阐述研究意义，并明确研究目标；再次，将研究目标分解为具体的研究内容，并总结出与之相匹配的研究方法；最后，从整体上总结陈述研究路线与结构安排。

第一节 现实与理论背景

一、现实背景

网络购物在我国得到了快速发展，并逐渐成为人们购物的主要渠道，但是网络购物失败、问题频出，网购顾客经常因此而体验到后悔情绪。

1. 我国网购市场巨大，用户数量不断攀升

根据中国互联网络信息中心发布的中国网络购物市场研究报告，2006—2015年，我国网络购物交易金额始终保持高速增长，即使在2013年也达到40.5%的高增长率，交易规模达到1.85万亿元，占到社会消费品零售总额的7.9%（见图1-1）。目前，我国已成为全球最大的网络零售市场，不仅如此它还将继续快速增长。据商务部预测，2020年中国网络购物市场规模将达到4.2万亿元，超过美国、英国、法国、德国和日本五国之和。

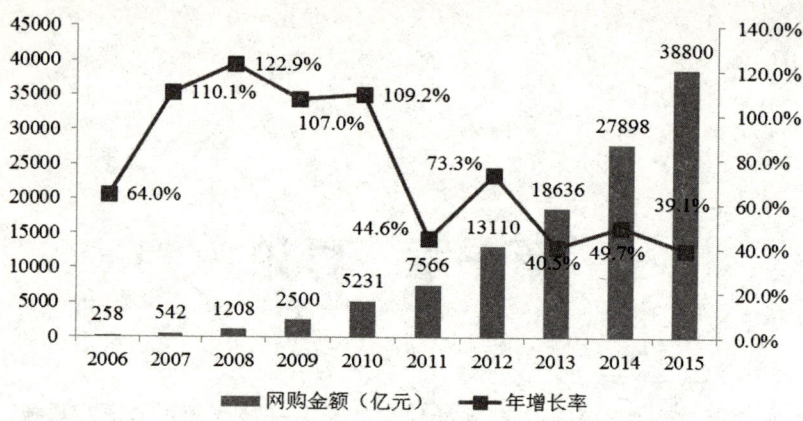

图 1-1　2006—2015 年中国网购交易金额及增长率

资料来源：中国互联网络信息中心。

　　我国网络购物用户数量稳步上升，截至 2015 年年底，达到 4.13 亿元。网络购物用户渗透率[1]保持高速增长，从 2012 年的 42.9% 提升至 2015 年的 60.0%（见图 1-2）。此外，据中央电视台发布的《中国经济生活大调查 2013–2014》显示，2013 年我国网购过的家庭高达 81.52%。越来越多的网民开始从网上买东西，网购用户数量不断攀升，这为我国网络购物市场持续快速发展奠定了坚实的用户基础。

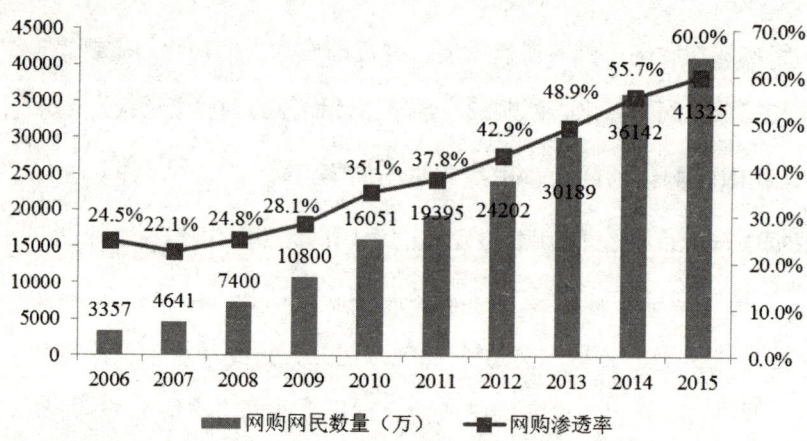

图 1-2　2006—2015 年中国网购用户数量及渗透率

资料来源：中国互联网络信息中心。

---

[1] 网络购物用户渗透率是指半年内在网上买过东西的用户数量占网民数量的比例。

2．网络购物问题频出，消费者经常会后悔

网络购物快速发展，但很多顾客对其并不满意。据零点研究咨询集团发布的《2012年3·15消费调查之网络购物》调研结果显示，受访者中有近八成明确表示有网购经历，其中对过去一年网购经历满意的占81.3%，其中非常满意的只占8%，而不满意的占比接近两成，占18.7%。从不满原因（多选）看：实物和想象差异较大是首要原因，占比为63.2%；商品质量问题次之，占比为50.0%。随后依次为：物流配送太慢占比为14.7%，服务态度不好占比为10.3%，运费太高占比为8.8%，商品价格偏高占比为4.4%，网上支付安全性不高占比为4.4%，网站设计不合理占比为2.9%。由于"看得见，摸不着"的网购特点，一些顾客不满在所难免，所以网商的服务水平必须跟上。

网络购物顾客投诉问题十分突出。2015年，中国消费者协会受理远程购物投诉20 083件，占销售服务类投诉的69.86%。在远程购物投诉中网络购物占比95.41%。再根据中国互联网络信息中心发布的《2013年度中国电子商务用户体验与投诉监测报告》显示，网购顾客投诉最多的十大问题，依次为退款问题（21.21%）、售后服务（13.48%）、网络售假（10.61%）、退换货物（10.15%）、发货迟缓（8.75%）、网络诈骗（8.64%）、质量问题（7.42%）、订单取消（6.82%）、虚假促销（6.51%）和节能补贴（3.33%）。

这些网购不满与投诉会使消费者更积极主动地去搜索或想象有其他更好的选择，进而体验到后悔情绪。网购顾客后悔是极其普遍的现象，比如，或因产品质量差而后悔，或因延迟交货而后悔，或因网络售假而后悔，或因无法退换而后悔。以退换货服务为例，据艾瑞咨询发布的《2012年中国网络购物用户网购流程满意度研究》显示，成功退换过部分商品的顾客占53.2%，觉得浪费时间而放弃退换货的占33.5%，试图退货但门槛过高未能成功退换的占13.3%。其实，当商家放松退换货政策且其简单明了时，55.9%的顾客会经常光顾，46.6%的顾客会向亲朋好友推荐，41.8%的顾客会更加关注商家的服务水平而非价格，37.0%的顾客会放弃在退货时比较麻烦的商家购买。即便如此，仍然

有大量的网商实施严格的退换货政策。

为此，在新修订的《消费者权益保护法》（以下简称《消法》）中，提出消费者"后悔权"制度，明确规定"网购7天无理由退货"，这为网购提供了法律保障。但是，在实际执行的过程中却遭遇到各种困难。尽管新《消法》中规定了哪些商品门类不在"7天后悔权"之列，但是网商们并没有严格执法，而都有自己划定的不支持"7天退货"的商品范围。比如，亚马逊规定，食品类母婴商品、食品类商品、酒类商品、食品类宠物商品、美容化妆类商品、美容类宠物商品、个护健康类（医疗器械类除外）以及血糖仪及血糖试纸类商品等不予办理退换货。

二、理论背景

关于后悔的研究由来已久，从不同学科视角形成了大量的研究成果，但是对顾客后悔的研究并不充分，尤其是网络购物情境中的顾客后悔研究更少。

1. 顾客后悔研究有待继续深入

根据 Zeelenberg 和 Pieters（2007）的总结，后悔研究起源于经济学（Bell，1982；Loomes 和 Sugden，1982）和心理学（Kahneman 和 Tversky，1982；Landman，1993；Gilovich 和 Medvec，1995），之后被延伸到营销学（Inman 和 McAlister，1994；Simonson，1992；Tsiros 和 Mittal，2000；Inman 和 Zeelenberg，2002；Keaveney 等，2007）、组织行为学（Maitlis 和 Ozcelik，2004；Goerke 等，2004）、医学（Brehaut 等，2003）、跨文化心理学（Gilovich 等，2003）、健康心理学（Connolly 和 Reb，2005；Chapman 和 Coups，2006）和神经科学（Camille 等，2004；Coricelli 等，2005）等领域。

经济学和心理学对后悔探讨的侧重点并不相同。经济学主要是将后悔纳入到经济决策模型中，用于完善原有模型，进而更好地解释经济现象。比如，Bell（1982）、Loomes 和 Sugden（1982）都认为期望效用理论过于理想化，所以他们放弃独立性公理假设，并将后悔和欣喜两种相对立的情绪纳入效用函数中以解释非理性决策。心理学研究却不同，心理学家主要是对后悔情绪的心理活动过程进行剖析，并考察它对行为决策的影响。比如，Kahneman（1982）从心理角度提出反事实思考理论来解释后悔的形成机理。从整体上看，经济学中的后悔只是影响行为决策的一个解释变量，而心理学中的后悔是一个具有丰富内涵的情绪。绝大多数延伸学科都是基于心理学的相关理论对其展开研究。

从顾客后悔的研究历程来看，Simonson（1992）最早将后悔情绪引入消费者行为研究领域，截止到2014年也才只有22年的时间，国外学者对其进行了持续的研究，但是国内学者对其关注不够。梳理文献发现，学者们在综合心理学和营销学相关理论的基础上，对顾客后悔形成机理和影响效应做了大量的研究。不过，还有几点不足：首先，对顾客后悔的形成机理做了较多探讨，但是对其影响效应的剖析不够深入，尤其是顾客后悔的积极影响；其次，顾客后悔毕竟是一种消极情绪，而且出现的频率非常高，但是关于顾客是如何应对或处理后悔情绪的探讨很少；再次，顾客后悔的研究不够全面，有些重要问题却被忽略，比如，顾客预期后悔、顾客不行动后悔、网购顾客后悔等。

2．网购顾客后悔研究成为新方向

网购顾客后悔有其特殊性，它至少会在下述三方面存在不同。

首先，后悔的表现形式会发生变化。Zeelenberg（1999）将后悔定义为"当人们意识到或者想象到，如果当初采取不同的行动，现在结果可能会更好时，产生的一种基于认知的、负面的情感"。无论是顾客后悔还是网购顾客后悔，后悔的内涵并不会存有多大差别，但是它们的表现形式会有所不同，甚至差异很大。简单来说，网购顾客后悔出现的频率更高，这是由网络购物的特点决定的。众所周知，顾客在网购时只能看得见却摸不到商品，所以他们很难全面评价商品，为此在拿到货后不免会因各种原因而产生后悔情绪。我们断定，绝大多数网购顾客都有过后悔经历，而且有些顾客近乎每次都后悔，只是后悔程度不同。

其次，两种情境下后悔形成机理不同。从后悔成因看，顾客后悔成因主要有：购前因素，如选择集（Taylor，1997）、购买时机（Cooke 等，2001）、信息搜寻、替代性选择（Keaveney 等，2007）、服务等待时间（Voorhees 等，2009）；购后因素，如有放弃方案的信息、选择方案的结果、现状以及结果的可逆性（Tsiros 和 Mittal，2000）、期望不一致（陈荣，2005；陈荣和贾建民，2005）、产品属性评价、服务属性评价（Keaveney 等，2007）。但是，网购顾客后悔的成因更为丰富，比如网站的信息质量、系统质量和服务质量（Liao 等，2011），网商的退换货政策（李东进等，2013），网购顾客转换成本（张初兵，2013），等等。除此之外，还有很多具有网络购物特点的前因变量与调节变量，它们与网购顾客后悔的关系有待进一步被检验。

再次，两种情境下后悔影响效应不同。顾客后悔会降低满意度（Tsiros 和 Mittal，2000；Cooke 等，2001）、重复购买意向（Tsiros 和 Mittal，2000；Keaveney 等，2007；陈荣，2007），会提高负面口碑相传（黄静和王志生，2007）和转换行为（Zeelenberg 和 Pieters，1999，2004）。按理说，网购顾客后悔的影响效应与顾客后悔的影响效应相同，但是我们并不能拍脑门简单假设。即使变量间的路径关系如此，但是还可能存在各种调节变量的作用。依据科学的研究流程，我们必须对网购顾客后悔影响效应进行理论构建与假设检验，由此才能充分论证得到网购顾客后悔的影响效应。不过，这方面的文献探讨十分有限。

基于上述三方面的情境差异，亟待对网购顾客后悔进行系统全面的研究，用以解释网络购物这种新的消费行为。

第二节　研究意义与目标

一、研究意义

从理论价值、顾客实践与企业实践三个角度，阐述对网购顾客后悔进行剖析的学术价值与实践意义。

1．理论价值

顾客后悔相关理论并不能很好地解释网购顾客后悔。文献中缺乏直接对网购顾客后悔的理论探讨，相关研究还处在起步阶段。本研究从概念界定、形成机理、影响效应、应对策略和管理策略五个方面全面系统地对网购顾客后悔进行深入剖析，这从整体上构建了理论框架，并推动了该领域的发展。此外，顾客后悔研究并没有充分阐明它所带来的积极影响、顾客该如何应对后悔、企业该如何管理后悔。本研究从网络购物情境入手对上述问题进行解答，这是对顾客后悔理论研究的补充与完善。

2．顾客实践

后悔无处不在，顾客从网上买东西时经常会体验到后悔情绪。但是，关于顾客该如何处理或应对这些后悔、哪些应对策略更为有效等问题，从目前来看，并没有明确的理论和实践指导。本研究能使顾客全面系统地认识网购顾客后悔，帮助他们理解、规避、缓解，甚至消除网购顾客后悔。首先，概念界定研究能够告诉顾客，什么是网购顾客后悔，它的内在结构如何。其次，形成机理与影响效应研究能够使顾客知道，他们为什么会后悔，有哪些关键原因，后悔又会带来什么影响，有哪些积极影响。再次，应对策略研究能够帮助顾客找到最有效的方法，缓解甚至消除后悔情绪。

3．企业实践

目前，网商在顾客服务管理中，只关注对顾客满意与不满的调查，并没有足够重视管理顾客后悔的实践价值。无论是概念、成因，还是影响，不满与后悔都存在根本差异。顾客满意度管理并不能完全解决顾客后悔问题。比如，尽管顾客对产品或服务十分满意，但是同时他们也可能会非常后悔。顾客后悔会带来很多消极影响，比如降低顾客满意、重购意向，提高负面口碑相传和转换行为。但是，网商们并没有意识到网购顾客为什么会后悔，也并不清楚如何更为有效地管理顾客后悔。本研究不仅能帮助管理者全面认识网购顾客后悔，而且能教会他们掌握如何管理顾客后悔的方法与技巧。

二、研究目标

本研究的总体目标是在理论分析与实证检验的基础上系统构建网购顾客后悔的理论框架。具体目标：一是清晰界定网购顾客后悔的内涵、特征及其维度；二是重点阐明网购顾客后悔的形成机理与影响效应；三是综合提出网购顾客后悔的顾客应对策略与网商管理策略。

第三节　研究内容与方法

一、研究内容

基于前文阐述的研究目的，将研究内容划分成五部分，分别是：网购顾客后悔的概念界定、形成机理、积极影响、应对策略与管理策略。

1. 网购顾客后悔的概念界定

网购顾客后悔有其特殊性吗？其内涵和特征是什么？其内部结构如何？首先，借鉴心理学、营销学中对后悔与顾客后悔的概念界定，总结归纳出超越情境的后悔内涵及其特征；其次，从网络购物情境角度，研究找出网购顾客后悔有哪些情境特征；再次，按照量表开发的规范流程，对网购顾客后悔维度构成进行理论分析与实证检验。

2．网购顾客后悔的形成机理

网购顾客后悔会受到哪些因素的影响？顾客心理的活动过程如何？首先，对网购顾客后悔成因进行探索性分析；其次，考察网购转换成本、感知等待时间、服务补救公平感知与网商服务质量对网购顾客后悔的影响。

3．网购顾客后悔的积极影响

网购顾客后悔是否会带来积极影响？首先，对网购顾客后悔积极影响进行探索性分析；其次，对网购顾客后悔积极影响的多维量表进行开发与检验；再次，考察网购顾客后悔与其积极影响的关系，以及是否会受到性别等调节变量的影响。

4．网购顾客后悔的应对策略

网购顾客是如何应对或处理后悔情绪的？首先，剖析网购顾客后悔与传统应对策略三维度之间的关系；其次，对网购顾客后悔应对策略的多维量表进行开发与检验。

5．网购顾客后悔的管理策略

网商并没有足够重视网购顾客后悔，那么，他们该如何管理网购顾客后悔？为此，在概念界定的基础上，提出网购顾客后悔管理的一般流程，并详细阐述了识别策略、预防策略、评估策略与干预策略。

二、研究方法

网购顾客后悔的研究方法：一是采用深度访谈、焦点小组座谈与关键事件法收集文本资料，并使用内容分析法与扎根理论法对其进行定性分析；二是采用实验法与问卷调查法收集一手数据，并使用信度分析、因子分析、回归分析、方差分析与结构方程模型分析等进行统计检验；三是基于实践洞察与理论梳理，使用归纳演绎法构建理论框架。

三、分析软件

网购顾客后悔研究的分析软件：一是使用 SPSS18.0 软件，进行描述性统计分析、信度分析、因子分析、回归分析与方差分析；二是使用 AMOS17.0 软件和 SmartPls2.0 软件，进行结构方程模型分析。其中，使用 SmartPls2.0 软件对含有形成性测量模型的结构方程模型进行统计检验。

第四节　研究特色与创新

一、研究特色

网购顾客后悔的研究特色是视角独特。视角独特主要体现在下述三点：一是在网络购物情境下，探究顾客后悔的特殊性；二是不仅从顾客视角，还从网商视角，探究如何管理顾客后悔；三是遵循规范的流程，在国内较早地对含有形成性测量模型的结构方程模型进行统计检验。

二、理论创新

基于独特的视角，进行了一系列的理论探索，这些研究成果对后悔理论与消费者行为理论均有贡献。

（1）众多学者对后悔的概念进行了界定，最终对 Zeelenberg 与其同事的定义达成了共识。不过，营销学者在对顾客后悔进行界定时，并未能考虑到它的情境差异。另外，也鲜有文献从多维角度对顾客后悔进行测量（Lee 和 Cotte，2009）。鉴于此，首先，提出网购顾客后悔的概念，以及它的三层次特征，即情境特征、基本特征与核心特征。其次，基于过程视角，将购后等待纳入消费者购买决策过程模型中，提出网购顾客决策过程模型，并设计开发出网购顾客后悔多维量表。

（2）以往文献认为反事实思维是后悔产生的基础（Kahneman 和 Miller，

1982），并探究了选择集（Iyengar 和 Lepper，2000）、结果效价（Tsiros 和 Mittal，2000）、责任程度（Connolly 等，1997）、决策过程（Pieters 和 Zeelenberg，2005）、期望不一致（Liao 等，2011）等多种因素对其的影响。在网络购物情境下，尽管这些前置因素的影响仍可能会存在，但是更有必要探究具有网购特色的前置因素对其的影响。由此，在网络购物情境下，提取出网购转换成本、感知等待时间、服务补救公平感知与网商服务质量 4 个前置变量，并分别探究它们对顾客后悔的作用机理。

（3）后悔不仅会带来消极影响（Liao 等，2011；Bui 等，2011；Mattila 和 Ro，2008；Keaveney 等，2007；Zeelenberg 和 Pieters，2007，2004，2002），还会带来积极影响（李东进等，2011；Saffrey 等，2008）。不过，对于后悔积极影响的探究仍然十分欠缺。首先，探索性分析发现网购顾客后悔积极影响包括积极认知功能与积极行为功能。其中，积极认知功能包括加深理解、洞察自我与指导决策，而积极行为功能包括纠正错误与增进交流。其次，通过规范的量表开发流程，识别出相应各维度及其测评量表。

（4）一般来说，个体会采取应对策略缓解甚至消除后悔（Patrick 等，2009；Yi 和 Baumgartner，2004；Patrick 等，2003）。不过，并未有学者探究后悔应对策略的影响效应。为此，基于压力应对理论与沉思理论，构建并检验后悔、愤怒、应对策略、顾客沉思与行为意向之间的关系。鉴于没有普遍有效或无效的应对策略，这取决于个体与情境（Patrick 等，2003），由此为更准确地界定网购顾客后悔应对策略，进行量表开发与检验。显然，上述研究是从顾客视角进行后悔管理，却忽略了网商该如何管理顾客后悔。因此，提出并阐述了网购顾客后悔管理的一般流程以及相应策略。

总体上看，受时间、精力与能力的限制，未能对网购顾客后悔形成机理与其影响效应做充分研究，未来需要进一步探索。

第五节　研究路线与结构

一、研究路线

从图 1-3 可知，首先，对网购顾客后悔现象进行充分洞察与思考，并从中提炼出科学问题——网购顾客后悔的形成、影响与管理。其次，借助文献分析、深度访谈、关键事件法与扎根理论法等定性分析法，聚焦科学问题，提取变量，推演假设，构建理论模型。再次，采用相关分析、因子分析、方差分析、回归分析与路径分析等定量分析法，对理论模型进行规范的统计检验，得到修正模型以更好地解释现象。最后，综合相关研究成果，使用归纳演绎法，提出网购顾客后悔的管理策略。

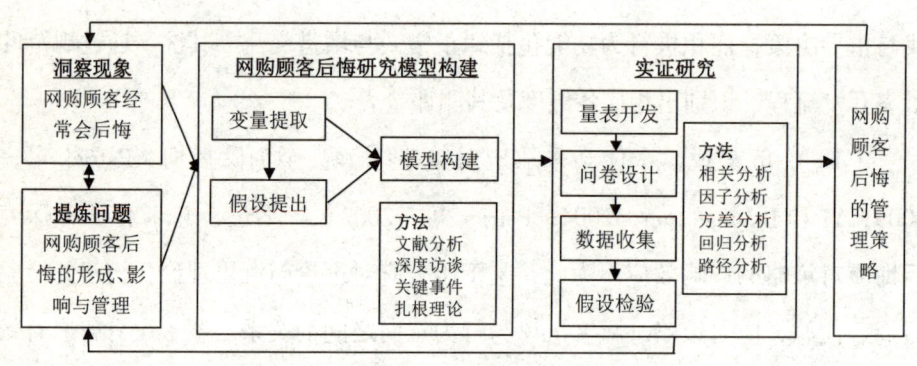

图 1-3　研究路线

二、结构安排

本研究对网购顾客后悔的成因、影响及其管理策略进行了系统剖析，具体内容安排如下。

在第一章中，基于现实背景与理论背景，明确研究意义与目标，指出研究内容与方法，阐述研究特色与创新之处，说明研究路径与结构安排。

在第二章中，从概念界定、前置因素、影响效应与应对策略对后悔研究成果进行文献梳理，并提出现有研究不足与未来探索方向。

在第三章中，结合网络购物情境特点，提出网购顾客后悔的概念和特征。此外，设计开发出网购顾客后悔的多维量表。

在第四章中，采用关键事件法，对网购顾客后悔的成因进行探索性分析。随之，对网购转换成本、感知等待时间、服务补救公平感知与网商服务质量与网购顾客后悔的关系进行实证研究。

在第五章中，根据传统理论，对后悔、愤怒、应对策略、顾客沉思与行为意向之间的关系进行探究。另外，设计开发出网购顾客后悔积极影响的多维量表。

在第六章中，针对网购顾客后悔，分别研究基于顾客视角的应对策略，以及基于网商视角的管理策略。

在第七章，对主要研究结论进行总结归纳，并对未来研究进行展望。

第二章　文献述评

在本章中，首先，对后悔的概念、特征、类型及测量进行阐述；其次，对影响后悔的反事实思维、决策前因素、决策后因素、决策者因素和脑神经因素进行总结；再次，对体验后悔的消极和积极影响，以及预期后悔的影响进行剖析；最后，对后悔的调节策略与应对策略进行探讨。基于此，提出现有研究不足与未来进一步探索的方向。

第一节　后悔的概念界定

基于相关文献，分别从后悔的概念、特征、类型和测量四个方面对后悔的概念界定进行了系统梳理。

一、后悔的概念

关于"后悔"的概念，经济学和心理学对其界定存在较大差异。其中，心理学中的"后悔"概念得到了广泛应用。比如，营销学中的"后悔"就沿用了心理学中的"后悔"。

1. 经济学中的"后悔"概念

在经济学中，"后悔"主要是作为经济决策的影响因素，被引入经济决策模型中，以更好地解释经济决策行为。

传统的经济学理论提出"理性经济人"假设，认为人都是利己的，在一定约束条件下都会追求效用最大化。根据这种理论，个体在面对多种选项时，他们会计算出每种选项的期望效用，进而从中挑选出效用最大化的选项（Von Neumann 和 Morgenstem，1944）。这种假设最早是由亚当·斯密提出，他认为理性的人在追求私利的同时也在无心地为社会做贡献，这种社会贡献远甚于有意为之的社会贡献。这种假设的实质是对"人"进行抽象，将其当成纯粹的"经济动物"，以便于经济学分析、解释和推导的需要（王先庆，2004）。但是，大量的实践表明人并不都是理性的，很多时候人们并不会追求个体效用最大化。其实，人们的偏好、态度和行为等并非都是完全理性的，他们的风险态度与行为经常会违背期望效用理论（张顺明和叶军，2009）。为解释这个问题，在期望值理论、期望效用理论的基础上，Kahneman 和 Tversky（1979）融合了心理学理论，提出了前景理论，认为人们在不确定性决策时，他们并不会单单关注决策结果本身，而是更为关注结果与预期或设想的差距，即关心收益和损失。

除此之外，Bell（1982）、Loomes 和 Sugden（1982）都将"后悔"和"欣喜"两个心理变量引入效用函数中用以解释非理性决策行为，并分别提出后悔理论。在后悔理论述评中，张顺明和叶军（2009）提炼出它的核心思想：在行为决策后，个体会对所处现状与本可能状况进行比较，如果发现当初选择备选项会有更好结果时，其内心就会感到后悔；有更差结果时，就会感到欣喜。由此，个体在行为决策时，不仅会受到决策结果的影响，而且会受到对后悔和欣喜预期的影响。从概念界定看，Bell（1982）将后悔定义为"已选项所获得的资产值与备选项可能产生的资产最高值的差额"。Loomes 和 Sugden（1982）认为后悔是"在风险决策后，个体发现这个决定在当时看来是正确的，但事后是错误的经历"。两者的概念表述上有所差别，但是他们都认为决策者并不是追求最小最大化后悔，而是希望实现"后悔"与所获资产之间的平衡（Savage，1954）。

不过，经济学对"后悔"概念的界定过于狭隘（Connolly 等，1997）。首先，比较的对象仅仅是备选项，并没有考虑假想中的选项。因为这种假想在现实中极为常见，为此不能被忽略。其次，无论是比较差额还是决策经历，都只是从表面上描述了后悔这种现象，并没有从本质上阐明"后悔"概念的内涵。由此，这类"后悔"概念被其他学科借鉴使用的较少。

2. 心理学中的"后悔"概念

在心理学中，对后悔的研究主要是建立在反事实思维框架下，其概念从本质上来说也没有脱离反事实思维（杜柏玲和万明钢，2009）。反事实思维指的是个体通过从心理上否定过去事件并构建可能性假设的思维方式（Kahneman 和 Tversky，1982）。

Sugden（1985）认为后悔是"当将实际结果与可能发生的更好结果做比较时，个体由此体验到的痛苦感受"。其中的假设比较和情绪体验均属于反事实思维的理论范畴。他将责任感或自责作为体验后悔的全部，并认为后悔强度依赖于个体对最初决定自责的程度。尽管后悔与责任感高度相关（Simonson，1992），但是体验后悔的内涵并不只是包括自责（Connolly 等，1997）。后悔的结果很少是超出控制的，我们只能说体验后悔是以个体责任感为核心（Gilovich 和 Medvec，1995）。然而，Landman（1993）的后悔定义又过于宽泛，他认为后悔是"对不幸、局限、损失、犯罪、缺点和错误感到遗憾的一种有点痛苦的认知和情感状态"。根据这个定义（Connolly 等，1997），首先，自责并没有成为后悔的必要组成部分。其次，局限和缺点并不受个体所控制，而且与决策无关，但是它们也能引起后悔。再次，当丢钱包、发脾气、太矮而不能打篮球以及感冒时，人们都可能体验到后悔。最后，我们很难将后悔与不快乐相区分。

Zeelenberg（1996）将后悔定义为"当个体意识到或想象出若采取不同决策，当前状态会变得更好时，体验到的一种基于认知决策的消极情绪"。这个定义比较全面，后续应用得最为广泛。与上述的定义有所不同，首先，后悔必须基于认知。由于需要进行比较思考，所以个体需要对决策结果进行认知判断。后悔是一种认知情绪，而不是一种情绪认知。其次，后悔可以基于想象。比较的对象并不一定必须是真实存在的。当个体很难知道未选项的结果时，他们可以通过反事实思维进行想象。该定义不仅揭示了后悔的心理活动过程，还兼顾了主客观因素对后悔的影响。此后，学者们在相关研究中基本都沿用了这个定义，只是在表述上有所差异。比如，Camille 等（2004）、Van Dijk 和 Zeelenberg（2005）、Zeelenberg 和 Nijstad（2006）、Zeelenberg 和 Pieters（2007）。

3. 营销学中的"后悔"概念

为解释消费者的心理与行为，Taylor（1997）将 Bell（1982）的后悔理论借鉴到顾客满意度研究中，认为如果当已选项达到或超出预期时，顾客会感到满意并且很少会重新考虑这个决定。但是，当已选项未能达到预期时，顾客很可能会思考那些弃选项。这种令人失望的结果会使损失感、后悔和不满更为强烈。此后，营销学者在对顾客后悔进行研究时，通常都是采用 Zeelenberg（1996）对后悔的概念表述，或是在此基础上的进一步发展。比如，Tsiros 和 Mittal（2000）、Keaveney 等（2007）、Liao 等（2011）、李东进等（2011，2013）、张初兵（2013）。

学者们对"后悔"慨念的表述，如表 2-1 所示。

表 2-1   **"后悔"的概念**

作者	概念表述
Bell（1982）	已选项所获得的资产值与备选项可能产生的资产最高值的差额
Loomes 和 Sugden（1982）	在风险决策后，个体发现这个决定在当时看来是正确的，但事后是错误的经历
Sugden（1985）	当将实际结果与可能发生的更好结果做比较时，个体由此体验到的痛苦感受
Landman（1993）	对不幸、损失、犯罪、错误等感到遗憾的一种有点痛苦的认知和情感状态
Zeelenberg（1996）	当个体意识到或想象出若采取不同决策，当前状态会变得更好时，体验到的一种基于认知决策的消极情绪
Camille 等（2004）	个体由于反事实思考而产生的一种基于认知的情绪

作者	概念表述
Van Dijk 和 Zeelenberg（2005）	当个体意识到或想象出若采取不同决策，当前状态会变得更好时，体验到的一种消极情绪
Zeelenberg 和 Nijstad（2006）	当个体意识到或想象出有更好选择时，产生的一种基于认知的消极情感
Zeelenberg 和 Pieters（2007）	当个体意识到或想象出若采取不同决策，当前状态会变得更好时，体验到的一种基于比较的、自责的情绪

4. "后悔"的相关概念辨析

情绪是个体受到外界刺激后所产生的心理和生理上的激动状态，具有情景性、暂时性和明显的外部表现。在这里，必须对后悔与满意、失望和愤怒这几种情绪进行概念辨析。

"满意"和"后悔"是两个不同的构念，它们都是个体基于比较的结果。满意是期望绩效和预期绩效之间比较后的结果，而后悔是已选项绩效和未选项绩效之间比较后的结果（Tsiros 和 Mittal，2000）。具体来看，首先，构念内涵存在显著差异。从效价看，后悔是消极的，而满意是积极的。此外，两者可以同时出现（Boles 和 Messick，1995；Inman，1997；Taylor；1997；Tsiros，1998）。其次，两者比较的参照点不同。满意是基于预期绩效进行比较，而后悔是基于未选或想象绩效进行比较。再次，后悔与选择相关，而满意与结果相关。个体会因不好的结果而不满，会因导致不好结果的选择而后悔。最后，从两者的关系来看，大量的研究表明后悔是满意或不满意的前因变量（Taylor，1997；Tsiros 和 Mittal，2000；Zeelenberg 和 Pieters，2004；Keaveney 等，2007；Liao 等，2011）。

"后悔"与"失望"存在显著差异（Zeelenberg 和 Van Dijk，2000）。首先，后悔与失望的责任归因不同。后悔的人通常将责任归咎于自己，因为他们认为是自己当时未能做出正确选择。但是，失望的人经常将责任归咎于他人，因为他们认为事情超出了自己的能力范围。从评价类型看，Van Dijk 等

（1998）研究发现两种情绪在五个维度上存在显著差异。失望者在出乎意料（unexpectedness）、动机状态（motivational state）、正当性（legitimacy）、环境代理（circumstances agency）维度上得分更高，而后悔者在控制潜力（control potential）、自我代理（self-agency）上的得分更高。其次，后悔与失望的反应类型不同。Zeelenberg 等（1998）分别从感觉、想法、行动倾向、行动和情绪动机目标五个方面来研究受访者对这两种情绪的评价，研究发现两者在每个维度上都存在显著差异。在行动倾向和情绪动机两个维度上的差异最大。具体来看，后悔的人，更可能感受到本该更好，想到所犯错误，想严厉自责和更正错误，想解决问题并获得二次机会；而失望的人，更可能感到无助，想什么也不做，想逃离这种情况，真会转身离去什么也不做。

"后悔"与"愤怒"也存在明显不同。根据 Smith 和 Ellsworth（1985）提出的认知评价六维度——确定性、愉悦性、注意力、可控性、预期努力和责任归因，能够明确辨别愤怒与后悔。愤怒与后悔在可控性和责任归因两个维度上存在显著差异（Bonifieldm 和 Cole，2007；Sánchez-García 和 Currás-Pérez，2011）。对于负面事件的认知评价，愤怒的人会认为他人具有强的控制力，且由他人承担主要责任；而后悔的人会认为自己具有强的控制力，且由自己承担主要责任。此外，根据情绪体验五维度——感觉、想法、行为倾向、行动、动机目标，进一步揭示不满意、后悔与愤怒之间的差异。不满的人会有"未得到满足"的感觉、"错失什么"的想法和"找出谁负责"的动机目标（Bougie 等，2003）；后悔的人会有"想必应该更好"的感觉、"做错什么"的想法、"纠正所犯错误"的行为倾向和"找到二次机会"的动机目标（Zeelenberg 等，2000；Sánchez-García 和 Currás-Pérez，2011）；愤怒的人会有"好像要爆炸"的感觉、"如何不公平"的想法、"攻击性"的行为倾向、"抱怨"的行为和"伤害或报复他人"的动机目标（Bougie 等，2003；Sánchez-García 和 Currás-Pérez，2011）。

二、后悔的特征

后悔的特征描述了后悔的本质，是区别于其他情绪的基本标志。不过，很少有文献对后悔的特征进行归纳总结。为此，在综合前人研究的基础上，提炼出后悔的特征。

1. 普遍性

只要接受生活，你就必须接受后悔（Henri-Frederic Amiel，1821—1881）。后悔无处不在，后悔是日常交谈中情绪表达方面提到最多的负面情绪（杜柏玲、万明钢，2009）。在众多的消极情绪中，后悔情绪最为强烈，并且出现频率位居第二，仅次于焦虑（Saffrey 和 Roese，2006）。神经学者研究认为没有后悔的人生是极不可能的（Zeelenberg 和 Pieters，2007），并指出后悔情绪的产生与人体的眶额叶皮层有关（Camille 等，2004），前脑叶白质切除术能够有效消除体验后悔（Coricelli 等，2005）。

2. 认知性

后悔并不是一种基础情绪，也不具有独特的不因文化而异的面部表情或身姿。在我们的情绪发展中，人们获得感知后悔的能力相对较晚，它是产生于高阶认知处理极其复杂的情绪体验（Zeelenberg 和 Pieters，2007）。为此，人们只有形成了高阶的认知能力，能够对决策结果进行比较评判，才能够体验到后悔情绪，而且人们大约在 7 岁左右才具备这种能力。Guttentag 和 Ferrell（2004）研究发现，婴儿能够感知到害怕、高兴、愤怒和悲伤，5 岁的孩子并不能体验到后悔，而 7 岁的孩子能够体验到后悔。

3. 决策性

人们只要做出决策，就很有可能产生后悔（Carmon 等，2003）。后悔必须与决策相关，但是其他的消极情绪并非一定如此（Zeelenberg 和 Pieters，2007）。在决策研究中，后悔得到广泛探讨（Connolly 和 Zeelenberg，2002）。例如，当决策难度越大，结果越重要、越不可逆时，个体预期后悔的程度就越高（Zeelenberg，

1999）。当有充足的时间进行选择时，选择集规模大小并不会对体验后悔产生显著影响（Inbar 等，2011）。任务体验对决策模式（直觉式决策对比谨慎式决策）与体验后悔的关系有中介作用（Kuhnle 和 Sinclair，2011）。

4. 比较性

后悔必须基于比较过程而产生（Landman，1993；Van Dijk 和 Zeelenberg，2005），但是其比较的基准比较特殊，不仅包括未选项的真实绩效，还包括非真实的假想绩效。当已选项实际绩效小于未选项真实绩效或非真实的假想绩效时，个体就会体验到后悔情绪（Zeelenberg，1996；Van Dijk 和 Zeelenberg，2005；Zeelenberg 和 Nijstad，2006；Zeelenberg 和 Pieters，2007）。这种比较过程其实就是个体进行的反事实思考（Kahneman 和 Miller，1986），比如，个体会出现类似"如果……就好了"之类的想法。

5. 自责性

后悔产生于对不好事件责任的内部归因，即自我责备（Connolly 和 Zeelenberg，2002），有强烈的自责感和渴望取消现有结果更正失误的内部动机（Zeelenberg 和 Pieters，2006）。后悔的人会认为自己具有强的控制力，且由自己承担主要责任，而愤怒的人会认为他人具有强的控制力，且由他人承担主要责任（Bonifieldm 和 Cole，2007；Sánchez-García 和 Currás-Pérez，2011），失望的人经常将责任归咎于他人，因为他们认为事情超出了自己的能力范围（Zeelenberg 和 Van Dijk，2000）。

6. 两面性

后悔并不总是消极的，还存在积极作用。后悔会降低人们的幸福感（Swar 等，2002；Jokisaari，2003），会导致沉思或抑郁（Bui 等，2011）。后悔会降低顾客的满意度（Tsiros 和 Mittal，2000；Cooke 等，2001）、重复购买意向（Keaveney 等，2007；陈荣，2007）、提高负面口碑相传（黄静和王志生，2007；张初兵，2013）和转换行为（Zeelenberg 和 Pieters，1999，2004）。但是，后悔存在很多积极功效（Saffrey 等，2008；李东进等，2011），比如能使人们汲取经验教训，更好地指导未来决策（Inman，2007；Zeelenberg 和 Pieters，2007）。

三、后悔的类型

根据不同的分类标准，可以将后悔划分成不同的类型。Kahneman 和 Tversky（1982）认为，根据行动与否，后悔可以分为行动后悔和不行动后悔。行动后悔是指人们对已发生的行为而产生的后悔；不行动后悔是指人们对未采取的行为而产生的后悔。他们研究发现，对于同样大小的损失，行动后悔会强于不行动后悔。不过，这两种后悔出现的频率相差无几。Patrick 等（2003）对顾客购买行为进行分析，发现在未购买的情况下，大约有 20% 的顾客会感到后悔；反之，在购买的情况下，大约有 23% 的顾客会感到后悔。

上述观点得到了大量实验室研究结果的支持，但是从持续时间看，实验室研究所测量的后悔都是短期后悔（张结海，2000，2003）。那么，对于现实生活中的真实后悔而言，长期后悔中的不行动会更加后悔，这与短期后悔恰好相反（Gilovich 和 Medvec，1994）。短期后悔是指人们产生的短暂的后悔体验，而长期后悔是指人们产生的长久的经过心理调节的后悔体验。Kahneman（1995）又将后悔划分为热后悔和惆怅后悔。热后悔是对决策结果产生的短期的、直接的、强烈的后悔。惆怅后悔是一种长期的、较弱的、假想本该如何的后悔。为此，短期后悔类似于热后悔，而长期后悔类似于惆怅后悔。Gilovich 和 Medvec（1995）对这种后悔分类进行了补充，认为热后悔更强调对刚做过事情的后悔，而惆怅后悔更强调对未做过事情的后悔，并且还有第三种后悔——失望后悔，更强调对未达预期的后悔。总之，短期后悔和长期后悔存在明显差异（张结海，2000）。

根据后悔发生的时间，Janis 和 Mann（1977）最先将后悔划分为预期后悔和体验后悔。预期后悔是指在决策前人们预测到将来可能发生的各种后悔；而体验后悔是指在决策后人们因错失更好的选择而感受到的后悔。Amsel 等（2005）

基于比较基准的不同，进一步将预期后悔划分为预期假想后悔和预期实际后悔。前者的比较基准是个体臆想出来的更好结果，而后者是预期选择集中更好的未选项。其实，体验后悔也存在类似的情况。如果按照这种思路，也可将体验后悔分成体验假想后悔和体验实际后悔。所以，这种后悔分类方式并未有较大的理论价值。此后，Zeelenberg 和 Pieters（2007）提出展望后悔和回顾后悔，这与预期后悔和体验后悔的概念内涵是一致的。从文献中看，更多的学者还是采用预期后悔和体验后悔这两个术语。

基于决策过程，Connolly 和 Zeelenberg（2002）提出结果后悔和自责后悔。前者强调结果，是指发现或臆想出有更好结果用于比较而产生的后悔；而后者强调责任，是指认为自己原先决策错误进而自责而产生的后悔。Connolly 和 Reb（2005）又将自责后悔进行细分，提出过程后悔、选择后悔和结果后悔。过程后悔是指因不合理的决策过程而产生的自责感，比如在决策前，未能收集到充足的决策信息。选择后悔只是指因决定选择哪一项而产生的后悔。结果后悔是指因已选项差于反事实结果的比较评价而产生的后悔。另外，Hack 等（2005）将后悔划分成决策后悔和角色后悔。其中，决策后悔过于笼统，包括过程后悔、选择后悔和结果后悔。但是，角色后悔不同，它只是指个体因在决策过程中扮演的角色而后悔，并不包括对已选项的决策后悔。Joseph-Williams 等（2010）认为角色后悔与过程后悔线性相关。如果个体在决策中处于被动角色，他过后很可能会后悔，这也会影响产生决策的过程。最终，他们结合后悔的积极与消极影响，对上述后悔类型之间的关系进行了整合（见图 2-1）。除此之外，Reynolds 等（2006）提出"搜索后悔"这一全新的概念，它指的是因购前搜索失败不能够找到产品以致没有购买或不得不购买替代品而产生的搜索后不一致。

综上可知，根据不同分类标准，可以有不同的后悔类型，而且它们之间还存在着某种联系。在决策前，有预期后悔（过程\角色后悔、选择后悔和结果后悔）；在决策中，有行动后悔或不行动后悔；在决策后，有体验后悔，又分短期后悔和长期后悔（过程\角色后悔、选择后悔和结果后悔）。同时，预期后悔影响体验后悔（短期后悔与长期后悔），而体验后悔反过来又会影响预期后悔。此外，短期后悔会影响长期后悔，过程后悔与角色后悔之间存在线性相关关系。

在现有文献中，以某一种后悔类型作为研究对象的分析较多，但是对后悔的分类以及不同后悔类型之间的关系剖析得并不充分。

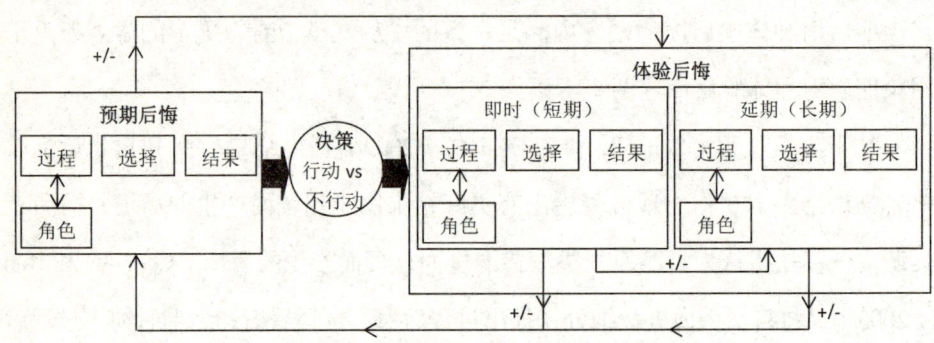

图 2-1　后悔类型之间的关系[1]

表 2-2　　　　　　　　　　　　　后悔的类型

分类标准	后悔类型	提出学者
行动与否	行动后悔（action regret）、不行动后悔（inaction regret）	Kahneman 和 Tversky（1982）
持续时间	短期后悔（short-term regret）、长期后悔（long-term regret）	Gilovich 和 Medvec（1994）
	热后悔（hot regret）、惆怅后悔（wistful regret）	Kahneman（1995）
	热后悔（hot regret）、惆怅后悔（wistful regret）、失望后悔（disappointment regret）	Gilovich 和 Medvec（1995）
发生时间	预期后悔（anticipated regret）、体验后悔（experienced regret）	Janis 和 Mann（1977）
	预期假想后悔（anticipated hypothetical regret）、预期实际后悔（anticipated concrete regret）、体验后悔（experienced regret）	Amsel 等（2005）
	展望后悔（prospective regret）、回顾后悔（retrospective regret）	Zeelenberg 和 Pieters（2007）

［1］Joseph-Williams N, Edwards A, Elwyn G. The importance and complexity of regret in the measurement of 'good' decisions: a systematic review and a content analysis of existing assessment instruments［J］. Blackwell Publishing Ltd Health Expectation, 2010,14:58-83.

分类标准	后悔类型	提出学者
决策过程	结果后悔（outcome regret）、自责后悔（self-blame regret）	Connolly 和 Zeelenberg（2002）
	过程后悔（process regret）、选择后悔（option regret）、结果后悔（outcome regret）	Connolly 和 Reb（2005）
	决策后悔（decision regret）、角色后悔（role regret）	Hack 等（2005）
	搜索后悔（search regret）	Reynolds 等（2006）

四、后悔的测量

关于后悔的测量，主要有3种方法，直接询问法、间接测量法和量表测量法。其中，量表测量法应用最为广泛。

1．直接询问法

直接询问法最为简单。针对某一具体事件，只要求被访者直接回答"您有多大程度的后悔（里克特量表）"即可。但是，这种单题项测量方法显然不够严谨。后悔情绪十分复杂，也容易与失望等其他消极情绪相混淆，所以人们很难清晰辨别和回答自己的后悔感受。不过，根据研究侧重点不同，也有一些学者采用这种简单易用的方法，比如，Vander Pligt 和 Zeelenberg（1999）、Van Dijk 和 Zeelenberg（2005）、Tsiros（2009）等。

2．间接测量法

间接测量法是通过测量与后悔相关的其他变量的改变量来衡量后悔的强弱。比如，Zeelenberg 和 Beattie（1997）设计实验将决策结果的改变量与后悔程度关联起来，在多次博弈中，被试体验到后悔的程度越高，其支付的货币金额就越少，进而通过货币金额改变量来间接测量后悔程度。显然，这种方法的普适性很差，而且具有很强的情境特点。比如，我们很难将 Zeelenberg 和 Beattie（1997）的测量方法应用到顾客后悔的测量中。

3. 量表测量法

考虑到直接询问法和间接测量法的不足，绝大多数学者都是采用某种量表来测量后悔。对于预期后悔量表，Sheeran 和 Orbell（1999）关注于结果后悔，提出 2 个题项 5 点量表。题项 1：如果错过购买国家彩票达一周，我将后悔；题项 2：错过购买国家彩票达一周，这会使我心烦意乱。Godin 等（2005）则关注于选择后悔，提出 3 个题项 5 点量表。如果我不献血：题项 1，我将后悔；题项 2，这会使我烦恼；题项 3，我将感到失望。

不过，更多的文献还是在探讨体验后悔的测量量表。Brehaut 等（2003）同时关注选择后悔和结果后悔，提出 5 个题项 5 点量表。个体仔细思考医疗决策：题项 1，这是一个正确决策；题项 2，我后悔这个选择；题项 3，如果再次选择，我还会做同样的选择；题项 4，这个选择给我带来了很多伤害；题项 5，这个决策是明智的。Keaveney 等（2007）只关注于选择后悔，提出 3 个题项 7 点量表。个体思考具体的决策：题项 1，如果你原先做了不同的决策，你会感到多么高兴；题项 2，如果你做了错误决策，你会感到多么烦恼；题项 3，对于你购买交通工具的决策，你会感到有多后悔。Marcatto 和 Ferrante（2008）提出 2 个题项 7 点量表和 1 个反事实选择项，却涵盖了过程后悔、选择后悔和结果后悔。题项 1，我希望我已经做了不同的选择；题项 2，我感觉对发生在我身上的事负有责任；题项 3，要求在后悔或失望两个反事实中做选择。类似的量表还有很多。比如，Creyer 和 Ross（1999）提出 8 个题项以测量体验后悔中的选择后悔；Clark 等（1997，2003）在同时考虑选择后悔和结果后悔的基础上，分别开发出两套后悔量表。此外，Schwar 等（2002）开发出结果后悔量表，而 Tsiros（1998）提出选择后悔量表。

由此可见，现有文献中的后悔量表很多，而且它们彼此之间的差异较大，并未形成一致认可的后悔量表。造成这种情况的主要原因是不同学者对后悔的界定与研究需要不同。不过，上述提到的各种后悔量表绝大多数都是单维结构，其中的各种后悔类型都是从后悔量表的测量题项中抽象总结得来，并没有开发设计出兼顾过程后悔、选择后悔和结果后悔的多维结构量表（见表2-3）。对此，Lee 和 Cotte（2009）开发设计出购后消费者后悔量表，它包括结果后悔和过程后悔两个维度，前者又包括因已选项而后悔和因意义改变而后悔，后者又包括因过少考虑而后悔和因过多考虑而后悔。

表 2-3　　　　　　　　　　　　后悔的测量量表

量表名称	题项构成	后悔类型			代表文献
		过程	选择	结果	
预期后悔	3 个题项 5 点量表	×	√	×	Godin 等（2005）
预期后悔	2 个题项 5 点量表	×	×	√	Sheeran 和 Orbell（1999）
决策后悔	5 个题项 5 点量表	×	√	√	Brehaut 等（2003）
体验后悔	3 个题项 7 点量表	×	√	×	Keaveney 等（2007）
后悔失望	2 个题项 7 点量表、1 个选择项	√	√	√	Marcatto 和 Ferrante（2008）
体验后悔	8 个题项 7 点量表	×	√	×	Creyer 和 Ross（1999）
后悔	3 个题项 6 点、5 点量表	×	√	√	Clark 等（1997）
后悔	5 个题项未报告几点量表	×	√	√	Clark 等（2003）
后悔最大化	5 个题项 7 点量表	×	×	√	Schwar 等（2002）
后悔	2 个题项 7 点量表	×	√	×	Tsiros（1998）

资料来源：基于 Joseph-Williams 等（2011）研究的总结。

第二节　后悔的前置因素

后悔的产生取决于个体进行上行反事实思考，而上行反事实思维又主要取决于个体的眶额叶皮层、扣带前回等脑神经。决策前和决策后的一些因素会诱发上行反事实思维，进而导致后悔，并且不同决策者对后悔的感知存在差异。

一、反事实思维

反事实思维与后悔密切相关，如果个体不能进行反事实思考，他们就很难体验到后悔，所以反事实思维是后悔产生的必要前提，它在后悔形成过程中起着极为重要的作用。比如，5 岁以下的儿童通常不能进行反事实思考，由此他们很难体验到后悔（Guttentag 和 Ferrell，2004）。

"反事实思维（counterfactual thinking）"的概念最先由 Kahneman 和 Tversky（1982）提出，它指的是个体对真实事件进行否定，采用各种可能性或假设条件对其进行替换的一种思维过程。在日常生活中，人们经常使用"如果……，就……""我本该……"等类似的虚拟条件句来表现这种反事实思维过程。由此可见，一个反事实思维必须由假设前提和假设结论两部分组成。后悔的形成必须基于这种反事实思维过程。学者们普遍认为反事实思维是后悔的认知基础。比如，Zeelenberg（1996）将后悔定义为"当个体意识到或想象出若采取不同决策，当前状态会变得更好时，体验到的一种基于认知决策的消极情绪"。

反事实思维有多种类型，并不是所有的反事实思维都能导致后悔。根据假设前提的性质（Roese 和 Olson，1993），反事实思维可以分为加法式、减法式和替代式。①加法式（additive），是向前提条件中增加未发生或未采取的行动。比如，如果我再等一会儿，就能买到火车票了。②减法式（subtractive），是减少前提条件中已发生的行动或事件。比如，如果我今天不骑车去学校，就不会撞到那位行人了。③替代式（substitutional），是采用假设行动或事件来替换前提条件，并可能有另外的结果。比如，如果我去商场而不是从网上买衣服，那么这件衣服就会很合身。不过，替代式并不常见。一般来说，正面事件会引发减法式假想，而负面事件会引发加法式假想。加法式反事实思维与后悔没有稳定的正相关关系，而减法式反事实思维与后悔具有稳定的正相关关系（逄晓鸣等，2012）。

也有学者根据反事实思维方向，将其划分为上行反事实思维或上行假设和下行反事实思维或下行假设（Markman 等，1993）。前者是指如果满足某种假设条件，假设结果比真实结果会更好。比如，如果我再勤奋些，这次考试就能得奖。后者是指假设结果比真实结果更差。比如，在考试前幸好做了充分准备，要不然就不可能得奖。不同方向的反事实思维会使人产生不同的情绪。上行反事实思维会引发消极情绪，使人感到自责、内疚和后悔；而下行反事实思维会引发积极情绪，使人感到欣喜和高兴（Johnosn 和 Sherman，1990）。根据反事实思维关注点不同，又可将其划分为关注行为的反事实思维和关注结果的反事实思维。当其他所有条件都一样的情况下，关注行为的反事实思维会引发更强的后悔，而关注结果的反事实思维会引发更强的失望（Zeelenberg，1998）。

综上可知，反事实思维是产生后悔的必要条件。相对下行反事实思维，只有上行反事实思维才会引发后悔。通常来说，当事件结果偏离正常值时，会使人更易产生上行反事实思维，进而产生更强的后悔（Kahneman 和 Miller，1982）。当结果效价为负时，会产生更多的上行反事实思维，进而会更加后悔（Walchli 和 Landman，2003）。当想改变现状时，会比维持现状引发更多的上行反事实思维，相应地后悔程度更高（Zeelenberg 等，1996）。当决策不可逆时，会感到更多的不确定性与风险，诱发更多的上行反事实思维，由此后悔程度更强（Tsiros 和 Mittal，2000）。类似地，还有很多其他因素影响上行反事实思维。

显然，反事实思维本身是后悔的前因，同时它的前因也必将成为后悔的前因。但是，在对后悔前因进行探讨时，绝大多数学者并没有直接将反事实思维视作一个前因变量，而是更多地采用反事实思维相关理论来解释后悔的其他前因。

二、决策前因素

1. 选择集

在做决策时，个体通常会面对多个选项。这些选项所构成选择集的规模（Iyengar 和 Lepper，2000）与结构（Tsiros，1998）都会影响后悔。Iyengar 和

Lepper（2000）比较早地对选择集规模与后悔的关系进行探讨，他们发现在广泛选择条件下的被试会体验到更多的后悔。不过，Su 等（2009）认为他们的研究不够严谨。首先，给予被试 30 个选项，这不符合实际情况，很少有人在这么多个选项中做决策。其次，面对过多选项，被试可能会采取各种措施来降低认知努力和决策冲突。他们会认为这种情况超出了控制范围，而将责任归因于外部，更可能产生失望情绪。再次，他们在测量后悔时，并没有考虑未选项的信息。为此，他们做了更充分的论证，发现选择集规模不仅可以直接影响后悔，还可以通过自我责备间接影响后悔。比较信息结构（来自选择集内部或外部）不仅会对后悔产生直接影响，它们之间还存在责任和自我责备两个中介变量。通常来说，来自选择集外部的比较信息相对来自选择集内部的比较信息更弱一些。

在决策后，可能会出现一些新的选项在当初决策时并未被意识到。这些决策后出现的无意识选项所形成的无意识集（unawareness set）也会影响后悔。比如，Lin 和 Huang（2006）研究发现消费者没有意识到的品牌确实会在决策后影响消费者后悔，尤其是当出现更优的无意识品牌时。

2. 决策时间

个体对决策时间的感知也会影响后悔的强度（高红梅等，2013）。一般来说，人们经常在时间压力下做决策，大选择集很有可能导致更加草率的选择，决策时间越仓促的话，后悔的程度就越强，如果当他们有足够的时间进行选择，那么选择集的规模并不会影响体验后悔（Inbar 等，2011）。在消费情境中，Cooke 等（2001）对购买时间与后悔的关系进行剖析，发现消费者对时间方向非常敏感，他们会因购买过早而错过之后更优选择而后悔，也会因购买过晚而错过之前更优选择而后悔。此外，消费者对购买时间的控制力也不同。当产品不是急需品时，他们能够很好地控制购买时间。反之，当他们急需使用产品时，就无法控制购买时间。这两种情况都会使消费者体验到后悔。进一步，购前、购后价格与购买价格的比较结果也会影响后悔。当购买价格高于购前价格，消费者会因"应该早点买"而后悔；当购买价格高于购后价格，他们又会因"应该晚点买"而后悔。这两种后悔程度强弱比较结果并没有定论。有学者认为前者导致的后悔程度更强，但也有学者发现后者的后悔程度更强。

3. 责任程度

绝大多数学者认为后悔与责任有关（Sheffrin 和 Statman，1985；Connolly 等，1997；Zeelenberg 等，2000）。当个体主动决策，具有高度责任感时，他们会体验到更强的后悔（Frijda 等，1989）。

不过，也有部分学者认为后悔与责任无关（Taylor，1985；Landman，1987）。Connolly 等（1997）以选课为实验素材，操纵高低责任水平，以被试主动选择为高责任，以计算机随机分配为低责任，但是在高低责任条件下的决策结果是相同的，并要求被试对快乐情绪反应进行评价。研究结果显示，主动选择被试的后悔程度并不比随机分配的高，这说明责任与后悔之间的相关性并不显著。但是，Zeelenberg 等（1998）对此提出了质疑，认为上述实验并未对后悔进行直接测量，这会降低对后悔与责任的相关性。为此，他们进行重复实验，并采用 9 点量表对后悔进行测量，研究发现后悔与责任之间的相关性是显著的，高责任下的后悔程度高，而低责任下的后悔程度低。Contractor 和 Kumar（2012）并没有直接探讨责任与后悔的关系，但是从对个体自理性（personal agency）的操纵看，个体自理性与责任的内涵基本一致。他们以主动选择与被动安排来操纵有无个体自理性。研究发现个体自理性与后悔的关系受到是否知晓未选项结果和已选项失败程度的影响。当未选项结果更好，已选项结果不可逆时，由于反事实思维信息很容易被获得，所以个体自理性可能会加剧后悔。反之，当不知道未选项结果，已选项结果可逆时，由于反事实思维信息是被主观构建的，所以个体自理性可能会在解释失败信息时出现偏差，进而使后悔得到缓解。

从神经机制看，Coricelli（2005）对高低责任进行类似的操纵，并通过心率仪器和核磁共振等技术监测被试的生理反应，研究发现自主选择被试的心率显著高于随机分配的。在自主选择下，当决策结果为负时，腹部纹状体被抑制，反之被激活，但在随机分配调节下并不显著，即责任程度对后悔有正向影响。为剖析责任对后悔的影响，张慧君等（2009）采用事件相关电位技术，以犯错人数操纵责任程度，对主观评定和脑电监测结果进行分析发现，个体的责任越大，P300 的波幅越小，反事实思维越强；在一定程度上，后悔会随着责任呈现正向线性变化。不过，责任与后悔之间的关系还受到文化术语、实验情境和设计等因素的影响（Giorgetta 等，2012）。

4. 决策动机

具有不同决策动机的个体可能会体验到不同程度的后悔。比如，Clarke 和 Mortimer（2013）认为自我送礼（self-gifting）动机包括治疗（therapeutic）、庆祝（celebratory）、奖赏（reward）和享乐（hedonic）。享乐购物者和放纵购物者都具有这四方面的动机，但是只有治疗动机和庆祝动机会导致购后后悔。具体来看，享乐购物可以缓解压力，也是一种令人愉快的活动，而放纵购物是为了追求生活中美好的东西，享受花钱所带来的快乐感。前者关注于希望和享乐，而后者体现出享乐与快乐。由此，两者高度相关，不可分离，享乐购买会导致放纵购买（β=0.581）。享乐购买和放纵购买都会对四种自我送礼动机产生正向影响。其中，享乐购买对自我送礼享乐动机产生中等影响（β=0.588），而对治疗动机的影响程度较低（β=0.370）。放纵购买与自我送礼动机的关系强度普遍低于享乐购买，但是放纵购买对庆祝动机的影响最为强烈（β=0.495），而对治疗动机的影响较弱（β=0.417）。治疗动机（β=0.373）对后悔的影响强于庆祝动机（β=0.212）。

5. 未计划决策

有很多决策都不是提前计划好的。这种未计划决策会对后悔产生影响。比如，在网上冲浪时，网页上跳出运动鞋的限时促销广告，消费者没有多想就购买了。但是当拿到货后，他们因颜色、款式等不好而感到十分后悔。Saleh（2012）对未计划购买与后悔的关系进行了深入探讨。未计划购买包括未计划购买、冲动购买和强迫购买三种类型（Solomon，2002）。一般来说，未计划购买会导致后悔与愤怒（Wood，1998）。相对于计划购买者，冲动购买者会体验到更多的后悔（Hoch 和 Loewentein，1991）。不过，Saleh（2012）认为非计划购买和后悔的关系会受到家庭收入和性别的调节。低收入消费者的资源有限，需要更加理性地去管理他们的收入与支出。为此，在购买之前，他们会和家人讨论需要买哪些必需品，这会降低非计划购买的概率，进而降低后悔。他们还发现，在非计划购买后，男性比女性更易后悔。

三、决策后因素

1. 行动与否

在决策时，个体到底是采取行动，还是保持现状，这种行动与不行动会影响后悔。Kahneman 和 Tversky（1982）首次提出行动后悔与不行动后悔，并认为对于同样大小的损失，行动后悔会强于不行动后悔，并将其称之为"行动效应"。这种效应不仅适应于消极结果产生的负面情感体验，而且适应于积极结果产生的正面情感体验（Zeelerberg，2000）。这很可能是行动者更多地将责任归因于自己，以致体验到更强的后悔（Landman，1987；Zeelerberg，2000）。

不过，一些学者并不这么认为，并提出了反例。Patrick 等（2003）对购买后悔和不购买后悔进行比较分析，发现两种后悔发生的频率相差无几。在购买下，有 23% 的后悔者；在不购买下，有 20% 的后悔者。尽管购买后悔与不购买后悔产生的主要原因不同，但是两者的程度都非常强烈。Gilovich 和 Medvec（1994）从时间维度提出短期后悔和长期后悔，并指出在长期不行动后悔反而强于行动后悔。张结海（2000）认为造成这种情况的原因在于，行动后悔与不行动后悔的内涵不尽相同，而且没有对其进行科学界定，它们只能被用于解释部分事件所引发的后悔。为此，他提出后悔一致性模型以解答这种矛盾，认为短期后悔和长期后悔中的差异并不存在，并从"状态改变——状态继续"角度对后悔进行客观界定。此外，Zeelenbeg 和 Pieters（2007）则认为如果采取行动更为合理，那么不行动会导致更强的后悔；反之，行动会导致更强的后悔。

2. 决策结果

当决策结果效价为负时，个体会更易进行上行反事实思考，进而体验到更强的后悔。Tsiros 和 Mittal（2000）研究发现，当消费者知道未选项结果，并得知其优于已选项时，消费者会体验到后悔。Walchli 和 Landman（2003）研究发现类似的结论，认为相对中性结果，经历负面结果的消费者会更加后悔。反之，如果不知道未选项结果，或是不确定未选项结果时，个体会更趋向于不将其与已选项结果进行比较，从而不会产生后悔（杜语和何贵兵，2013）。此外，决策结果的损失大小也会影响后悔。结果损失越大，后悔程度就越强（Avni-Babad，2003；张洁海，2004）。

关于结果的可逆性，Tsiros 和 Mittal（2000）指出当决策结果不可逆时，消费者会认为决策有高度的不确定性，决策风险性更高，更易产生消极结果，进而体验到强烈的后悔。反之，当决策结果可逆时，这种情况就不可能发生，消费者体验到后悔的可能性就越小。如果结果可逆的话，个体通常会纠正错误。比如，消费者因网购而后悔时，如果可以进行退货处理，他们的后悔程度会降低。为此，退货是结果可逆的一种具体表现形式。在网络购物情境下，李东进等（2013）对退货与后悔的关系进行了细致分析。他们认为，退货的确能够缓解顾客后悔。不过，这种缓解效应会受到退货原因与退货政策的影响。相对于质量问题，因偏好问题的退货对后悔的缓解作用更强。如果消费者对宽松退货政策感知到更多的质量信号，那么因质量问题的退货会导致更多的后悔，而因偏好问题的退货会导致更少的后悔。当企业解除宽松退货政策与质量信号之间的关系时，质量信号感知高的消费者会体验到较低的后悔。

3．决策过程

不仅决策结果会影响后悔，而且决策过程也会影响后悔。Pieters 和 Zeelenberg（2005）较早地对决策过程与后悔的关系进行剖析，他们研究发现决策过程与结果都会影响后悔，同时发现决策过程对后悔的影响并不依赖于决策结果，即使决策结果十分令人满意，决策过程也会诱发后悔。比如，你酒后驾车安全到家，但是之后你可能会想象遭遇车祸而后悔（Sugden，1985）。不过，李芳芳等（2012）认为决策结果会影响决策过程与后悔的关系，他们指出比较过程会影响后悔，而且结果确定性会对过程与后悔之间的关系起到调节作用。当结果不确定时，过程会显著影响后悔；反之，当结果确定时，过程不会影响后悔。

Inman 和 Zeelenberg（2002）研究发现，针对同样的消极结果，改变决策者会比重复购买者体验到更强的后悔。这间接说明决策过程合理性对后悔有负向影响，即决策过程合理性越高，后悔程度就会越低。Matarazzo 和 Abbamonte（2008）对决策自由度、合理性与后悔的关系进行了探讨，研究发现：相对于自由选择，被迫选择会诱发更强的后悔，但是只有在自由选择条件下，决策结果才会对后悔产生影响；尽管决策自由度与合理性对后悔的主效应显著，但是两者的交互作用并不会显著影响后悔，即使被迫选择更合理，选择合理性也不会影响后悔。此外，也有学者探讨决策合理性与预期后悔的关系。Reb 和 Connolly（2007）研究指出，决策行为反常者会有更强的预期后悔，但是决策合理性会降低预期后悔。他们同时发现针对同一消极结果，谨慎决策者比粗心决策者会体验到更低的后悔。不过，决策合理性也会降低后悔。

决策过程合理性是从整体视角进行考虑，而李芳芳和周庭锐（2008）对决策过程的内部结构进行了剖析。他们认为，当决策结果不确定时，决策过程会影响后悔，其中比较顺序会影响后悔，但结果差异并不会影响后悔。换句话说，即使对同样的结果进行比较，不同的比较顺序也会导致不同的后悔；反之则不然，当比较顺序相同时，不同的结果比较只会导致相同的后悔。Lin 和 Huang（2006）论证了顺序效应对后悔的影响，分析发现，在上行比较情况下，相比从低到高，当三个品牌的比较顺序从高到低时，消费者会体验到更多的后悔。

4. 价格变动

当价格变动时，错过购买者会将当前价格与心理的参考价格做比较。如果当前价格高于参考价格（涨价），他们会感知到损失，反之会感知到收益（Hardie 等，1993）。涨价会带来损失，消费者对此会产生上行反事实思维，他们会后悔未能在涨价前购买。李东进和马云飞（2012）采用理论推演的方式，提出公司声誉会调节涨价与后悔的关系。当公司声誉好时，消费者会将涨价看作企业的积极动机，而将错过购买的责任更多地归因于自己，所以会十分后悔；消费者会认为企业涨价并不合理，而是出于消极的动机，所以将责任更多地归因于企业，由此后悔的程度会相对较低。

购买者会将当前价格与购买价格做比较。如果当前价格低于购买价格，即降价，消费者可能会因遭受潜在损失而后悔没有推迟购买；反之，当前价格高于购买价格，即涨价，他们可能会因获得潜在收益而庆幸自己早已购买。刘波等（2008）研究发现，降价本身并不会影响后悔，而是当降价幅度超出预期时，会增加顾客的价值损失感，进而正向影响顾客后悔。刘波（2009）又研究发现，购后时间和心理折旧会影响消费者对降价幅度的预期，当实际降价幅度超出预期合理降价幅度时，他们会体验到强烈的价值损失感。其中，心理折旧必须通过预期价格降幅影响价值损失。研究也发现，后悔会显著调节价值损失的形成路径，即低后悔者的心理折旧与预期价格降幅均不会影响价值损失。

但是，上述文献并没有对参考价格信息进行分类比较。Cai 和 Cude（2011）研究认为，相对于外部参考价格，当产生更优的内部参考价格时，个体会更加后悔。

5. 期望不一致

根据期望不一致理论（Oliver，1980），当感知绩效等于或大于预期绩效时，个体会感到满意或欣喜，反之，当感知绩效小于预期绩效时，个体会感到不满。

基于期望不一致理论，Taylor（1997）使用后悔理论来解释顾客满意度。他认为，满意或欣喜的消费者会很少去再考虑先前的决策。但是，当已选项未达预期时，这种强烈的消极不一致会促使他们更多地去思考那些决策中被放弃的选项。这种令人失望的结果会使消费者的感受损失更为显著，进而不满与后悔更为严重。由此，消极的期望不一致会更易导致后悔。在网络购物情境下，Liao等（2011）将期望不一致划分为信息质量不一致、系统质量不一致和服务质量不一致。研究发现这三种类型的不一致会显著降低顾客后悔，提高顾客满意。其中，信息质量不一致（$\beta=-0.29$）对顾客满意的负向影响力最强，而系统质量不一致（$\beta=-0.22$）和服务质量不一致（$\beta=-0.20$）的负面影响力相应次之。

四、决策者因素

1．悲／乐观倾向

个体的悲/乐观倾向会影响后悔（Landman，1993）。有研究发现，相对战略乐观主义者（strategic optimists），防御悲观主义者（defensive pessimists）更易产生反事实思维，进而引发更多的后悔（Walchli 和 Landman，2003）。战略乐观主义者对决策结果有高度的预期，他们对各种可能的结果进行反思的倾向低。反之，防御悲观主义者对决策结果有低度的预期，他们更倾向于对各种可能的结果进行认真反思。为此，根据反事实思维理论，对同样的消极事件，具有高反思倾向的防御悲观主义者会进行更多的上行反事实思考，战略乐观主义者却不然。由此，相对而言，防御悲观主义者会体验到更强的后悔。

2．最大化／满意者

个体追求的决策目标不同也会影响后悔。一般来说，个体或是追求目标最大化，或是追求满意度最高。为此，Schwar 等（2002）根据这两种决策目标，提出最大化者（maximizers）和满意者（satisfiers）两类群体。最大化者追求的目标较高，相应地要付出更多的努力；而满意者追求的目标较低，只要自己心理觉得"足够好"即可。Schwar 等（2005）借助社会比较理论，研究发现：最大化者会进行更多的社会比较，他们会体验到更多的消极情绪，如后悔和抑郁；反之，满意者会体验到更多的积极情绪，如幸福与快乐。这是由于社会比较存在个体差异，社会比较需求越高的个体会产生更多的反事实思维，进而体验到更高的后悔（Van Dijk 和 Zeelenberg，2005）。

3．大五人格

大五人格特质与后悔之间可能存在某种关系。Lauriola 和 Levin（2001）研究发现，在获利情况下，神经质（neuroticism）的人会更趋向于风险决策，而在损失情况下，他们会更趋向于规避风险。当决策失误时，个体的神经质程度越高，他们的后悔程度相应地就越强。Xiao 等（2009）研究发现，个性比环境更能预测后悔。当决策错误时，神经质程度越高，个体会体验到更多后悔。当未决策错误时，尽责性（conscientiousness）对后悔有消极影响，不过，这种解释效应较弱。这可能是由于这种损失是想象的，而不是实际的。

4．决策模式

个体的决策模式是存在差异的，在决策时，有的人倾向于更加谨慎，而有的人更偏向于直觉。在同样的消极事件下，谨慎者与直觉者所体验到的后悔强度不同。谨慎决策者遵守决定规则，他们会更加仔细（Denes-Raj 和 Epstein，1994），而直觉者仅凭情感因素，很少进行有意识的推理（Sinclair 和 Ashkanasy，2005）。关于决策模式与后悔的关系，Kuhnle 和 Sinclair（2011）研究认为，谨慎者在做决策时会进行更多的比较，由此他们体验到后悔的频率与强度都会高于直觉者，并且决策模式与后悔的关系会受到动机干扰（motivational interference）的中介影响，但流体验的中介作用并不显著。

5．调节聚焦

调节聚焦分为促进聚焦和防御聚焦（Higgins，1997）。前者的个体追求理想自我，而后者追求真实自我。从实现可能性看，相对于促进聚焦者，防御聚焦者可能更易达到预定目标。不过，从结果评价看，促进聚焦者更注重积极结果与收获，而防御聚焦者更注重消极结果与失去（Shah 等，1998）。由于消极结果会诱发上行反事实思维，所以防御聚焦者更易后悔。刘龙珠等（2013）对此做了细致分析，发现促进聚焦者在决策时更易忽视细节与过程，而过多关注于结果，所以更可能体验到过程后悔；而防御聚焦者十分注重细节与过程以规避各种风险，期望有好的结果，为此更容易产生结果后悔。对此的理论解读是，促进聚焦者的主观期望没有得到满足而更易产生过程后悔，而防御聚焦者的客观期望没有得到满足而更易产生结果后悔。不过，上述结论成立的前提是为自己做决策。如果是为他人做决策，相应的结论恰好相反。

除此之外，也有学者探讨调节模式与后悔的关系。比如，Pierro（2008）将个体分为评估者和移动者，前者以做正确的事为导向，而后者以保持行动为导向。相对评估者，移动者的行动可能是盲目的，他们对消极事件会产生更多的反事实思维，进而体验到更多的后悔。类似地，Putten 等（2009）认为动力定向者更倾向于关注状态变化，在遭遇消极事件时，他们并不会一蹶不振，而是会使用心理资源进行调节以执行原有的定向活动。但是，评价定向者更趋向于关注比较评价，他们通常会纠结于对各种可能性的批判性评价，进而难以及时采取措施。由此，相对动力定向者，评价定向者更易进行反事实思考，进而体验到后悔。逄晓鸣等（2012）研究发现，调节模式调节加法式反事实思维与后悔之间的关系。当不考虑调节模式时，加法式反事实思维越强烈，后悔的程度就越强；但是，当考虑调节模式时，评估模式诱导者的加法式反事实思维越强，他们的后悔程度就越强，反之运动模式诱导者的后悔程度就越弱。

6. 年龄大小

Guttentag 和 Ferrell（2004）在对 5 岁、7 岁和 9 岁的儿童进行实验研究时，发现 5 岁儿童并不能进行反事实思考，即不能进行"本该如何"等类似的思考，而只有 7 岁和 9 岁的孩子能够进行这种思考，进而体验到后悔情绪。不过，也有学者不完全赞同这种观点，认为年幼的孩子也可能部分理解后悔。Amsel和 Smalley（2000）实验研究发现，3～5岁的儿童能够正确判断选中盒子里面的礼物比未选中的多还是少，也能够体验到如果重新选择了另一个盒子会感到更好、更高兴，但是他们并不能体验到后悔情绪。从中可知，3～5岁年幼的孩子能够进行上行反事实思考，但是并没有由此诱发后悔情绪。有学者做了更为细致的研究，发现5岁儿童能够理解自己的后悔，而7岁儿童才可以理解他人的后悔（Weisberg 和 Beck，2010）。尽管存在一些分歧，但是至少说明后悔是一种高阶认知情绪，基本上可以断定7岁儿童能够如成年人一样理解后悔（Zeelenberg 和 Pieters，2007）。不过，Burns 等（2012）以4～7岁的儿童为样本，对执行功能与后悔的关系进行探讨，发现转换（switching）而不是工作记忆（working memory）和抑制（inhibition）决定儿童能否体验到后悔，并且年龄不会调节转换与后悔的关系。

五、脑神经因素

神经科学的研究显示，后悔的产生可能与眶额叶皮层、扣带前回、海马和杏仁核等脑区域有关（索涛等，2009）。

关于眶额叶皮层与后悔的关系，Camille 等（2004）以正常者与受损者为实验对象，对他们的情绪反应进行监测，研究发现向被试提供未选项的积极或消极信息会导致正常者产生不同的情绪体验，如失望、后悔、高兴和庆幸。但是，受损者并不能被未选项信息影响，由此他们并不能体验到后悔等高级情绪。这说明受损者并不具备体验高级情绪的能力。鉴于后悔是基于高阶认知比较的情绪体验（Zeelenberg 和 Pieters，2007），Coricelli 等（2007）进一步研究发现，人体的眶额叶皮层能够同时起到认知处理与情绪体验的作用，后悔的形成必须借助眶额叶皮层从认知到情绪对消极事件进行自上而下的加工。

除此之外，Coricelli（2005）设计博弈实验使被试产生后悔和失望情绪，并使用核磁共振成像技术监测相关的脑部区域。研究结果显示：被试越后悔，腹内侧眶额皮层、扣带回皮层和海马的活动就越强；当后悔规避次数增加时，腹内侧眶额皮层和杏仁核的活动也会加强；并且发现体验后悔与预期后悔均由同一脑部区域所控制。

总体来看，尽管现有文献从不同角度对后悔的前置因素进行了探讨，但是相关研究成果过于零乱，缺乏全面性和系统性，尤其是在神经机制方面的研究才刚刚起步，亟待深入剖析。

第三节　后悔的影响效应

预期后悔和体验后悔的影响效应存在显著差异，为此，首先从消极和积极两个方面来总结归纳体验后悔的影响，然后再对预期后悔的影响进行梳理。

一、消极影响效应

体验后悔会引起不满、导致抱怨、促进转换、降低重复行为或意向、提高负面口碑相传。

1．体验后悔会引起不满

后悔会引起不满（Tsiros 和 Mittal，2000；Cooke 等，2001；Zeelenberg 和 Pieters，2004；Keaveney 等，2007；Liao 等，2011）。Taylor（1997）较早地采用后悔理论来解释顾客满意，研究发现期望不一致是顾客满意的最强预测变量。但是，当已选项未达预期时，对未选项结果的预期会影响顾客满意；反之，这种影响效应会很弱。Tsiros 和 Mittal（2000）指出，消费者可能调节自己的满意度以适应已选项结果，这依赖于已选项结果与未选项结果的比较。比如，我所选择的股票没有达到增长预期，但是其表现胜过其他选择。这不能说我一定会满意，但是相对于没有这种比较，如果做了比较，我将会更加满意。他们据此假设后悔会负向影响满意，并且实证检验结果支持了这个假设。Keaveney 等（2007）以汽车购买者为调研对象，数据检验发现购买者后悔会负向影响满意。Liao 等

（2011）以网购顾客为分析对象，同样也发现网购顾客后悔会负向影响满意。

Sánchez-García 和 Currás-Pérez（2011）指出，绝大多数学者都认为后悔是满意或不满意的前因变量。不过，这有个前提假设，即尽管消费者对当前产品满意，如果他们意识到或想象出有更好选择时，他们也会后悔当初的选择。继而，这种购后后悔会降低最初的顾客满意。他们认为，在服务领域，消费者有时候很难评估其他服务提供商所提供服务的价值。为此，由于未达预期而不满会导致他们想象可能会有更好的选择，进而使他们后悔当初的选择，即不满会正向影响后悔。他们在旅游服务业中验证了这一观点。由此，后悔与不满的关系是存在争论的，这种差异具体来自于不同的研究问题与情境。

2. 体验后悔会导致抱怨

有学者研究发现，后悔与抱怨的关系并不显著（Zeelenberg 和 Pieters，1999，2004；Tsiros 和 Mittal，2000）。鉴于后悔者会体验到因决策失误的内疚感，所以后悔不会导致抱怨（Zeelenberg 和 Pieters，1999）。后悔者通常会将责任归咎于自己，所以他们很可能不会向企业或第三方抱怨（Zeelenberg 和 Pieters，2004）。但是，Mattila 和 Ro（2008）探索性因子分析得到失望或后悔因子，并发现其与抱怨行为显著相关。为此，Sánchez-García 和 Currás-Pérez（2011）假设后悔正向影响抱怨，并以餐饮和酒店为样本，检验发现并不支持这种观点。后悔者会进行内部归因，认为如果当初做了更好的决策，他们想必就能避免不满与后悔。由此，消费者会感到自责，并不会向商家抱怨。不过，他们发现在餐饮领域，消费者越后悔就越不可能向商家抱怨。

其实，后悔可以通过满意或不满意对抱怨产生间接的正向影响（Tsiros 和 Mittal，2000；Zeelenberg 和 Pieters，2004）。考虑到后悔与抱怨的特征，Tsiros 和 Mittal（2000）认为，后悔不可能直接导致抱怨，但会通过满意间接影响抱怨。如果产品的实际绩效未达预期（即不满），消费者很可能会抱怨；反之，当实际绩效达到预期（满意），但没有未选项的绩效好时（即后悔），他们是不会抱怨的。不过，后悔毕竟是一种消极情绪，它会进一步降低满意度。消费者即使对所购产品满意，也会因有更好的替代选择而后悔。如果消费者体验到后悔，那么原有的满意度就会降低，进而导致抱怨。Zeelenberg 和 Pieters（2004）的实证研究也得到类似的结论。

3．体验后悔会促进转换

现有文献普遍认为后悔会对转换行为产生正向影响（Sánchez-García 和 Currás-Pérez，2011；Mattila 和 Ro，2008；Tokman 等，2007；Zeelenberg 和 Pieters，1999，2004；Zeelenberg 等，2001）。由于后悔意味着在决策后发现有更好的选择，所以在下次更有可能转向其他服务提供商（Zeelenberg 和 Pieters，2004）。Sánchez-García 和 Currás-Pérez（2011）分别以酒店和餐饮顾客为样本，发现后悔对转换行为都有正向影响。Bui 等（2011）认为，后悔是否会导致个体思考改变现状，这将使他们采取关注问题的应对策略，比如退货，在未来转向其他品牌。他们采用实验法，研究发现后悔会对品牌转换产生正向影响。

当意识到或想象出有更好的选择时，人们会体验到后悔情绪（Zeelenberg 和 Pieters，2007）。如果现状可逆的话，他们会选择扭转现状（Tsiros 和 Mittal，2000）。但是，现状很多时候很难逆转，所以他们不得不接受现状。进一步，他们在未来决策时，并不会重复选择，而更有可能出现转换行为。

4．体验后悔会降低重复意向

既然后悔会促进转换（Sánchez-García 和 Currás-Pérez，2011；Mattila 和 Ro，2008；Tokman 等，2007；Zeelenberg 和 Pieters，1999，2004；Zeelenberg 等，2001），那么它也会降低重复意向或行为（Liao 等，2011；Keaveney 等，2007；Tsiros 和 Mittal，2000）。Tsiros 和 Mittal（2000）指出，尽管消费者对已选项结果十分满意，但是如果未选项结果超出已选项结果，那么他们很有可能在下次转向未选项。换句话说，后悔会降低重复购买意向。Keaveney 等（2007）在对汽车购买者行为进行研究时发现，后悔会降低他们对汽车品牌和经销商的重复购买意向。Liao 等（2011）以在线消费者为分析对象，研究发现后悔会降低他们对网商的重复使用意向。综上可知，学者们普遍认为后悔会直接降低重复意向。

此外，后悔也会通过满意对重复意向产生间接的消极影响（Liao 等，2011；Keaveney 等，2007；Tsiros 和 Mittal，2000）。但是 Keaveney 等（2007）研究发现，后悔只会通过满意间接影响他们对经销商的重复购买意向，并不会通过满意间接影响他们对汽车品牌的重复购买意向。所以，后悔对重复意向的消极影响并不总是成立的，它也可能会受到重复对象等因素的调节作用。

5. 体验后悔会提高负面口碑相传

起初，后悔与口碑相传的关系存在争论。Zeelenberg 等（2001）研究发现，后悔与负面口碑相传负相关，而 Zeelenberg 和 Pieters（2002）研究发现两者正相关。这种不一致是由于被试不同。前者以大学生为样本，他们越后悔，但由于印象管理，越不愿意与他人交流；后者以中年人为样本，由于其印象管理动机不明显，所以即使后悔，他们也很愿意与他人交流，发泄情绪。

Zeelenberg 和 Pieters（2004）进一步指出，后悔者很可能会觉得对坏的服务体验负有责任，因此可能并不期望得到他人的同情。不过，口碑相传会起到更为一般的社交作用。尽管顾客会认为自己负有责任，但是与他人交流积极或消极的体验或情感十分普遍。另外，口碑相传的推荐作用更为频繁地被强调。顾客可能想要警告其他人避免出现类似的消极体验。为此，他们提出并论证了后悔与口碑相传之间的关系，发现后悔会提高负面口碑相传。黄静和王志生（2007）在满意情境下，对后悔与购买或放弃品牌口碑相传的关系进行探讨，研究发现，后悔不仅会提高消费者对购买品牌的负面口碑相传，还会提高他们对放弃品牌的正面口碑相传。这种影响效应会受到消费者与购买品牌关系质量的调节。

6. 体验后悔会强化不作为惯性

面对一次具有吸引力的机会，如果个体第一次没有采取行动，那么当再次出现类似机会时，他们仍将不会采取行动。Tykocinski 等（1995）首次将这种现象称为不作为惯性。Kumar（2004）研究认为体验后悔会引发不作为惯性。在一次决策后，当个体意识到或想象出有更好选择时，会体验到后悔情绪（Zeelenberg 和 Pieters，2007）。当再次出现类似决策时，为避免体验到后悔，个体很有可能不会采取行动。Zeelenberg 和 Pieters（2004）研究认为，在遭遇服务失败后，消费者很多时候根本不会采取措施以解决问题，他们详细讨论了服务失败后的消费者不作为惯性，发现不满和失望并不会引起不行动惯性，而只有后悔对其有正向的影响，即消费者越后悔，他们越有可能不作为。Sevdalis（2006）认为，后悔情绪会转移个体的注意力，它会使个体转向如何避免产生后悔，而不是客观评价出现的机会。为此，他认为后悔至少会对不作为惯性产生部分影响。

不过，Zeelenberg 等（2006）认为贬值而非后悔是不作为惯性的原因，同时他们也认为不能忽视后悔在不作为惯性形成中的作用。总体上看，绝大多数学者还是赞同后悔会强化不作为惯性的这种观点。但是，不作为惯性的前因有很多，如责任感、机会来源、思考深度（Zeelenberg 等，2006）、不确定性（Zeelenberg 等，2007）、个体特质（Zeelenberg 等，2009）。由此，在现实情境中，后悔对不作为惯性的解释力可能非常有限。这种推论有待实证检验。

二、积极影响效应

后悔者会想到有更好的选择（Landman，1993），也会因不幸的事而自责（Connolly 和 Zeelenberg，2002）。人们似乎都认为后悔是坏的，为此会想方设法避免后悔（Zeelenberg 等，1996），但是我们并不能忽视它的积极影响（Saffrey 等，2008；李东进等，2011）。

近年来，有学者关注到体验后悔的积极影响。个体会从体验后悔中汲取经验教训来指导未来决策以达到理想结果（Zeelenberg 等，2001）。比如，消费者后悔在超市买面条时没有看包装上的保质期，由此他们在后续的食品购物中会特别注意产品保质期。体验后悔者也会采取措施对后悔事件或行为进行补救（Roese 和 Summerville, 2005; Zeelenberg, 1999）。比如, 由于网购衣服的款式不对, 所以消费者很有可能会采取退货或换货方式来降低后悔。

后悔的产生依赖于反事实思维, 体验后悔的积极影响也同样取决于反事实思维。后悔是一种基于反事实思维的情绪, 它产生的基础是反事实思维（Walchli 和 Landman, 2003）。有大量研究显示, 反事实思维会对随后的问题解决和绩效提升产生积极影响（Markman 等, 2008; Roese, 1997, 1994）。通过反事实推理, 能够帮助识别问题的原因, 理解消极体验。比如, 很多高中生都会想"如果我努力学习, 就能考上重点大学"。再比如, 落榜的高中生会想"要是当时我没有迷恋上网络游戏, 就一定能考上重点大学"。由此, 后悔可以被看作是情感损失与行为收益两者之间的一种交换（Saffrey 等, 2008; Zeelenberg 和 Pieters, 2007）。人们会十分重视他们的后悔体验, 他们会从绝对（好的方面超过差的方面）和相对（相对其他普遍的消极情绪）两个方面来评价后悔（Saffrey 等, 2008）。尽管有少数学者指出后悔的积极价值（Zeelenberg 和 Pieters, 2007; Zeelenberg, 1999）, 但是并没有对它们进行详细探讨。

对此, Saffrey 等（2008）做了两个实验研究。实验 1 研究了两个问题: 首先, 个体是否真的重视体验后悔, 即对他们的体验后悔主要持有利的态度。其次, 这种有利评价是否只有后悔才有, 还是一般的消极情绪都有。为此, 实验 1 对后悔、8 种消极情绪和 4 种积极情绪进行评价, 分析发现被试更认可后悔的有利方面, 而不是不利方面。但是, 对其他的消极情绪而言, 有利与不利评价得分相等。对于积极情绪, 有利评价普遍强于不利评价。由于实验 1 对情绪评价的测量只关注于情绪的理解功能（sense-making function）和准备功能（preparatory function）, 所以实验 2 对情绪的 5 种心理功能进行了检验。它们分别是理解功能、准备功能（接近功能和逃避功能）、洞察功能（insight function）、社会融洽功能（social harmony function）。研究结果显示, 后悔者在这 5 种心理功能方面存在显著差异。被试对逃避功能和洞察功能的认可度强于理解功能, 而对理解功能的认可度强于社会融洽功能，但与接近功能没有不同。同时发现后悔是具备这 5 种心理功能的最佳情绪。所以，他们认为后悔能使个体更好地理解过去的事，准备从事接近和逃避行为，洞察过去的行为和自己的性情，以及促进社会关系融洽。

此外，李东进等（2011）提出消费者后悔功效说，对前人研究结果进行总结归纳，提出消费者后悔的 5 大功效。具体来看，后悔能够帮助加深对错误决策的认知，促进及时逆转决策，弥补损失，提高自我控制能力、未来决策合理性和未来行为效用。不过，他们并未对消费者后悔的 5 种功效进行实证检验。

从上可知，人们普遍认为在众多的消极情绪中，他们更认可体验后悔所带来的积极影响。但是，现有文献对其积极影响的探讨还十分有限。

三、预期后悔影响

预期后悔是相对体验后悔而言。在决策前，个体会根据以往经验和当前信息预测未来可能出现的结果，进而假想将来可能会出现的各种后悔情形。Bell（1982）、Loomes 和 Sugden（1982）较早地提出预期后悔理论，并认为它会影响个体的行为决策。预期后悔是指个体在决策前会进行各种反事实比较，并预测他们可能会在未来体验到后悔，由此采取各种措施来降低这种未来后悔（Mellers 等，1999）。

1. 预期后悔者会更倾向于后悔规避

Loomes 和 Sugden（1982）将后悔理论整合到传统的决策理论中，认为预期后悔会使个体更愿意选择比较安全的选项。换句话说，个体会遵循后悔最小化原则选择后悔程度比较低的选项。Zeelenberg 等（1996）研究发现，即使在风险决策时，个体并不是追求风险最小化，而是追求后悔最小化。这说明在决策时，个体并不是风险规避，而是后悔规避。Zeelenberg 和 Pieters（2004）对荷兰人彩票购买行为的案例研究进一步验证了这种观点。案例中荷兰有两种彩票，国家彩票和邮政彩票。前者是在所有卖出的彩票中随机抽取，而后者是根据邮政地址随机抽取，不过与邮政地址相对应的房主必须购买彩票。如果邮政地址被抽中，但是相应的房主并未买彩票，那么房主会尤为后悔。由此，邮政彩票会导致更为强烈的预期后悔。为此，很多荷兰人开玩笑说，为避免万一被抽中而后悔，他们不得不购买邮政彩票，这是一种"强迫"行为。

Larrick 和 Boles（1995）研究发现，预期后悔会提高风险寻求倾向，而不是风险规避倾向。Zeelenberg（1996）在其博士论文中指出，预期后悔既会导致风险规避，又会导致风险寻求，这依赖于反馈信息。具体来看，在风险反馈下，个体会更趋向于风险选项，即风险寻求；而在安全反馈下，他们会更愿意选择安全选项，即风险规避。由此可见，预期后悔与风险偏好的关系并未达成共识。但是，值得肯定的是，无论是风险寻求，还是风险规避，个体都会追求后悔最小化（Inman 和 Zeelenberg，2002；Hetts 等，2000）。

2. 预期后悔会影响个体的决策行为

鉴于预期后悔者更倾向于后悔规避，所以他们在决策时会选择后悔最小化的选项，或是选择最有把握、最为熟悉的结果。比如，一些人并不愿意去尝试新鲜事物，因为他们并不能确定是否会有更好的结果，由此这种尝试所带来的后悔可能性会更高。Simonson（1992）研究发现，预期后悔会促使消费者购买更有保障且能避免后悔的高价、知名的产品，而较少地去购买风险性较高的低价、非知名的产品。在面对多种选择时，如果预期到未来可能会后悔，这会使他们选择更为熟悉的品牌（Lemon 等，2002）。在没有充分信息做决策时，消费者往往会为使自己不后悔而支付更高的价格（Gilbert 等，2004）。此外，预期后悔也会使消费者继续进行信息搜索，当他们认为得到了充分的信息以供决策，才会进行购买，这会导致延迟购买（Anderson，2003；Zeelenberg 等，2000）。

不仅如此，预期后悔还会影响冲动性购买。银成钺和于洪彦（2009）研究发现，由于消费者会追求后悔最小化，相对于向上预期后悔者（考虑若不买而后悔者），向下预期后悔者（考虑若买而后悔者）更容易进行冲动性购买。研究还发现：在经历向上预期后悔时，高冲动性购买者的冲动性购买倾向会降低；

反之，在经历向下预期后悔时，低冲动性购买者的冲动性购买倾向会提高。预期后悔也会影响不作为惯性。Kumar（2004）研究认为，体验后悔和预期后悔都会对不作为惯性产生影响。比如，在首次错失购买后，当遇到下一次购买机会时，消费者并不会认真评价这次机会，而会担心再次体验到后悔，进而并不会采取任何行动。预期后悔也会使决策发生转移。陈荣（2007）研究指出：购买前的预期后悔越低，体验后悔者就越有可能改变最初的选择；购买后的体验后悔会部分通过预期后悔来影响再购买意愿，但是满意度并不会通过预期后悔来影响再购买意愿。

第四节　后悔的应对策略

当体验到后悔情绪时，个体会采用一些处理措施。对此，学术界主要形成两种理论：一是，后悔的调节策略（regulation strategies）（Zeelenberg 和 Pieters，2007；Inman，2007）；二是，后悔的应对策略（coping strategies）（Strizhakova 等，2012；Yi 和 Baumgartner，2004；Patrick 等，2003）。不过，两者的根本目的都是一致的，都是希望通过采取一些措施以缓解甚至消除后悔。

一、后悔的调节策略

鉴于人们普遍厌恶后悔（Abraham 和 Sheeran，2003，Zeelenberg 等，1996），所以他们会采取措施以最小化这种不愉快的感觉。Zeelenberg 和 Beattie（1997）调查了后悔者的后续决策，并发现他们会调整其行为。Gilovich 和 Medvec（1995）将这些行为定义为行为修复工作（behavioral repair work），即以消除后悔情绪为目的的行动。具体行动，一方面，是从黑暗中找出一线希望，关注体验后悔带来的益处。比如，我从中学到了很多，这将促使我个人成长。这种将关注点从决策结果中转移出去，能够很好地降低体验后悔。另一方面，是重新评估决策结果以降低不一致。比如，消费者因贪图便宜买了一件 T 恤，如果穿后发现它会缩水掉色，那么他会体验到后悔。不过，他发现这件 T 恤的款式确实不错，市场上少有销售。这种对决策结果的重新评估会降低体验后悔。

Van Harreveld 等（2008）认为，他们忽略了社会比较对后悔的调节作用。为此，他们进行了两次实验研究。实验1研究发现，当知道他人的决策结果更差时，他们会进行下行反事实比较，这会导致更少的后悔。实验2将决策结果分为最终结果和非最终结果，研究发现：当为非最终结果时，人们更喜欢那些能够帮助他们在未来使决策结果更好的信息；反之，当没有机会在未来获得更好的决策结果时，他们更喜欢关于他人遭遇不幸的信息。显然，上述两种信息如果得到满足，他们会体验到更少的后悔。

上述研究都是关于体验后悔的调节策略，并未涉及预期后悔的调节策略。Zeelenberg 和 Pieters（2007）首次对后悔的调节策略进行系统总结。他们认为，后悔的调节策略是关注于决策的、取舍的和感觉的，是基于对当前首要目标接近性（accessibility）和工具性（instrumentality）的执行，并且预期后悔和体验后悔的调节策略基本一致。关注决策的策略（decision-focused strategies）是针对具体的决策过程和结果；关注取舍的策略（alternative-focus strategies）是用于处理未选项；关注感觉的策略（feeling-focused strategies）是直接阐述后悔体验，而不是如先前两者是间接的。具体的调节策略如表2-4所示。

表2-4 后悔的调节策略[1]

避免预期后悔		管理体验后悔	
决策关注	提高决策质量	决策关注	取消决策
	增加决策合理性		证明决策
	转移决策责任		否认决策责任
取舍关注	延迟或避免决策	取舍关注	转向未选项
	确保决策可逆		再评估未选项质量
	消除未选项的信息反馈	感觉关注	心理修复工作
感觉关注	为后悔做好准备		抑制或拒绝后悔

尽管 Zeelenberg 和 Pieters（2007）从文献中系统梳理出后悔的调节策

---

[1] Zeelenberg M, Pieters R. A theory of regret regulation 1.0 [J]. Journal of Consumer Psychology, 2007, 17 (1): 3–18.

略，但是其中一些策略并不能帮助更好地决策，甚至是完全非功能性的（dysfunctional）（Inman, 2007）。他们也承认并不是所有的调节策略都是有效的，其中一些实际上会增加长期后悔。为此，Inman（2007）提出3个补充策略。一是将决策努力与重要性相匹配。思考会带来选择依恋，这可能导致更强的购后后悔（Carmon等，2003）。将决策努力与重要性相匹配是非常有道理的，这能够使决策者认为选择是理所当然的，避免选择依恋。二是将大的决策细分成更小的决策。这样做可以降低取舍的困难度，以及对决策重要性的感知。延迟决策在短期有效，但从长期看会使后悔程度更强。三是从学习中分解自责，并聚焦于学习。逃避责任或反馈可能会帮助调节后悔，但是从长期来看它们更可能是非功能性（dysfunctional）的策略。一个小的自责有助于我们在下次选择时做得更好，但是纠正错误或做错都可能使我们忽视这提供了从中学习的机会。

学者们从理论角度提出了一些后悔调节策略，但是并未采用实证方法对其进行验证。另外，后悔调节策略的研究才刚刚起步（Zeelenberg和Pieters，2007），相关文献十分有限，并未形成一致的观点，还有很多问题亟待解答，比如，我们并不清楚上述提及的后悔调节策略的适用条件。

二、后悔的应对策略

精神分析学家最早提出"应对（coping）"概念以描述个体解决心理冲突的自我防御机制。其实，应对（或应对策略）是个体为处理超出自己能力范围的内外部需求，而做出不断变化的认知与行为努力（Lazaru和Folkma，1984）。从中可知，应对强调情境性而非特质倾向，它不同于自动化适应行为、适应结果、控制或掌握（俞磊，1994）。在消费者行为研究中，Duhachek（2005）认为，应对是指为响应情绪唤醒（emotionally arousing），与环境互动带来的压力，由消费者发起的一系列认知和行为过程以获得更好的情绪和更低的压力。这表明应对是情绪的结果变量，同时应对过程是动态的，横跨消费者反应的认知、行为和情感。

当意识到或想象出现状会更好时，消费者即会体验到后悔情绪（Zeelenberg 和 Pieters，2007）。根据行为发生与否，后悔又可分为行动后悔和不行动后悔（Pieters 和 Zeelenberg，2007）。前者是对所做的感到后悔，而后者是对未做的感到后悔。一般来说，在短期行动后悔强于不行动后悔，但在长期不行动后悔强于行动后悔（Patrick 等，2003）。无论是哪种类型的后悔，它们都会给消费者造成压力，根据压力 - 应对理论，他们会采取一些应对策略以降低后悔。

Patrick 等（2003）开创性地对行动后悔与不行动后悔的应对策略做了比较研究。首先，根据调节聚焦（行为 vs 情绪）和目标聚焦（追寻 vs 回避）2 个维度，他们将 13 种应对策略划分为 4 类（见表 2-5）；其次，采用回顾式问卷调查法要求行动后悔和不行动后悔受访者分别对上述应对策略做出评价；再次，数据分析发现行动后悔显著高于不行动后悔，有趣的是更多的应对策略被用于处理不行动后悔，并且它们的应对策略存在不同。具体来说，行动后悔的应对策略有严肃行动者（如制定行动计划）、情绪回避者（如尽力避免干扰其他活动）、情绪表达者（如向亲朋好友寻求建议）。不行动后悔的应对策略有外露者（outreachers）（如向他人寻求建议和表达感受）、情绪非行动者（如向他人表达愤怒）、不露情绪斗争者（如尽力保持自己的感受）、认真行动者（如谨慎行动以使事情不会更糟）。由此，行动后悔和不行动后悔应对策略的内涵极为接近，并没有超越积极应对、情绪表达和回避应对 3 个高阶范畴。

表 2-5 　　　　　　　　　　后悔的应对策略[1]

情绪关注（目的是调节情绪）		问题关注（目的是调节行为）	
实现目标应对			
寻找社会支持	向某人谈论我的感受	直面问题	坚持立场，争取想要的
	向尊敬的亲朋寻求建议		向责任者表达愤怒
积极重新解释	尝试以积极视角看问题	计划行动	指导所做，加倍努力
	从中学习汲取经验		制订并实施行动计划

---

[1] Patrick V M, Lancellotti M, de Mello G E. Coping with it: Regret for action vs. inaction in the consumer context [J]. Advances in Consumer Research, 2003,30:241-248.

续表

情绪关注（目的是调节情绪）		问题关注（目的是调节行为）	
求助于宗教信仰	向上帝寻求帮助	寻求建设性支持	询问有相似体验的人
	尝试从宗教信仰中找到安慰		向其他人征求建议
抑制情绪	尝试控制自己的情感	控制行为	立刻采取行动确保不要过糟
	尝试避免干扰其他事情		控制自己不要快速行动
目标回避应对			
逃避情绪	轻视并拒绝认真看待这件事	让步	学着适应它
	拒绝思考太多		承诺下次将会不同
否认	假装它没有发生	逃避行为	希望这件事能够快点过去
	好像它未发生而做事		通过吃、喝、抽烟、用药等使自己感觉更好
释放情绪	因心烦而释放情绪		
	释放我的感觉		

但是 Yi 和 Baumgartner（2004）指出，在购后，消费者越后悔，其越有可能采用积极再解释和接受的应对策略，后悔与计划解决等其他应对策略并不存在显著关系。为剖析消费者处理不行动后悔的内在机理，Patrick 等（2009）进一步指出：当错过购买是低目标相关时，或者当后续有高目标相关的选择时，消费者会通过回避应对以处理后悔情绪，并可能等待更好的交易出现；反之，当错过购买是高目标相关，并且不容易被再次得到时，他们会采用积极应对策略，并在下次机会出现时增加购买意愿。

关于应对策略的研究成果十分丰富（Barinkov 和 Mesaroova，2013；Gabbott 等，2011；Lewin 和 Sager，2008；Duhachek，2005；Duhachek 和 Iacobucci，2005），但是探讨后悔应对策略的文献并不多见，而且现有文献中的一些观点还存在差异。基于前人的研究成果，针对这么多种类型的应对策略，我们并不清楚后悔者到底会在哪些情况下更倾向于选择哪一种或哪几种具体的应对策略。

总体上看，无论是后悔的调节策略，还是后悔的应对策略，两者的相关研究都不充分，亟待被系统梳理。

第五节　现有研究不足与未来探索方向

前文对后悔的概念界定、形成机理、影响效应和应对策略进行了文献梳理，本节从中总结归纳出关于消费者后悔的现有研究不足和进一步探索的方向。

一、现有研究不足

营销学中的后悔研究才刚刚起步，我们并不能完全借用经济学和心理学中的后悔理论来解释消费者的心理与行为。从文献中，本文主要提炼出以下几点研究不足。

（1）后悔的内涵与外延已达成共识，但是对后悔特征的总结并不充分，后悔的分类还有待进一步完善，后悔的量表测量还需从多维视角进行探索。此外，并没有识别出一些具体购物情境中的消费者后悔特征。很少有文献从消费者购买决策过程角度，对消费者后悔进行划分。只有 Lee 和 Cotte（2009）对消费者后悔进行了多维度量表开发。除此之外，绝大多数文献都是从分类角度提出不同的后悔类型，但并没有将后悔视作多维度构念进行研究。

（2）后悔的前置因素关注选择集、责任程度和决策结果等方面的文献较多，但是对决策时间、动机和过程等方面探讨的文献较少。同时，对于后悔脑神经机制的研究成果尤为欠缺。对于消费者后悔的前置因素，也存在上述类似的问题。不过，更为主要的是在传统购物情境中进行讨论，而只有较少文献将研究聚焦于网络购物情境下（李东进等，2013；Liao 等，2011）。比如，网络购物情境下的后悔前因必然会有别于传统情境。

（3）体验后悔消极影响的研究成果很多，但是其积极影响的文献较少，尤其是缺乏相关的实证研究。预期后悔影响的研究成果并不如体验后悔那么丰富，并且缺乏系统的归纳与整理。学者们普遍认为，消费者后悔会导致不满、转换和负面口碑相传等消极影响，但是我们并不清楚消费者是如何积极看待后悔情绪，以及它会带来哪些积极影响。尽管有学者提出后悔的积极影响有哪些

（李东进等，2011；Saffrey 等，2008），但是并未对其进行实证检验。

（4）无论是后悔的调节策略，还是后悔的应对策略，两者的研究都并不充分，还有极大的研究空间。在现有文献中，关于后悔调节策略的探讨基本都是采用理论推演的方式，而对于后悔应对策略的剖析主要还是采用的实证研究方法。现有文献并没有清晰阐明消费者将会在何种情况下采取哪些调节策略或应对策略来降低或消除后悔。不过，单纯关于消费者应对策略的研究成果十分丰富（Duhachek，2005），只是将其与后悔进行关联的探索较少。

（5）绝大多数文献都是从个体视角对后悔的形成机理、影响效应和应对策略进行探讨。但是，在营销学中，如果只是从消费者角度对后悔进行研究，那么这并不能完全解答企业该如何管理消费者后悔情绪的问题。当然，我们可以从消费者视角下的后悔研究成果中总结提炼出企业进行消费者后悔管理应该注意的一些问题与策略，但是这并不能直接代替从企业视角对消费者后悔的管理实践进行探索。在这方面还有很多空白需要填补。

二、未来探索方向

鉴于上述提及的研究不足，从消费者后悔角度，提出在未来可供探索的一些研究方向。

（1）从核心特征、基本特征与情境特征 3 个方面来总结提炼后悔的特征。比如，前文提到的认知性、决策性与比较性显然是后悔的核心特征。但是，如果具体到网络购物情境，就需要继续研究是否还存在一些情境特征。另外，从决策过程角度，对后悔进行多维度量表开发与检验。比如，经典的消费者购买决策过程包括需求确认、信息搜集、方案比较、购买决策和购后评价。在这每一个决策环节都有可能产生后悔情绪。

（2）在网络购物情境下，探讨有哪些前置因素会影响后悔。网络购物现已成为主流的消费方式，而且由于网络购物具有远程性等特性，所以后悔出现的频率会更高。但是，现有文献并没有对网络购物情境下顾客后悔的前置因素进行全面而系统的探讨。所以，亟待研究网络购物中顾客后悔的前因变量到底有哪些，以及它们与传统购物中顾客后悔的不同。由此，需要基于网络购物的情境特点去提炼一些前因变量，并检验它们与后悔的关系。

（3）对体验后悔的积极影响进行探索性研究与实证检验。李东进等（2011）理论推演出5种后悔功效，而Saffrey等（2008）提出后悔的5种心理功能。但是，他们都没有对后悔的积极影响进行量表开发与检验。所以，很有必要根据规范的量表开发与检验流程，借鉴心理学中的一些心理功能量表，再结合深度访谈、焦点小组座谈等探索性研究方法，建立体验后悔积极影响的初始题项，再进行题项净化、维度生成和信效度检验。

（4）对后悔的调节与应对策略进行系统梳理与实证检验。关于调节策略的研究较少，但是关于应对策略的文献较为丰富。又考虑到调节策略和应对策略的本质是一致的，它们都是阐述个体会采取哪些策略来缓解或消除后悔，由此可以对两者进行整合以形成完整的应对策略理论。随之，需要借助后悔理论、反事实思维理论、压力应对理论等来对后悔与应对策略的关系进行理论建构，由此再对上述理论假设关系进行统计检验。

（5）从企业视角，提出后悔管理的流程、策略与方法。对此，或许可以借鉴满意度管理、客户关系管理和风险管理等理论，研究企业应该按照什么样的流程、采取什么样的策略、借助什么样的方法对顾客后悔情绪进行管理。同时，还需要对从个体视角对后悔进行研究的成果进行消化吸收，以帮助深入理解顾客后悔的心理机制。这将有助于提出更为合理的后悔管理流程、策略与方法。此外，还可以选取一些典型企业进行案例研究。

（6）对后悔的脑神经机制进行系统而深入的研究。神经科学关注于脑神经机制，所以可以对此开展跨学科探索。具备相应的实验器材是能否顺利进行这类学术研究探索的关键。

第三章　网购顾客后悔的概念界定

在本章中，首先，基于文献分析与网购特征，提出网购顾客后悔的概念及其特征；其次，根据规范的量表开发流程，对网购顾客后悔的多维量表进行探索。

第一节　网购顾客后悔的概念

经济学对"后悔"的概念界定过于狭隘（Connolly 等，1997），而心理学中的"后悔"概念被其他学科借用得最为广泛（Zeelenberg 和 Pieters，2007）。不过，绝大多数文献都没有讨论后悔概念及其特征的情境差异。本节将对网络购物中顾客后悔的概念与特征进行基于具体情境的阐述。

一、概念界定

在经济学中，Bell（1982）、Loomes 和 Sugden（1982）主要是从经济利益角度来界定后悔。比如，Bell（1982）将后悔定义为"已选项所获得的资产值与备选项可能产生的资产最高值的差额"。

在心理学中，主要是从心理活动角度来界定后悔。不过，起初对后悔的概念界定并未达成共识。比如，Sugden（1985）认为后悔是"当将实际结果与可能发生的更好结果做比较时，个体由此体验到的痛苦感受"。Landman（1993）指出，后悔是"对不幸、损失、犯罪、错误等感到遗憾的一种有点痛苦的认知和情感状态"。这些概念并未能科学阐述后悔的内涵（Connolly 等，1997）。

后悔的产生主要取决于两个要素：对结果的反事实比较和对过程的自我责备。Connolly 和 Zeelenberg（2002）提出决策正当理论（decision justification theory），认为后悔是因已选结果差于未选结果而产生的后悔与因糟糕的决策过程而自责感的总和。Lee 和 Cotte（2009）认为，从反事实思维和责任感两个方面能够很好地界定与区分后悔。

庆幸的是，Zeelenberg（1996）在其博士论文中将后悔定义为"当个体意识到或想象出若采取不同决策，当前状态会变得更好时，体验到的一种基于认知决策的消极情绪。" 这个定义提出了反事实思维（Kahneman 和 Tversky，1982）是后悔的认知基础，并且强调了后悔不能脱离决策的观点（Carmon 等，2003）。在文献梳理的基础上，Zeelenberg 和 Pieters（2007）进一步将后悔界定为"当个体意识到或想象出若采取不同决策，当前状态会变得更好时，体验到的一种基于比较的、自责的情绪"。学术界对这两个概念表述给予了充分肯定，由此它们被广泛应用于各个学科的研究中。不过，它们并未体现出具体的情境差异。

为此，结合网络购物这一具体情境，对 Zeelenberg 与其同事提出的后悔概念进行补充与完善，将网购顾客后悔定义为"消费者通过互联网购买产品或服务后，当意识到或想象出有更好选择时，体验到的一种基于比较的、自责的情绪"。

二、特征描述

关于网购顾客后悔的特征，遵循从具体到抽象、由表及里、由浅入深的认识逻辑，分别从其情境特征，到基本特征，再到核心特征，层层递进地加以阐述，三者的层次关系，如图 3-1 所示。

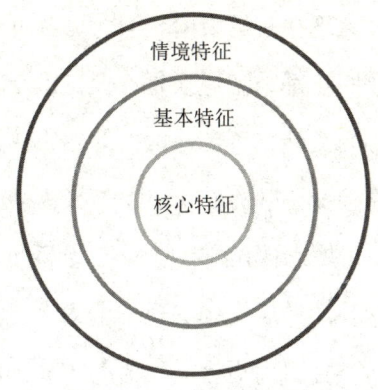

图 3-1 网购顾客后悔的特征及其层次性

1. 情境特征

情境特征是指基于情境差异的个性特征。网购顾客后悔的情境特征聚焦于后悔的差异性。这些特征通常只有在网购顾客后悔时才会出现，或者只有在这种情况下它们的表现才更为显著。尽管有个别学者对网购顾客后悔进行实证研究（李东进等，2013；Liao 等，2011），但是并未有学者对其差异化的情境特征进行探讨。实际上，基于对比日常生活中的后悔，从网购顾客后悔的典型化事实中可以总结提炼出它的情境特征。具体概括如下：

（1）频发性。首先，网络购物正逐渐成为一种主流的消费方式。据中央电视台发布的《中国经济生活大调查 2013–2014》显示，2013 年我国网购过的家庭高达 81.52%。其次，网络购物问题频出，这将诱发顾客后悔。根据中国消费者协会发布的《2013 年全国投诉数据分析报告》显示，在媒体购物投诉中，网络购物 12 950 件，占 63.6%。再次，更优选择信息出现率高，即使满意的顾客也将后悔。在网络购物后，消费者或是主动搜索发现有更好的选择，或是基于浏览记录被推送更优的产品信息。

（2）可逆性。首先，2014 年 3 月 15 日，新修订的《消费者权益保护法》对网购"7 天无理由退货"进行了明确的法律规定。其次，网商竞争十分激烈，甚至有商家提出 30 天无理由退换货政策。再次，网购退货成本很低，通常只需要负担运费即可。不过，现在有运费险，会大大降低退货成本。反之，当传统购物时，尽管绝大多数商家都承诺退换货，但是由于需要前往实体门店，并且还需要与卖家进行面对面交涉，等等原因，导致很多消费者即使后悔，也会因麻烦或碍于情面等而选择不去退货。

（3）易逝性。首先，网络购物可逆性强，这会降低网购顾客后悔。其次，网购产品的价格普遍较低，即使后悔损失也不会太大，由此网购顾客后悔的程度不会太强。再次，网购顾客后悔更容易发泄。比如，消费者可以在网上发布消极评论，他们也可以及时与商家交涉。最后，消费者对网购顾客后悔有一定的预期。这些都表明当消费者在网上买东西体验到后悔时，这些后悔程度通常不会太过强烈，因为他们不仅可以通过多种渠道进行发泄，而且可以采取措施及时纠正错误选择。

2．基本特征

基本特征是指基于现象概括的外在特征。网购顾客后悔的基本特征聚焦于后悔的外在表现。这些特征很容易被洞察到，但是它们并不专属于网购顾客后悔，各种情境下的后悔都会存在这些特征，不过对于这些特征的解释有所不同，并且它们并未抓住后悔的本质属性。根据现象，结合文献，总结如下：

（1）自责性。后悔者会认为自己具有强的控制力（Sánchez-García 和 Currás-Pérez，2011；Bonifieldm 和 Cole，2007），会将责任主要归咎于自己（Zeelenberg 和 Pieters，2006；Connolly 和 Zeelenberg，2002）。由此，网购后悔者会对网络购物相关的消极事件进行内部归因，即自我责备。比如，消费者会因没有进行充分的信息搜索而自责；会因没有足够重视网商信用和在线评论而自责；会因没有听从亲朋给予的网购建议而自责；也会因没有购买运费险而负担退货成本而自责。

（2）两面性。后悔作为一种消极情绪，不仅会带来消极影响（Bui 等，2011；Keaveney 等，2007；陈荣，2007；Jokisaari，2003；Swar 等，2002），

还会带来积极影响（李东进等，2011；Saffrey 等，2008；Zeelenberg 和 Pieters，2007；Inman，2007）。同时，人们通常更为看重后悔的积极影响（Saffrey 等，2008）。网络购物频率很高，网购顾客经常会体验到后悔。消费者会因每次后悔事件，降低满意度和重购意向，提高负面口碑相传和转换行为。不过，他们会不断地从中汲取经验教训，进而更好地指导未来决策。

（3）多维性。后悔并不是一个单维构念，而是呈现出多维结构特点。绝大多数学者从分类角度探讨了后悔的多种类型（Joseph-Williams 等，2010；Zeelenberg 和 Pieters，2007；Reynolds 等，2006；Connolly 和 Reb，2005），但是，只有 Lee 和 Cotte（2009）从多维度视角提出并验证消费者后悔包括结果后悔和过程后悔两个维度。其实，消费者在网购决策过程的每一个阶段都很容易体验到后悔。比如，在网上买东西时，消费者会感受到信息超载，他们很难完成充分的信息搜索，进而很容易体验到搜索后悔。

3. 核心特征

核心特征是指基于理论抽象的内在特征。网购顾客后悔的内在特征聚焦于后悔的深层次表现。这些特征具有一般性，能够刻画后悔的本质属性。这些核心特征揭示了网购顾客后悔产生的内在心理机制。在文献梳理的基础上，提出网购顾客后悔的三大核心特征。

（1）认知性。相对其他的情绪，后悔对认知性的要求更高。后悔的产生必须基于高阶的认知处理能力（Zeelenberg 和 Pieters，2007）。人们在 7 岁左右才具备这种能力（Guttentag 和 Ferrell，2004）。由此，消费者必须能够对网购过程或结果进行比较评价，这是产生网购顾客后悔不可或缺的前提条件。比如，消费者对网购结果十分满意，但是在网购后不久发现有更好的选择。在这种情况下，如果消费者不具备高阶的认知能力，那么他们就不能进行反事实比较，所以他们也就不可能体验到后悔。

（2）决策性。后悔必须与决策相关，但是其他的消极情绪并非一定如此

（Zeelenberg 和 Pieters，2007；Carmon 等，2003）。换句话说，如果只有一种选择，那么就不存在决策问题，相应地就不会产生后悔。在网络购物时，消费者将面对极为庞大的商品信息，他们首先会借助搜索引擎和比价工具等筛选出各种备选项，然后才会在这些备选项中做出选择。相对传统购物，这些备选项形成的选择集会更大，这使得消费者在决策时十分困难。由此可见，网购决策通常来说比传统决策更易产生后悔。

（3）比较性。这里所说的比较强调的是反事实比较，不过只有上行反事实比较才能导致后悔（Johnosn 和 Sherman，1990；Kahneman 和 Miller，1982）。由此，当已选项实际绩效小于未选项真实绩效或非真实的假想绩效时，个体就会体验到后悔（Zeelenberg 和 Pieters，2007；Zeelenberg 和 Nijstad，2006；Van Dijk 和 Zeelenberg，2005；Zeelenberg，1996）。在网络购物中，消费者极易产生上行反事实比较。比如，各种原因的网购失败，以及更优未选项的出现，都会诱发上行反事实比较，进而导致后悔。

第二节　网购顾客后悔的量表研究

一、问题提出

后悔是日常生活中极其普遍的现象（Joseph-Williams 等，2010；Zeelenberg 和 Pieters，2007）。在众多的消极情绪中，后悔情绪最为强烈，并且出现频率位居第二，仅次于焦虑（Saffrey 和 Roese，2006）。起初，经济学家（Bell，1982；Loomes 和 Sugden，1982）和心理学家（Kahneman 和 Tversky，1982；Landman，1993；Gilovich 和 Medvec，1995）较早地对后悔进行了研究。此后，其他众多学科也开始探讨后悔问题（Zeelenberg 和 Pieters，2007）。比如，营销学家就开始借用后悔理论来解释消费者的心理与行为（如，Clarke 和 Mortimer，2013；李东进等，2013；Diecidue 等，2012；Keaveney 等，2007；陈荣，

2007；Inman 和 Zeelenberg，2002；Tsiros 和 Mittal，2000；Talyor，1997）。

在进行理论探讨时，通常需要对后悔进行测量。主要有三种方法：直接询问法（Tsiros，2009；Van Dijk 和 Zeelenberg，2005）、间接测量法（Zeelenberg 和 Beattie 等，1997）和量表测量法（Lee 和 Cotte，2009；Marcatto 和 Ferrante，2008；Keaveney 等，2007）。直接询问法不够严谨，过于简单，它不能很好地测量后悔这种复杂的情绪；间接测量法具有很强的情境特点，但不具有普适性，应用范围较窄。鉴于这些缺点，绝大多数学者主要采用量表测量法。比如，Marcatto 和 Ferrante（2008）提出 2 个题项 7 点量表和 1 个选择项，Keaveney 等（2007）提出 3 个题项 7 点量表，Brehaut 等（2003）提出 5 个题项 5 点量表。不过，这些量表都是将后悔视作单维结构进行考察。Joseph-Williams 等（2010）认为，由于后悔是一种包含众多因素的复杂情绪，所以需要从多水平对后悔进行界定与理解。Lee 和 Cotte（2009）开创性地从多维结构视角提出购后顾客后悔量表，包括结果后悔（因已选项而后悔和因意义改变而后悔）和过程后悔（因过少考虑而后悔和因过多考虑而后悔）。但是，只有这一篇文献探讨后悔量表的多维结构。

近年来，网络购物逐渐成为一种主流的消费方式。这种新的购物方式非常容易导致顾客后悔，主要原因：一是它具有"看得见，摸不着"的特点，所以在购前很难对产品进行全面评价，这使得实际结果常常未达预期，进而导致后悔；二是网商企业的服务管理水平普遍较低，网购服务失败问题频出，这些消极事件会诱发后悔；三是网上同类产品的售卖信息很多，并且极易被买家获得，由此即使网购顾客满意，很可能又会因看到有更好的选择而后悔。由此可见，网购顾客后悔出现的频率会很高，但是相关的研究成果并不多见。Liao等（2011）对网站系统质量、信息质量和服务质量的期望不一致与顾客后悔的关系进行了探索，而李东进等（2013）对网络购物中的退货政策与顾客后悔的关系进行了剖析。不过，这两篇文献都是借用以往研究中的单维结构量表。

显然，如果要对网购顾客后悔进行全面系统的探索，那么首先必须知道如何界定与测量网购顾客后悔。很可惜，并没有文献提出并验证专属于网购顾客后悔的量表。由于购后顾客后悔是多维结构的（Lee 和 Cotte，2009），所以网购顾客后悔也必然是多维结构的。如果只从单维结构去测量网购顾客后悔，就很难深入理解它的内部结构。由此，本节将基于消费者购买决策过程，从多维结构视角对网购顾客后悔进行量表开发与验证，以期为未来研究做出理论贡献。

二、文献回顾

如果对后悔的概念、分类及其量表进行系统梳理，就会发现后悔的分类与其量表之间存在一一对应的关系。实际上，它们揭示了在每一个消费者购买决策阶段都有可能产生不同类型的后悔。为此，还需要对消费者购买决策过程进行总结归纳。

1. 后悔的概念

在不确定性决策后，当已选项所获得的资产值小于备选项可能产生的最高资产值时（Bell，1982），个体会有种当时决策看来是正确的，事后却是错误的感觉（Loomes 和 Sugden，1982），即后悔。不过，这种后悔表述不够全面，过于狭隘（Connolly 等，1997），并未能从心理上揭示后悔的内涵。Sugden（1985）认为后悔是"当将实际结果与可能发生的更好结果做比较时，个体由此体验到的痛苦感受"。他将责任感或自责作为体验后悔的全部，并认为后悔强度依赖于个体对最初决定自责的程度，但是体验后悔的内涵并不只是包括自责（Connolly 等，1997）。后悔的产生主要取决于两个要素：对结果的反事实比较和对过程的自我责备。Connolly 和 Zeelenberg（2002）提出决策正当理论（decision justification theory），认为后悔是因已选结果差于未选结果而产生的后悔与因糟糕的决策过程而产生的自责感的总和。

Zeelenberg 和其同事提出的后悔概念很全面，兼顾了上述两个方面，并得到了学术界的充分肯定。Zeelenberg（1996）将后悔定义为"当个体意识到或想象出若采取不同决策，当前状态会变得更好时，体验到的一种基于认知决策的消极情绪"。Zeelenberg 和 Pieters（2007）进一步将其界定为"当个体意识到或想象出若采取不同决策，当前状态会变得更好时，体验到的一种基于比较的、自责的情绪"。Lee 和 Cotte（2009）认为从反事实思维和责任感两个方面能够很好地界定与区分后悔。

基于此，结合网络购物这一具体情境，本节将网购顾客后悔定义为"消费者通过互联网购买产品或服务后，当意识到或想象出有更好选择时，体验到的一种基于比较的、自责的情绪"。

2. 后悔的类型

后悔的类型较多。根据行动与否，后悔可以分为行动后悔和不行动后悔，并且在同样损失前提下，行动后悔会强于不行动后悔（Kahneman 和 Tversky，1982）。但是，这种观点从长期来看，并不成立。Gilovich 和 Medvec（1994）由此根据时间长短提出短期后悔和长期后悔，同时认为，在长期中不行动后悔反而会强于行动后悔。Kahneman（1995）又将后悔划分为热后悔和惆怅后悔，前者类似于短期后悔，而后者类似于长期后悔。Gilovich 和 Medvec（1995）在此基础上，又增加了一个失望后悔。根据后悔发生时间，Janis 和 Mann（1977）最先将后悔划分为预期后悔和体验后悔。Amsel 等（2005）进一步基于比较基准的不同，将预期后悔划分为预期假想后悔和预期实际后悔。此后，Zeelenberg 和 Pieters（2007）提出展望后悔和回顾后悔。从概念内涵上看，前者等同于预期后悔，而后者等同于体验后悔。

从决策过程角度，对后悔类型划分得更细。Connolly 和 Zeelenberg（2002）提出结果后悔和自责后悔。Connolly 和 Reb（2005）进一步将自责后悔进行细分，提出过程后悔、选择后悔和结果后悔。选择后悔只是指因决定选择哪一项而产生的后悔。另外，Hack 等（2005）将后悔划分成决策后悔和角色后悔。其中，决策后悔过于笼统，包括过程后悔、选择后悔和结果后悔。但是，角色后悔不同，它只是指个体因在决策过程中扮演的角色而后悔，并不包括对已选项的决策后悔。Joseph-Williams 等（2010）认为角色后悔与过程后悔线性相关。由此可见，从决策过程角度，后悔至少可以分为过程后悔、选择后悔和结果后悔。

不过，这种分类并不够全面细致，未能涵盖整个决策过程中所有类型的后悔。比如，从消费者购买决策过程来看，在需求确认阶段，他们很可能会出现因冲动购买而带来的后悔；在信息搜集阶段，很可能会出现因信息搜集不充分而带来的后悔，即搜索后悔（Reynolds 等，2006）。

3. 后悔的量表测量

绝大多数后悔量表都是基于不同后悔类型将后悔视作单维结构进行测量。为测量预期结果后悔，Sheeran 和 Orbell（1999）提出 2 个题项 5 点量表，如"若错过购买国家彩票达一周，我将深感遗憾"，Schwar 等（2002）提出 5 个题项 7 点量表，如"无论我什么时候做选择，都会设法获得未选项的结果信息"。为测量预期选择后悔，Godin 等（2005）提出 3 个题项 5 点量表，如"若我不献血，我将感到遗憾"。为测量体验选择后悔，Tsiros（1998）提出 2 个题项 7 点量表，如"由于选择了公司 ALPHA，所以我感到遗憾"；Creyer 和 Ross（1999）提出 8 个题项 7 点量表，如"我后悔我的选择"；Keaveney 等（2007）提出 3 个题项 7 点量表，如"若你做了不同选择，你有多么高兴（反向题）"。上述这些后悔量表都是基于一种后悔类型（选择后悔或结果后悔）进行测量。

此外，也有一些量表兼顾了选择后悔和结果后悔两种类型。Clark 等（1997）提出 3 个项目 1 个 6 点和 2 个 5 点量表，如"你希望你能够改变对于已经选择治疗方式的想法吗""若已经选择了其他的治疗方式，我想必会变得更好"。Clark 等（2003）提出 5 个项目未知几点量表，如"若采取不同的治疗方式，我想知道我的境况是否会变得更好""我有时候觉得我已经选择的治疗方式是错误的"。Brehaut 等（2003）提出 5 个项目 5 点量表，如"我对这个选择感到后悔""这个决策是明智的（反向题）"。不过，关于过程后悔的测量十分少见。Marcatto 和 Ferrante（2008）提出 2 个题项 7 点量表和 1 个反事实选择项，却涵盖了过程后悔、选择后悔和结果后悔。题项 1，我希望我已经做了不同的选择；

题项 2，我感觉对发生在我身上的事负有责任；题项 3，要求在后悔或失望两个反设事实中做选择。很显然，题项 1 描述的是选择后悔，题项 2 描述的是过程后悔，题项 3 描述的是结果后悔。

总体上看，尽管题项内容中涉及过程后悔、选择后悔和结果后悔，但是这些后悔量表始终都是单维结构的。由于后悔是一种包含众多因素的复杂情绪，所以需要从多水平对后悔进行界定与理解（Joseph-Williams 等，2010）。换句话说，可以从多维结构对后悔进行测量。比如，Lee 和 Cotte（2009）开创性地提出购后顾客后悔的多维结构量表，包括结果后悔（因已选项而后悔和因意义改变而后悔）和过程后悔（因过少考虑而后悔和因过多考虑而后悔）。不过，目前只有这 1 篇文献从多维结构角度测量后悔。

4．消费者购买决策过程

无论是过程后悔、选择后悔，还是结果后悔，它们都是从决策过程角度进行划分的。几乎所有的后悔量表都是从这三个方面进行测量，不过，只有极少数的后悔量表将三者区分成不同的维度（Joseph-Williams 等，2010；Lee 和 Cotte，2009）。同时，在后悔的分类中，现有文献也没有提出基于决策过程的比较完备的后悔类别。为此，首先，必须弄清楚决策过程都包括哪些决策阶段，其次，需要识别在不同的决策阶段可能会产生哪些类型的后悔。根据研究需要，在这里对消费者购买决策过程进行具体分析。

根据刺激（Stimulus）——有机体（Organism）——反应（Response）模式（Reynolds 和 Darden，1974），内外部刺激会引发消费者的心理活动，进而使他们做出购买决策并实施购买。但是，它并没有揭示消费者的复杂心理活动过程。Nicosia（1966）认为，消费者购买决策依次会经历四个阶段，信息获取及评价、商品调研及评价、购买决策及行动、购后评价反馈。进一步，Engel 等（1968）提出 EKB 模型，包括信息输入、信息处理、决策过程和影响因素四大部分，并详细阐述了消费者购买决策过程，需求确认、信息搜集、方案评估、购买决策和购后评价，如图 3-2 所示。

当消费者意识到实际状态未达理想状态时，这种差异积累到一定程度就会唤醒和激发购买决策过程（Solomon 等，2002）。不过，消费者通常不会立刻做出购买决策。当他们对某种产品或服务产生兴趣时，会识别可选项、分析备选项信息，并判断能够带来最好结果的选项（Silverman，2001）。同时，消费者会根据动机或目标，确定评价标准，进行选择评估（Sternthal 和 Craig，1982）。此后，消费者会在众多的选项中形成明确偏好，不过，他人观点和意外因素会干扰购买意向转为购买决策（Kotler 和 Keller，2009）。在购买后，消费者会体验到满意或不满，这会决定他们的购后行为，如重复购买等。

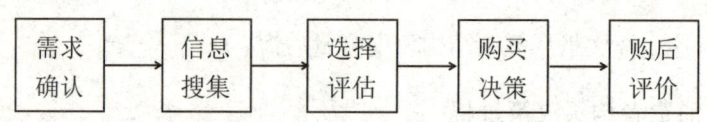

图 3-2　EKB 模型中的购买决策过程

5. 消费者网购决策过程

消费者购买决策过程是存在情境差异的。在网络购物中，消费者在线提交订单后，消费者不仅需要等待网商处理订单（提交订单→商品出库），而且还需要等待商品配送交付（商品出库→收到货物）。对于大型网商而言，订单处理十分及时，如果相关库存充足的话，基本上都能在几分钟之内完成。但是对于中小型网商，尤其是 C2C 网商，其中一些时常会延误订单处理，造成顾客不满。关于商品配送，除了京东商城是自营的物流公司进行商品配送外，其他绝大多数网商都是借助第三方物流公司进行商品配送。对于一些特殊城市，在满足一定条件下，某些网商提供当天送达的配送服务。比如，京东承诺"当日上午 11：00 前提交的现货订单（部分城市为上午 10：00 点前，涉及城市有：天津、深圳、重庆、杭州、东莞、漳州），当日送达；当日 23：00 前提交的现货订单，次日 15：00 前送达。"但是，绝大多数的商品配送都需要花费 1 天以上的时间，有些甚至需要 1 周左右。传统零售中的服务等待是发生在购前，而且根本不需要花费这么长的等待时间。由此，它在消费者购买决策过程中体现得并不明显。

有研究发现，网络购物服务失败中延期交付位居首位（Holloway 和 Beatty，2003）。在网络购物中，购后等待显然已经成为消费者网购决策过程不容忽视的一个重要阶段。首先，购后等待比较特殊，常见于网络购物中，并且购后等待时间较长。其次，消费者对购后等待没有控制权，却可以自主选择放弃购前等待。再次，等待是令人讨厌的，会诱发愤怒等消极情绪，也会降低满意与忠诚。Ryan 和 Valverde（2005）识别出 14 种网络服务等待类型，其中就包括等待产品交付和等待确认两种类型。Chen 和 Chang（2003）将网络购物过程划分为三个阶段：互动阶段、交易阶段和完成阶段。互动阶段包括连接质量与网站设计；交易阶段包括价值、便利、保证、娱乐和评价；完成阶段包括订单处理、产品交付和售后评价。由此，不论是从实践中，还是从理论上，在描述消费者网购决策过程时，都有必要在消费者购买决策过程中加入购后等待，如图 3-3 所示。

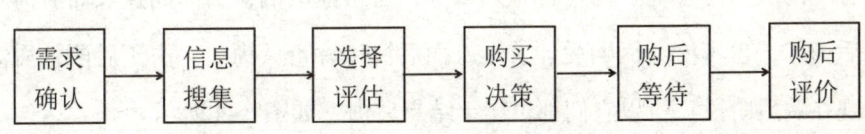

图 3-3　消费者网购决策过程

三、维度识别

为识别网购顾客后悔的多维结构，首先，从决策过程角度提出网购顾客后悔的维度结构。其次，分别对各维度的内涵与外延进行界定。

1．维度结构

一般来说，后悔至少包括过程后悔和结果后悔两个维度。针对一次具体的购买，消费者会因所购产品而后悔（结果后悔），也可能会因购买过程而后悔（过程后悔）。Connolly 和 Zeelenberg（2002）提出决策合理性理论（Decision Justifiability Theory），认为个体会因结果评价而后悔，也会因不合理的决策方式而后悔，并认为体验到的后悔总量等于因已选结果次于未选结果的后悔加上因轻率决策的自责感。换句话说，他们将后悔划分成结果后悔和自责后悔。此后，Connolly 和 Reb（2005）进一步将自责后悔进行细分，提出过程后悔、选择后悔和结果后悔。Lee 和 Cotte（2009）开创性地从量表开发角度，论证了购后顾客后悔的多维结构，即结果后悔（因已选项而后悔和因意义改变而后悔）和过程后悔（因过少考虑而后悔和因过多考虑而后悔）。由此，网购顾客后悔也可以划分为过程后悔和结果后悔。不过，这种划分还是有点过粗，并未能体现出网购顾客后悔的差异性。

从购买决策过程看，网购顾客会首先进行购买，然后才能对结果进行评价，即购买过程和购后结果。购买过程包括需求确认、信息搜集、选择评估和购买决策四个阶段，这与传统渠道中的购买过程并无差异。在购后，网购顾客必须等待产品配送交付，之后才能对产品进行评价，即购后等待和购后评价。这显然与传统渠道中的购后结果并不一致。由此，对于一次网购，消费者可能会因不合理的决策过程而后悔（过程后悔），也可能会因等待时间过长而后悔（等待后悔），也可能会因购后评价不好而后悔（评价后悔）。由于后两种后悔都出现在购后阶段，所以它们都隶属于结果后悔，如图3-4所示。

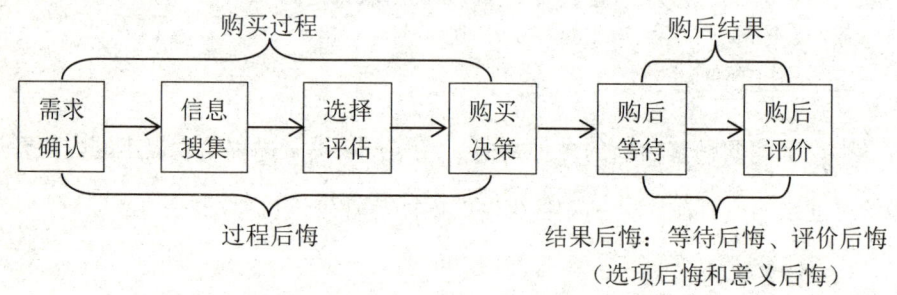

图 3-4　网购顾客后悔的维度结构

2. 过程后悔

决策过程是独立于决策结果的，两者都会导致后悔（Pieters 和 Zeelenberg，

2005），由此，过程后悔和结果后悔是两个不同的构念（Joseph-Williams 等，2010；Lee 和 Cotte，2009）。即使决策结果十分令人满意，决策过程也会诱发后悔。比如，你酒后驾车安全到家，但是之后你可能会想象遭遇车祸而后悔（Sugden，1985）。对过程后悔的定量测量十分少见（（Joseph-Williams 等，2010）。从多维结构看，Lee 和 Cotte（2009）又将其划分为因过少考虑而后悔和因过多考虑而后悔。他们指出前者有两种表现方式：一是，如果消费者感觉没有按照他们的计划进行决策，那么他们会体验到后悔（Pieters 和 Zeelenberg，2005）；二是，如果他们相信缺乏做好决策应该具有的信息量或质量，那么他们也会体验到后悔。对于后者而言，如果消费者已经收集了对决策没有影响的一些不必要信息，那么他们会产生"若当初做得更少也能达到同样结果"之类的想法，所以他们也会体验到后悔。显然，因过少考虑而后悔与因过多考虑而后悔两者之间是一种对立关系。从理论逻辑与量表题项上看，前者的第二种后悔与后者之间完全负相关。由此，并没有必要对两者都进行测量。如果消费者认为过少考虑了，那么通常他们并不会又认为过多考虑了。换句话说，消费者通常不会对同样的一次购买过程做出相悖的评价。

在网上购物时，消费者经常会在各种诱因下进行冲动购买，同时也很难进行充分的信息搜索与比较评价，所以他们经常会在网购后觉得没有进行充分的考虑而后悔，即因过少考虑而后悔。因此，本节所界定的过程后悔是指消费者在需求确认、信息搜集、选择评估和购买决策这四个阶段上并没有给予充分考虑而体验到的后悔。例如，在需求确认上，我本不该这么冲动；在信息搜集上，我本该做好充分的产品信息搜索；在选择评价上，我本该对可选产品进行充分的比较分析；在购买决策上，我当时应该更加谨慎考虑要不要买。总体而言，这些都是因过少考虑而后悔，而且这种类型的后悔在网络购物中会因网上的信息量过大等因素而更为频繁地出现。

3. 结果后悔

从消费者购买决策过程看，购买过程与购后结果的界限十分清晰。以往的结果后悔只关注于结果的上行反事实比较。当结果效价为负时，会产生更多的上行反事实思维，进而会更加后悔（Walchli 和 Landman，2003）。结果后悔是指因已选项差于反事实结果的比较评价而产生的后悔（Connolly 和 Reb，2005）。类似地，购后结果后悔是指消费者将真实已购结果与假设已购结果进行比较评价而产生的后悔（Lee 和 Cotte，2009）。

在网络购物情境下，购后结果并不仅是聚焦于对所购产品的购后评价，还必须考虑购后等待，而且购后等待先于购后评价出现。鉴于网购后结果包括购后等待和购后评价两个阶段，所以本节将结果后悔划分为因等待时间过长而后悔（等待后悔）和因购后评价不好而后悔（评价后悔）。

（1）等待后悔

时间是一种稀缺资源。鉴于当前生活节奏的加快，许多人享有更少的自由时间，时间变得越来越有价值（Heineke 和 Davis，2007）。消费者不仅要支付货币成本，还要支付时间成本（Chebat 和 Filiatrault，1993）。等待是令人讨厌的，顾客感知等待时间越长，他们会越感到浪费时间、失去控制、被忽略、拥挤、延迟满足（McGuire 等，2010）。在对银行、理发、餐饮和加油站 4 个行业为研究样本研究时，Voorhees 等（2009）分析发现，感知等待时间会直接影响两种服务消极评价——愤怒与后悔，同时感知公平、情感承诺和感知实体环境质量会降低愤怒与后悔。

后悔是基于反事实思考的情绪（Guttentag 和 Ferrell，2004）。相对于积极结果，消极结果更易激发上行反事实思考，消费者会因有更好的替代选择而后悔，也会因已选结果不佳而后悔（Tsiros 和 Mittal，2000）。等待时间越长，一方面，会使顾客更加焦虑不安，进而更易使其产生上行反事实思考；另一方面，会增加他们反思已做决策和先前替代选择的可用时间，由此导致顾客后悔。在订单处理阶段和商品配送阶段的网购感知等待时间越长，顾客就越有可能认为商家没有兑现承诺，未达自己的预期目标，这种消极体验会促使顾客想象会有更好的选择，并且这种上行反事实思考会随着时间的推移而逐渐增强。

（2）评价后悔

当网购产品配送交付后，消费者会围绕所购产品进行一系列的主观评价，若购后评价不好，这会诱发上行反事实思考，进而导致后悔。具体来看：一是他们会将所购产品绩效与预期绩效进行比较，当前者大于后者时，会感到满意或欣喜（Oliver，1980），反之会不满（Oliver，1980）和后悔（Liao 等，2011）；二是会将已选产品绩效与未选产品绩效做比较，其中未选产品可以是真实存在的，也可以是假设虚构的，当前者小于后者时，会更趋向于进行上行反事实思考，进而体验到后悔（Zeelenberg 和 Pieters，2006；Tsiros 和 Mittal，2000）；三是会基于产品实现所需目标的能力来判断是否值得购买，会对购买时和购后某时点的产品实用价值感知进行比较，如果前者大于后者，即会降低对产品实用价值的感知，那么会因产品的意义改变而后悔（Lee 和 Cotte，2009）。

当产品绩效小于预期绩效时，负向的结果效价会诱发上行反事实思考，进而导致后悔。为此，绝大多数学者都将第一种和第二种评价中的后悔视作结果后悔，即发现或臆想出有更好结果用于比较而产生的后悔（Connolly 和 Zeelenberg，2002）。与此不同，Lee 和 Cotte（2009）将前两者中的后悔界定为因未选项而后悔，而将第三种评价中的后悔界定为因意义改变而后悔。不过，本节中界定的结果后悔内涵更为丰富，并不只是关注于未选项，还考虑了购后等待。由此，为避免构念名称之间的混淆，本节将评价后悔划分成选项后悔和意义后悔。前者是指因意识到或想象出有更好选项而产生的后悔，而后者是指因产品实用价值降低而产生的后悔。

四、题项生成

在维度识别的基础上，为编制各维度量表，首先基于以往文献提出量表开发的一般思路，其次借助焦点小组座谈等方法生成初始题项库。

1. 量表开发思路

众所周知，Churchill（1979）提出的量表开发流程得到了学术界的广泛认可。为此，在借鉴这个流程的基础上，提出了更为系统完备的量表开发流程（见图 3-5）。第一步，进行概念界定与维度识别。前文借助文献分析，界定了网购顾客后悔的概念，并提出了它的多维结构。第二步，生成初始题项库。下文将采用焦点小组座谈与前人量表相结合的方式，总结归纳出各维度的测量题项。第三步，进行初始题项净化。为剔除无用题项，将综合采用表面效度、项目分析、信度检验和探索性因子分析四种方法。第四步，进行正式量表检验。采用竞争模型分析以验证多维结构的合理性，借助信度检验和效度检验全面评估量表的可靠性和有效性。

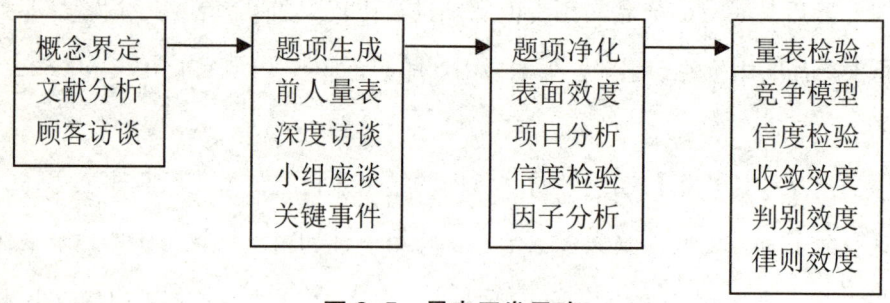

图 3-5　量表开发思路

2. 初始题项生成

首先，根据网购顾客后悔各维度的概念内涵，对已有后悔量表的题项进行归纳整理，同时进行中英文翻译并将其修改为适用于网购情境的表述。其次，对近期有网购后悔经历的顾客进行 5 组（每组 5 人）焦点小组座谈，在主持人的引导下让他们围绕小组座谈提纲进行充分的讨论，并做好相应的文本记录与整理。再次，在综合上述两种定性研究结果的基础上，剔除重复表述项，精炼文字表述，共得到 97 个题项（见表 3-1）。值得注意的是，为保证焦点小组座谈的效果，在焦点小组座谈开始前，会采用理论讲解与案例呈现的方式对焦点小组座谈者进行培训，使他们能够基本掌握什么是后悔，后悔产生的原因以及什么是网购顾客后悔，等等。

表 3-1 初始题项数及来源

维度名	题项数	题项来源
过程后悔	26	Marcatto 和 Ferrante（2008）、Lee 和 Cotte（2009）、焦点小组座谈
等待后悔	23	焦点小组座谈
选项后悔	31	Creyer 和 Ross（1999）、Brehaut 等（2003）、Clark 等（2003）、Keaveney 等（2007）、Lee 和 Cotte（2009）、焦点小组座谈
意义后悔	17	Lee 和 Cotte（2009）、焦点小组座谈

五、题项净化

为对初始题项进行净化，采用定性和定量方法相结合的方式，具体方法包括表面效度、项目分析、信度分析和因子分析。

1. 表面效度净化

对初始题项进行表面效度评价包括两个阶段（Bearden 等，1989）：首先，邀请一位营销专家根据各维度的概念界定对各个题项进行剔除或保留选择。在剔除明显不合理题项后，共保留 62 个题项。其次，邀请 5 位营销专家根据各维度的概念界定对各题项进行代表性（好、中和差）评价。针对每一题项，至少有 3 位营销专家选择"好"的代表性才予以保留，否则予以剔除。在进行表面效度净化后，不合理题项被大量剔除，最终得到 37 个精选题项。为避免同一维度的测量题项集中在一起，将它们进行随机排列以设计调查问卷。每个题项采用 Likert 五点量表，"5"表示非常同意，"1"表示非常不同意。

2. 项目分析净化

为测量各题项的区分度，即区分不同被试的反应程度，只有那些区分度高的题项才予以保留，否则予以剔除。首先，根据上述保留题项形成的问卷在问卷星上对网购后悔者进行网络调查，共发放问卷 150 份，最终得到有效问卷 85

份，有效回收率为 56.7%。样本特征见表 3-2。其次，利用 SPSS 软件进行项目分析，确定各个题项的区分度是否达标。具体步骤：计算每个样本的题项总分，基于 27% 分位数确定高低分组；对两组样本进行独立样本 t 检验，得到每个题项高低组之间平均数的差异、方差齐次性与 t 值等统计量；在确定方差齐次性的基础上，查看相应条件下的 t 值和显著性水平，如果达到 0.05 的显著性水平，那么该题项的区分度就较好，即它能够鉴别出不同被试的反应程度，由此应该被保留，否则应该被剔除以提高问卷质量。最终，经过项目分析净化，得到 17 个题项。

表 3-2　　　　　　　　　描述性统计分析

问项		频率	百分比（%）	问项		频率	百分比（%）
性别	男	42	49.41	工作类型	公司职员	20	23.53
	女	43	50.59		教师	1	1.18
年龄	20～25 岁	63	74.12	网购经历时间	1 年以下	6	7.06
	26～30 岁	15	17.65		1～2 年	8	9.41
	31～35 岁	4	4.71		3～4 年	47	55.29
	36～40 岁	3	3.53		5～6 年	18	21.18
教育程度	本科	70	82.35		6 年以上	6	7.06
	硕士	15	17.65	网购频次	1 次/周	18	21.18
月生活费支出	600 元以下	4	4.71		1 次/月	54	63.53
	600～1200 元	53	62.35		1 次/季度	8	9.41
	1201～1800 元	15	17.65		1 次/半年	5	5.88
	1801～2400 元	6	7.06	每次平均支出	100 元以下	23	27.06
	2400 元以上	7	8.24		100～200 元	44	51.76
工作类型	学生	61	71.76		201～300 元	11	12.94
	公务员	1	1.18		301～500 元	3	3.53
	企业管理者	2	2.35		500 元以上	4	4.71

3．信度分析净化

接下来，对剩余的 17 个题项进行信度分析。信度分析的题项删除标准有两个：一是概念的 CITC（Corrected Item-Total Correlation）小于 0.5；二是删除某一题项后所属概念的 Cronbach's Alpha 显著提高。

在对每个维度的后悔进行信度分析后发现，过程后悔中有两个题项的 CITC 小于 0.5，不过删除后的 Cronbach's Alpha 并未显著提高。考虑到测量过程后悔的题项过多，所以将这两个题项删除。同时，发现选项后悔中有 3 个题项的 CITC 小于并接近于 0.5，但是删除后 Cronbach's Alpha 会显著降低。鉴于测量选项后悔的题项较少，将这 3 个测量题项予以保留。

此外，测量等待后悔和意义后悔各题项的信度分析结果都较好，所以并未对它们进行题项删除。因而，在删除 2 个题项后，还剩余 15 个题项。

4．因子分析净化

探索性因子分析的题项删除标准也有两个：一是某一个题项在所有公因子上的载荷系数值都很小，比如都低于 0.5；二是某一题项在两个或两个以上公因子上的载荷系数值都较大，比如都超过 0.5。

对上述 15 个题项进行探索性因子分析发现，测量意义后悔、选项后悔和等待后悔各题项的载荷系数都满足保留标准，并不需要对它们进行删除。但是，测量过程后悔的题项问题较多。其中，有 1 个题项的因子载荷系数值在两个公因子上都超过了 0.5，有 2 个题项的因子载荷系数值都很小，低于或接近 0.5。

为此，在探索性因子分析净化后，最终剩余 12 个题项，每 3 个题项对应一个后悔维度。对这 12 个题项进行探索性因子分析，统计结果都满足题目保留标准，如表 3-3 所示。

表 3-3   探索性因子分析

题项	过程后悔	等待后悔	意义后悔	选项后悔
所购产品并不如我当初想的那么重要	–	–	0.785	–
在网购后，我才发现我原本并不需要买	–	–	0.884	–
在网购后，我才发现它对我的用处并不大	–	–	0.832	–
由于等了很久才拿到货，所以我感到后悔	–	0.825	–	–
我对产品交付承诺并未兑现而感到遗憾	–	0.884	–	–
因产品交付时间过长，由此我希望没有买	–	0.890	–	–
我对这次的网购选择感到十分后悔	–	–	–	0.511
如果我没有买，我会感到十分欣喜	–	–	–	0.806
若再给一次机会，我会做出其他选择	–	–	–	0.782
关于这次网购，我本该投入更多精力	0.913	–	–	–
关于这次网购，我本该进行充分考虑	0.770	–	–	–
关于这次网购，我本该花费更多时间	0.886	–	–	–
特征值	3.502	2.234	1.897	1.079
方差占比（%）	29.18	18.61	15.81	8.99
累积方差（%）	29.18	47.80	63.60	72.60
因子分析标准	KMO=0.667；Bartlett's Test，Sig.=0.000			

注：采用方差极大法对因子载荷矩阵实行正交旋转。

六、正式量表检验

进一步，对题项净化得到的正式量表进行大样本调查与检验。具体包括：竞争模型分析、信度检验、收敛效度检验和判别效度检验。

1. 调研与样本

本次调研借助问卷星进行网络调查，首先设计甄别题项以筛选出有网购后悔经历的被访者。最终，共发放网络问卷805份，剔除甄别不符问卷以及前后不一致等无效问卷，得到有效问卷315份。样本特征，如表3-4所示。

表 3-4　　　　　　　　描述性统计分析

问项		频率	百分比（%）	问项		频率	百分比（%）
性别	男	138	43.81	月均生活费	6001～7000元	15	4.76
	女	177	56.19		7001～8000元	19	6.03
年龄	15～20岁	5	1.59		8001～9000元	24	7.62
	21～25岁	56	17.78		9001～10000元	9	2.86
	26～30岁	117	37.14		10000元以上	10	3.17
	31～40岁	109	34.60	网购经历时间	1年以下	3	0.95
	41～50岁	22	6.98		1～2年	24	7.62
	51～60岁	6	1.90		3～4年	111	35.24
教育程度	初中	1	0.32		5～6年	115	36.51
	高中/中专	9	2.86		7～8年	32	10.16
	大专	39	12.38		8年以上	30	9.52
	本科	234	74.29	月均网购次数	1次	17	5.40
	硕士	28	8.89		2次	44	13.97
	博士	4	1.27		3次	45	14.29
职业类型	全日制学生	18	5.71		4次	46	14.60
	生产/销售	25	7.94		5次	45	14.29
	市场/公关/客服	14	4.44		6次	44	13.97
	行政/后勤	30	9.52		7次	18	5.71
	人力资源	16	5.08		8次	11	3.49
	财务/审计	33	10.48		8次以上	45	14.29
	文职/办事员	28	8.89	每次平均支出	100元以下	25	7.94
	技术研发	42	13.33		100～200元	108	34.29
	管理人员	66	20.95		201～300元	70	22.22
	教师	18	5.71		301～400元	26	8.25
	其他	25	7.94		401～500元	24	7.62
月均生活费	601～1000元	11	3.49		501～600元	20	6.35
	1001～2000元	39	12.38		601～700元	11	3.49
	2001～3000元	57	18.10		701～800元	7	2.22
	3001～4000元	61	19.37		801～900元	4	1.27
	4001～5000元	35	11.11		901～1000元	5	1.59
	5001～6000元	35	11.11		1000元以上	15	4.76

从表 3-4 可知，被访者在性别、年龄、学历、收入、网购经历等方面分布较广，几乎涵盖了所有层次的网购者。

2. 竞争模型分析

关于竞争模型分析，首先，在新的样本数据下，对 4 个后悔维度的 12 个题项进行探索性因子分析。统计结果显示：KMO 为 0.713，Bartlett 检验的显著性水平为 0.000，这表明样本数据适合做因子分析。采用方差极大法对因子载荷矩阵实行正交旋转，提炼出 4 个公因子，分别是过程后悔、等待后悔、选项后悔和意义后悔。同时，各题项的载荷系数值中最小为 0.687，并且不存在跨两个及以上公因子的题项。此外，这 4 个公因子可以解释 73.43% 的方差。由此，大样本探索性因子分析结果与前文小样本题项净化后所得因子结果完全一致。

其次，对不同后悔维度的所有题项进行验证性因子分析，比较不同维度构成时的拟合指数，验证所构建的四维度模型是最合理的。从表 3-5 可知，无论是绝对拟合指数、相对拟合指数，还是节俭调整指数，在众多的结构模型中，只有四维度模型的各拟合指数值相对最好，并且都达到了拟合标准，这表明它是最佳的维度结构。此外，仅次于四维度模型的是将过程后悔和选项后悔视作一个维度的三维度模型（$\triangle X^2(3)$ =75，P < 0.001）。但是，这个模型的绝对拟合指数值和相对拟合指数值都没有达到拟合标准。

表 3-5   竞争模型分析

模型	绝对拟合指数			相对拟合指数			节俭调整指数	
	X^2/df	GFI	RMSEA	CFI	NFI	IFI	PNFI	PCFI
单维度模型	21.744	0.605	0.257	0.257	0.254	0.263	0.208	0.210
双维度模型								
PR=WR=CR	11.210	0.731	0.180	0.641	0.623	0.644	0.500	0.515
PR=WR=SR	18.205	0.649	0.234	0.395	0.387	0.400	0.311	0.317
PR=CR=SR	10.911	0.742	0.178	0.652	0.633	0.655	0.508	0.523
WR=CR=SR	13.027	0.730	0.196	0.577	0.561	0.581	0.451	0.464
三维度模型								

模型	绝对拟合指数			相对拟合指数			节俭调整指数	
	X^2/df	GFI	RMSEA	CFI	NFI	IFI	PNFI	PCFI
PR=WR	10.838	0.769	0.177	0.667	0.649	0.671	0.501	0.516
PR=CR	5.042	0.879	0.113	0.863	0.837	0.865	0.646	0.667
PR=SR	12.920	0.735	0.195	0.597	0.581	0.601	0.449	0.461
WR=CR	5.764	0.850	0.123	0.839	0.813	0.840	0.628	0.648
WR=SR	12.688	0.742	0.193	0.605	0.589	0.609	0.455	0.467
CR=SR	5.312	0.866	0.117	0.854	0.828	0.856	0.640	0.660
四维度模型	2.793	0.933	0.076	0.943	0.915	0.944	0.665	0.686
指数建议值	1 ~ 3	>0.9	<0.08	>0.9	>0.9	>0.9	越接近 1 越好	

注：PR= 过程后悔，WR= 等待后悔，CR= 选项后悔，SR= 意义后悔

3. 量表信度检验

对各维度后悔进行信度分析，得到校正题项与总体相关性（CITC）、删除题项后和总体的 Cronbach's Alpha（见表 3-6）。关于总体 Cronbach's Alpha，意义后悔为 0.879，等待后悔为 0.852，选项后悔为 0.756，过程后悔为 0.797。它们都超过了临界值 0.7，这表明各维度量表的可靠性较高。

同时，各题项的 CITC 都大于 0.5，而且删除题项后的 Cronbach's Alpha 都没有显著提高。由此，各题项都应予以保留，这与题项净化的结果一致。总体而言，各维度量表的内部一致性信度较高。

此外，从表 3-7 可知，各维度的组合信度都超过了 0.7，这再次说明测量各维度的一组题项都具有较好的一致性。

表 3-6　　　　　　　　　　　信度分析

变量	题项	删除题项后的刻度均值	删除题项后的刻度方差	校正题项与总体相关性	删除题项后 ronbach's Alpha	Cronbach's Alpha
意义后悔	SR1	5.378	3.917	0.768	0.826	0.879
	SR2	5.486	3.747	0.809	0.789	
	SR3	5.797	4.124	0.722	0.867	

变量	题项	删除题项后的刻度均值	删除题项后的刻度方差	校正题项与总体相关性	删除题项后ronbach's Alpha	Cronbach's Alpha
等待后悔	WR1	6.775	3.806	0.708	0.809	
	WR2	6.863	3.558	0.679	0.836	0.852
	WR3	6.711	3.314	0.787	0.730	
选项后悔	CR1	3.746	1.630	0.529	0.671	
	CR2	3.546	1.472	0.501	0.716	0.756
	CR3	4.041	2.135	0.589	0.656	
过程后悔	PR1	4.152	1.805	0.708	0.648	
	PR2	4.479	2.289	0.562	0.801	0.797
	PR3	4.149	1.796	0.664	0.700	

4. 收敛效度检验

为检验收敛效度，对各维度与相应题项进行验证性因子分析，得到各题项与其测量维度之间的标准化载荷系数与对应的 T 值，以及各个维度的平均方差萃取量（Average Variance Extracted，AVE）。从表 3-7 可知，绝大多数的载荷系数都超过 0.7，并且都达到显著性水平。同时，各维度的 AVE 都大于临界值0.5。这些检验指标值都大于各自的临界值，这表明各后悔维度都能够很好地解释相应维度的测量题项，而只有很少一部分变异量是由误差项所解释。由此，各后悔维度量表的收敛效度均较好。

表 3-7　　　　　　　　　　收敛效度分析

变量	题项	载荷系数	T 值	组合信度	AVE
意义后悔	SR1	0.842	–		
	SR2	0.908	17.615	0.881	0.712
	SR3	0.776	15.576		
等待后悔	WR1	0.797	–		
	WR2	0.744	13.645	0.857	0.669
	WR3	0.904	14.872		
选项后悔	CR1	0.767	–		
	CR2	0.738	7.047	0.770	0.523
	CR3	0.671	6.271		
过程后悔	PR1	0.845	–		
	PR2	0.637	10.387	0.803	0.580
	PR3	0.787	11.649		

5. 判别效度检验

为检验判别效度，需要绘制各后悔维度之间的相关系数表，并将各后悔维度平均方差萃取量的算术平方根替换为对角线上的数值，判断标准是要求对角线上的数值必须大于其他数值的绝对值。从表 3-8 可知，各后悔维度的 AVE 算术平方根都显著大于它们之间相关系数的绝对值，这说明各后悔维度之间具有很好的判别效度。

表 3-8   判别效度分析

潜变量	过程后悔	等待后悔	选项后悔	意义后悔
过程后悔	0.762	—	—	—
等待后悔	0.138	0.818	—	—
选项后悔	0.332	0.134	0.723	—
意义后悔	0.067	0.158	0.307	0.844

七、高阶因子模型

从上文看，竞争模型分析分别使用探索性因子分析和验证性因子分析两种方法论证了网购顾客后悔四维度模型是最佳的。但是，上文并未检验这 4 个后悔维度的高阶因子模型。为此，利用上文收集的 315 份有效样本数据，对网购顾客后悔的高阶因子模型进行统计检验。

根据上文理论推演结果，选项后悔和意义后悔构成评价后悔，评价后悔和等待后悔构成结果后悔，而结果后悔和过程后悔构成网购顾客后悔。据此，按照从易到难的思路构建三种高阶因子模型，并对它们进行验证性因子分析。

1. 高阶因子模型 1

高阶因子模型 1 比较简单，它将过程后悔、等待后悔、选项后悔和意义后悔 4 个一阶因子组建成 1 个二阶因子网购顾客后悔，如图 3-6 所示。

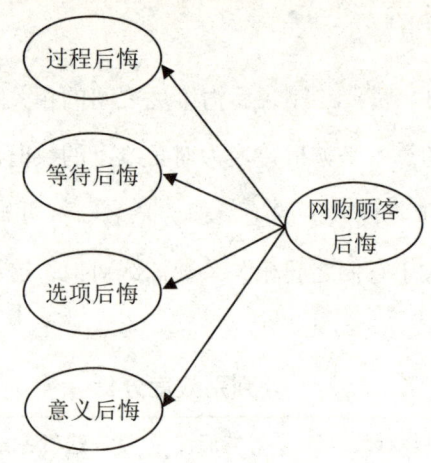

图 3-6　高阶因子模型 1

使用 AMOS 软件，对高阶因子模型 1 进行最大似然估计。从表 3-9 可知，从二阶因子到一阶因子的标准化路径系数均达到显著水平，而且无论是绝对拟合指数、相对拟合指数，还是节俭调整指数，高阶因子模型 1 的拟合指数值都满足指数建议值标准。此外，从路径系数看，选项后悔与网购顾客后悔的关联度最强，其路径系数超过 0.8，说明网购顾客后悔主要来自选项后悔；过程后悔、意义后悔与网购顾客后悔的关联度次之，都在 0.3 以上，接近 0.4，说明这两种类型的后悔对网购顾客后悔的影响也很重要；等待后悔与网购顾客后悔的关联度最低，不过它也超过了 0.2，说明也不能忽视它的作用。

表 3-9　　　　　　　　　　模型 1 的高阶验证性因子分析

路径关系	标准化路径系数	C.R.	P 值
网购顾客后悔→过程后悔	0.366	3.197	0.001
网购顾客后悔→等待后悔	0.228	2.414	0.016
网购顾客后悔→选项后悔	0.824	2.469	0.014
网购顾客后悔→意义后悔	0.380	—	—

模型拟合：$X^2/df=2.783$，GFI=0.929，RMSEA=0.075，CFI=0.941，NFI=0.912，IFI=0.941，PNFI=0.691，PCFI=0.713

2. 高阶因子模型 2

关于高阶因子模型 2，它是将等待后悔、选项后悔和意义后悔 3 个一阶因子组建成 1 个二阶因子结果后悔，同时二阶因子结果后悔和一阶因子过程后悔两者之间存在相关关系，如图 3-7 所示。

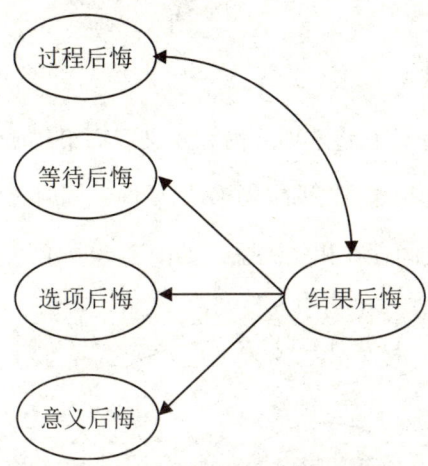

图 3-7 高阶因子模型 2

类似地，使用 AMOS 软件，对高阶因子模型 2 进行最大似然估计。从表 3-10 可知，从二阶因子结果后悔到一阶因子的标准化路径系数均达到显著水平，同时结果后悔与过程后悔两者之间存在显著的正相关关系。此外，无论是绝对拟合指数、相对拟合指数，还是节俭调整指数，高阶因子模型 2 和高阶因子模型 1 的拟合指数值完全一致，它们都满足指数建议值标准。从路径系数看，模型 2 中结果后悔的关联度与模型 1 中网购顾客后悔的关联度完全一致。同时，模型 2 中结果后悔与过程后悔的相关系数也与模型 1 中的因果路径关系大小相同。

表 3-10 模型 2 的高阶验证性因子分析

路径关系	路径 or 相关系数	C.R.	P 值
结果后悔→等待后悔	0.228	2.414	0.016
结果后悔→选项后悔	0.824	2.469	0.014
结果后悔→意义后悔	0.380	—	—
过程后悔→结果后悔	0.366	2.436	0.015

续表

路径关系	路径 or 相关系数	C.R.	P 值

模型拟合：X^2/df=2.783，GFI=0.929，RMSEA=0.075，CFI=0.941，NFI=0.912，IFI=0.941，PNFI=0.691，PCFI=0.713

2. 高阶因子模型 3

关于高阶因子模型 3，它将选项后悔和意义后悔组建成二阶因子评价后悔，再将其和等待后悔一起组建成三阶因子结果后悔，同时三阶因子结果后悔和一阶因子过程后悔两者之间存在相关关系，如图 3-8 所示。

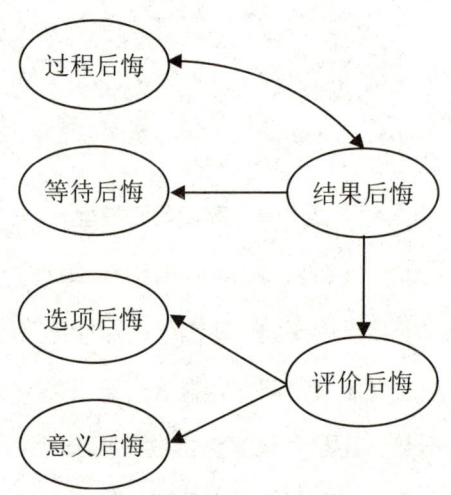

图 3-8 高阶因子模型 3

同上，使用 AMOS 软件，对高阶因子模型 3 进行最大似然估计。从表 3-11 可知，标准化路径系数都没有达到 0.05 的显著性水平。此外，尽管绝对拟合指数值、相对拟合指数值和节俭调整指数值都满足指数建议值标准，但是从总体上看，模型 3 的拟合优度略低于模型 1 和模型 2 中的结果。由此，高阶因子模型 3 并不能很好地拟合调研所得数据，这说明模型 3 是不可被接受的。

3-11 模型 3 的高阶验证性因子分析

路径关系	路径 or 相关系数	C.R.	P 值
评价后悔→选项后悔	0.935	1.890	0.059
评价后悔→意义后悔	0.341	–	–
结果后悔→评价后悔	0.665	–	–
结果后悔→等待后悔	0.269	1.419	0.156
过程后悔→结果后悔	0.508	1.840	0.066

模型拟合：$X^2/df=2.818$，GFI=0.929，RMSEA=0.076，CFI=0.941，NFI=0.912，FI=0.942，PNFI=0.677，PCFI=0.699

一般来说，将 4 个及其以上的一阶因子组建成二阶高阶因子是比较常见的，但是相继再去组建三阶高阶因子的非常少见。从上述验证性因子分析结果也可看出模型 1 和模型 2 的拟合效果更佳。对比模型 1 和模型 2，发现两种模型的主要差别在于是否组建二阶因子结果后悔。两模型中的路径系数值基本一致，但是模型 2 未能组建高阶因子网购顾客后悔。鉴于过程后悔、等待后悔、选项后悔和意义后悔是构成网购顾客后悔的 4 个根本的维度，所以未能将网购顾客后悔作为高阶因子的模型 2 并不是最佳的，再考虑到模型 1 和模型 2 有很多共同点，最终认为高阶因子模型 1 更为符合本研究的需要。

八、结论与展望

网购顾客经常会体验到后悔情绪，不过文献中缺乏测量网购顾客后悔的多维结构量表。本节根据规范的量表开发流程对其进行了研究。

1. 研究结论与贡献

文献梳理发现，后悔的单维结构量表极为常见（Liao 等，2011；Marcatto 和 Ferrante，2008；Keaveney 等，2007）。其中，有只测量选择后悔的量表（Creyer 和 Ross，1999），也有同时测量选择后悔和结果后悔的量表（Brehaut 等，2003；Clark 等，2003），还有同时测量选择后悔、结果后悔和过程后悔的量表（Marcatto 和 Ferrante，2008）。但是，这些后悔量表都是单维结构的，它们并没有考虑不同类型后悔之间的差异。鉴于后悔是一种复杂情绪，所以很有必要从多维结构角度去测量后悔。不过，只有 Lee 和 Cotte（2009）提出购后顾客后悔的多维结构量表。在网络购物情境下，本节对网购顾客后悔的多维结构量表进行探究具有重要的理论价值。

由于网络购物的差异性，所以将购后等待这一重要的网购环节整合进经典的消费者购买决策过程中，提出消费者网购决策过程。同时，将需求确认、信息搜集、选择评估和购买决策视作购买过程，而将购后等待和购后评价界定为购后结果。从决策过程角度，相应地就会存在过程后悔和结果后悔，并且结果后悔又包括等待后悔和评价后悔，而评价后悔又包括选项后悔和意义后悔。接下来，经过题项生成和题项净化两个环节得到 4 个维度的正式量表。进一步，对其进行大样本调查与验证。结果表明，网购顾客后悔的四维度模型是最佳的；相应量表具有良好的可靠性（信度）和有效性（效度）；选项后悔是网购顾客后悔的首要来源，过程后悔和意义后悔次之，而等待后悔的影响最小，但也不容忽视。

总体上看，从决策过程角度，首次为网购顾客后悔设计和开发出契合情境的、可操作化的、多维结构的、有效的心理测评量表。

2. 实践启示与建议

本研究成果具有重要的实践价值。尽管网络购物经常会使顾客后悔，但是很多网商对此并未给予足够重视。新《消费者权益保护法》中明确规定"网购7 天无理由退货"，从法律上强制要求网商给予网购顾客后悔的权利。显然，网商更应该主动监测与管理网购顾客后悔，这就需要有合理化工具来定量测度后悔。本研究提供的网购顾客后悔量表具有很好的信度与效度，由此，它可以作为监测网购顾客后悔的有效工具。同时，相比单维结构后悔量表，本研究提供的多维结构后悔量表能够更好地监测后悔的内部结构，进而使网商能够更好地理解与管理网购顾客后悔。对于某一次网购顾客后悔，网商可以监测识别出过程后悔、等待后悔、选项后悔与意义后悔在其中各自发挥的作用，他们据此能够提出更具针对性的解决方案，这显然会起到事半功倍的效果。

此外，网商通常只关注于选项后悔，而忽略了其他类型的后悔，即过程后悔、等待后悔和意义后悔。本研究提出购后等待的概念，将其视作一种特殊的购买阶段，增加到消费者购买决策过程中，形成消费者网购决策过程。同时，指出在消费者网购决策过程的每一阶段都有可能会产生与之相匹配的后悔。比如，在需求确认、信息搜集、选择评估和购买决策这4个阶段，很可能会出现过程后悔；在购后等待阶段，更易产生等待后悔；在购后评价阶段，更易产生选项后悔和意义后悔。由此，建议网商基于不同维度后悔的监测结果，将它们与消费者网购决策阶段进行对应分析，这将使他们更能尽快找准网购顾客后悔的症结所在。从另一角度看，网商需要从消费者网购决策过程的各个阶段上，提前采取一些有效措施以预防网购顾客后悔。

3. 不足与未来展望

本研究严格按照规范的量表开发流程进行，提出的网购顾客后悔量表得到了很好的数据验证，但是仍然存在一些不足之处，有待后续学者做进一步探讨。

首先，对结果后悔的界定与剖析比较深入，将其划分成等待后悔、选项后悔和意义后悔，但是过程后悔只有1种，并且涉及4个决策阶段。那么，是否可以对其进行进一步划分还有待深入探讨。

其次，在生成量表题项时，5次的焦点小组座谈都在天津完成，这很可能会由于座谈者的地域差异而影响题项生成。为此，后续可以进行更加严格的研究设计，对本研究量表进行再次论证与完善。

再次，当前只关注于网购顾客后悔多维结构量表的开发，并没有探究不同的后悔维度是否存在差异化的形成机理与影响效应。由此,在本研究提出的量表基础上,可以探究有哪些因素更易导致过程后悔、选项后悔、等待后悔与意义后悔,以及它们都会带来哪些显著的不同的影响。

最后,关于多维结构后悔量表的研究仍然不够充分,为此,希望未来有更多学者对此进行探索。

第四章　网购顾客后悔的成因分析

在本章中，首先，使用关键事件法对网购顾客后悔的成因进行探索性研究；其次，分别探究转换成本、感知等待时间、服务补救公平感知与网络服务质量对网购顾客后悔的影响。

第一节　网购顾客后悔成因的探索性研究

一、问题提出

后悔是个体由于反事实思考而产生的一种基于认知的情绪（Camille 等，2004）。反事实思维是后悔产生的必要前提，它在后悔形成过程中起着极为重要的作用。如果不具备反事实思考能力，那么个体就很难体验到后悔。Guttentag 和 Ferrell（2004）在对 5 岁、7 岁和 9 岁的儿童进行实验研究时，发现 5 岁儿童并不能进行反事实思考，即不能进行"本该如何"等类似的思考，而只有 7 岁和 9 岁的孩子能够进行这种思考，进而体验到后悔情绪。不过，只有上行反事实思考才能引发后悔（Johnosn 和 Sherman，1990）。通常来说，当事件结果偏离正常值时，更易使人产生上行反事实思维，进而产生更强的后悔（Kahneman 和 Miller，1982）。当结果效价为负时，会产生更多的上行反事实思维，进而会加重后悔（Walchli 和 Landman，2003）。当想改变现状时，会比维持现状引发更多的上行反事实思维，相应地后悔程度会更高（Zeelenberg 等，

1996）。当决策不可逆时，会感到更多的不确定性与风险，诱发更多的上行反事实思维，由此后悔程度更强（Tsiros 和 Mittal，2000）。

在营销学中，绝大多数学者都是将反事实思维理论作为解释各种成因引发顾客后悔的理论基础。比如，服务等待时间（Voorhees 等，2009）、产品或服务属性评价（Keaveney 等，2007）和服务失败（Zeelenberg 和 Pieters，2004）等都会导致顾客后悔。实际上，其背后的理论逻辑是这些因素会引致上行反事实思考，由此才能使顾客体验到后悔。不过，并未有文献对影响顾客后悔的各种成因进行系统梳理，尤其是缺乏对网购顾客后悔成因的探讨。根据范例理论（Kahneman 和 Miller，1986），当事件偏离范例（一般性知识与预期）时，个体会自动进行反事实思考；而 Roses（1997）提出的两阶段模型认为，消极事件和消极情感是激发上行反事实思考的主要原因。由此，在网购后，无论是偏离范例，还是出现消极事件或情感，都很可能会激发上行反事实思考，进而导致后悔。比如，网购服务失败是常有的事，它们会导致后悔。

鉴于此，本研究将反事实思维理论作为理论基础，采用关键事件法对网购顾客后悔的成因进行探索性研究。

二、文献回顾

在文献回顾中，对后悔的概念与成因进行梳理，对反事实思维理论的核心观点进行提炼，对网上零售服务失败类型进行归纳。

1. 后悔概念与成因

后悔是指当个体意识到或想象出若采取不同决策，当前状态会变得更好时，体验到的一种基于比较的、自责的情绪（Zeelenberg 和 Pieters，2007）。后悔具有三个核心特征：一是认知性。后悔并不是一种基础情绪，它是产生于高阶认知处理相当复杂的情绪体验（Zeelenberg 和 Pieters，2007）。人们只有形成了高阶的认知处理能力，能够对决策结果进行比较评判，才能够体验到后悔情绪。二是决策性。后悔必须与决策相关，但是其他的消极情绪并非一定如此（Zeelenberg 和 Pieters，2007；Carmon 等，2003）。换句话说，如果只有一种选择，那么就不存在决策问题，相应地就不会产生后悔。三是比较性。后悔必须基于比较过程而产生（Landman，1993；Van Dijk 和 Zeelenberg，2005），但是其比较的基准比较特殊，不仅包括未选项的真实绩效，还包括非真实的假想绩效。这种比较过程其实就是个体进行的反事实思考（Kahneman 和 Miller，1986）。

后悔的产生取决于个体能否进行上行反事实思考（Markman 等，1993），而它又主要取决于个体的眶额叶皮层、扣带前回等脑神经（Coricelli 等，2007；Camille 等，2004）。决策前和决策后的一些因素会诱发上行反事实思考，进而导致后悔，并且不同决策者对后悔的感知存在差异（刘龙珠等，2013；Kuhnle 和 Sinclair，2011；Weisberg 和 Beck，2010；Xiao 等，2009；Schwar 等，2005；Walchli 和 Landman，2003）。其中，决策前因素主要包括选择集（Su等，2009；Lin 和 Huang，2006；Iyengar 和 Lepper，2000；Tsiros，1998；）、决策时间（高红梅等，2013；Inbar 等，2011；Cooke 等，2001）、责任程度（Contractor 和 Kumar，2012；Zeelenberg 等，2000；Connolly 等，1997；Frijda 等，1989；Sheffrin 和 Statman，1985）、决策动机（Clarke 和 Mortimer，2013）；决策后因素主要包括决策结果（李东进等，2013；杜语和何贵兵，2013；Walchli 和 Landman，2003；Tsiros 和 Mittal，2000）、决策过程（李芳芳和周庭锐，2008；Matarazzo 和 Abbamonte，2008；Reb 和 Connolly，2007；Lin 和 Huang，2006；Pieters 和 Zeelenberg，2005）、价格变动（李东进和马云飞，2012；Cai 和 Cude，2011；刘波，2009；Hardie 等，1993）、期望不一致（Liao 等，2011；Taylor，1997）。

2. 反事实思维理论

"反事实思维（counterfactual thinking）"的概念最先由 Kahneman 和 Tversky（1982）提出，它指的是个体对真实事件进行否定，采用各种可能性或假设条件对其进行替换的一种思维过程。在日常生活中，人们经常使用"如果……，就……""我本该……"等类似的虚拟条件句来表现这种反事实思维过程。根据假设前提的性质，反事实思维可以分为加法式、减法式和替代式（Roese 和 Olson，1993）。根据反事实思维方向，它可以划分为上行反事实思维和下行反事实思维（Markman 等，1993）。根据反事实思维关注点不同，又可将其划分为关注行为的反事实思维和关注结果的反事实思维（Zeelenberg，1998）。反事实思维是产生后悔的必要前提。相对下行反事实思维，只有上行反事实思维才会引发后悔。由此，能够激发上行反事实思维的因素也必将是后悔的成因。

关于反事实思维的产生，主要有范例理论（norm theory）和两阶段模型（two-stage model）两种理论对其做了解释，前者认为实践偏离范例会激发反事实思维，而后者认为负面事件或情感会激发反事实思维（Roese 等，2005）。根据范例理论（Kahneman 和 Miller，1986），个体对事件的认知评价与情感反应会受到其脑中范例的影响。范例指的是基于以往经验而形成的对某类事件的一般性知识与预期。该理论认为，当某一事件偏离其范例时，就会激发个体的反事实思维。这种范例，无论是事前构建，还是事后构建，它们都是由记忆中存储的具有代表性的、正常的、相关的事例建构而来。个体会将这些范例作为比较的标准。此外，根据两阶段模型（Roses，1997），当遇到或想到有损于自身利益的消极事件时，个体会想象如果采取不同决策，当前结果很可能会变得更好，即个体会极易产生上行反事实思维。该模型认为反事实思维的产生经历了激发和内容产生两个阶段。前者指的是反事实思维是否会产生，而后者指的是反事实内容构建的过程。同时，两者的前置因素存在差异。比如，消极事件或情感会激发反事实思维，而范例会影响反事实思维的内容。

总体上看，两种理论对反事实思维产生的解释不同，两者的最大差异在于激发反事实思维的主要因素不同（Roese 等，2005），一个是偏离范例，另一个是消极事件或情感。对此，有学者支持范例理论（Goldinger 等，2003），也有的支持两阶段模型（Roese 和 Hur，1997），还有的认为两者从本质上看是一致的（Kanazawa，1992）。无论如何，由于上行反事实思维会导致后悔，所以能够激发反事实思维的消极事件或情感也会导致后悔。

3. 零售服务失败类型

对于顾客后悔，在众多的成因中，其中绝大部分都可以归结为服务失败问题。当遭遇到服务失败时，消费者通常会产生上行反事实思维，进而体验到后悔情绪。从顾客视角，Bitner 等（1990）使用关键事件法，收集了 669 个包含餐饮店、酒店和航空公司的服务失败事件，将它们划分为 3 种类型：员工对服务传递系统失败的响应、员工对顾客需求和请求的响应、自发的和未经请求的员工行动。此后，学者们使用这种分类标准，应用关键事件法对服务失败的其他问题进行了调研（Forbes 等，2005；Chell 和 Pittaway，1998；Kelley 等，1993）。比如，Kelley 等（1993）对 456 位消费者进行深度访谈，共收集到 661 个零售行业服务失败事件，并将其划分成 3 类 15 种。第 1 类，是员工对服务传递系统和产品失败的响应，具体包括政策失灵、缓慢或不可用的服务、系统定价、打包错误、缺货或脱销、产品缺陷等。第 2 类，是员工对顾客需求和请求的响应，包括公司在处理顾客订单或请求时出错等。第 3 类，是自发的和未经请求的员工行动，包括消费者被错误地指控偷窃等。从员工视角，Bitner 等（1994）进一步探究了服务失败问题，增加了一个新的类别，即问题顾客行为，包括酗酒、辱骂、身体虐待、不合作顾客等。

网上零售服务失败类型有所不同。Holloway 和 Beatty（2003）提出，网上零售服务失败类型，包括交付问题、网站设计问题、顾客服务问题、支付问题、安全问题和其他问题。他们还对网络环境下的不满意者和满意者的评价维度进行了识别（Holloway 和 Beatty，2008）。这 4 个维度包括网站设计 / 互动性、履行 / 可靠性、顾客服务和安全 / 隐私。其中，最不满意的是履行 / 可靠性，而最满意的是网站设计 / 互动性。Forbes 等（2005）对购物网站的服务失败类型进行了探索，共收集了 382 个服务失败事件，并根据 Kelley 等（1993）的服务失败类型，将其划分成 2 类 10 种。第 1 类，是对服务传递系统 / 产品失败的响应，

包括缓慢 / 不可用的服务、系统定价、打包错误、脱销、产品缺陷、网站系统错误、错的信息。第 2 类，是对顾客需求和请求的响应，包括特殊订单 / 请求、顾客错误、尺码变化。其中，打包错误是最普遍的。由于购物网站服务失败是基于技术的服务接触，而不只是人际接触，所以他们将自发的和未经请求的员工行动从服务失败类型中分离出来。对于网上拍卖服务失败，Kuo 等（2011）共收集了 867 个服务失败事件，并基于 Forbes 等（2005）的购物网站服务失败类型，提出 3 类 18 种网上拍卖服务失败类型。第 1 类，是服务传递系统失败，包括打包问题、缓慢或不可能服务、产品缺陷、脱销、错的信息、定价错误等。第 2 类，是买者需求和请求，包括期望感知不一致、尺码变化、特殊订单或请求等。第 3 类，是自发的和未经请求的卖者行动，包括卖者欺骗问题、卖者造成的难堪等。

由此可见，服务失败类型是存在情境差异的，传统零售和网上零售的服务失败类型存在不同，而购物网站和网上拍卖的服务失败类型也有不同。不过，这些服务失败类型都很有可能使顾客后悔。

三、研究设计

1. 研究方法

本研究采用关键事件法（Critical Incident Technique，CIT）来探究网购顾客后悔的成因。该方法是一种内容分析法，要求被访者详细报告某一具体事件的起因、经过和结果，并根据这些关键事件来洞察个体的认知、情感和行为（Chell，1998）。同时，该方法的信度和效度较好，并早已得到经验证明（Meuter 等，2000；Mallalieu，1999；Ronan 和 Latham，1974）。在过去的 30 年里，这种方法（Flanagan，1954）被广泛应用于服务研究（Kuo 等，2011；Schoefer，2009；Holloway 和 Beatty，2008；Forbes 等，2005；Gremler，2004）。比如，服务失败对顾客关系的影响（Bejou 等，1996）、服务失败与补救策略（Kuo 等，2011；Forbes 等，2005；Kelley 等，1993）、顾客转换成本（Keaveney，1995）等。

从以往研究中看，关键事件法的应用具有以下特点：第一，该方法能够围绕一个具体的研究问题收集到丰富的一手资料，研究者对其进行归纳总结能够从中提炼出一些新概念或理论（Gremler，2004）。第二，该方法擅长进行分类探索（Kuo 等，2011；Schoefer，2009；Holloway 和 Beatty，2008；Forbes 等，2005；Bitner 等，1994，1990；Kelley 等，1993），这能使研究者更加系统清晰地理解相关问题。比如，费显政等（2011）采用这种方法提出消费者的 4 种内疚反应模式。由此，关键事件法适用于研究 3 类问题：一是探究新的或未知现象背后的理论逻辑；二是从理论上弥补人们认知肤浅、理论不足的问题；三是系统全面、彻底地描述或解释一种现象。

在我国，网络购物正逐渐成为一种主流的消费方式，网购顾客后悔问题相伴而生，并且其出现的频率非常高，但是，关于网购顾客后悔成因的理论探讨并不充分。由此，本研究采用关键事件法对网购顾客后悔的成因及其分类进行系统全面的探究是合理的。

2．问卷设计

基于现有文献梳理与网购情境特点，草拟一份调查网购顾客后悔成因的问卷。为确保问卷内容表述的清晰性与充分性，在正式调查之前，对有多次网购顾客后悔经历的 2 位专家和 10 名研究生进行预调查。之后，对初始问卷进行修改，形成正式问卷。

正式问卷由两部分组成。第一部分，要求被访者详细描述印象最深刻的一次网购顾客后悔经历，并对后悔程度进行评价。开放式问卷内容：在这么多次的网购经历中，请您回忆一下，有哪一次使您产生"如果当时不买就好了""如果当时选择另一款产品就好了""如果当时更加谨慎选择就好了"等等像"如果……就好了"之类的想法，即后悔。请您选择其中印象最为深刻的一次后悔经历，恳请您尽可能地详细描述事件发生的时间、地点、起因、经过与结果，并重点描述您当时为什么会后悔。此后，要求被访者对测量网购顾客后悔的七点量表进行打分，1 代表"不后悔"，7 代表"非常后悔"。第二部分，要求被访者认真填答个人基本信息，对于学生样本，包括性别、年龄、籍贯、专业、学历、独生子女、家庭所在地、平均月生活费、网购经历时间、网购月频次、网购平均支出、经常网购产品类型和经常光顾网站等。对于非学生样本，还需调查其婚否、职业、工作年限、平均月收入等。

由此，本研究设计了两份问卷，分别适用于学生样本与非学生样本，它们的主体内容并没有显著差异。

3. 编码说明

为甄别关键事件是否为有关后悔的事件，结合文献中对后悔的概念界定，本研究确定下述 3 个判定标准：①事件本身的效价为负；②消费者产生了上行反事实思考；③后悔的程度较强，得分在中间值 4 分以上（不含 4 分）。

由于消极事件会激发上行反事实思考，进而导致后悔，所以在结合网上零售服务失败类型的基础上，再考虑后悔成因的现有研究成果以及关键事件的初步归纳结果，提出本研究的编码项目表以用于进行内容分析（见表 4-1）。从中可知，本研究将网购顾客后悔成因划分成 4 类，服务传递失败、顾客需求不符、卖家不当行为和购后外部刺激。

表 4-1　　　　　　　　　　　　　编码项目表

编码项目	内容界定	编码类别	来源
是否后悔	关键事件是否包含后悔情绪	是 / 否	关键事件提炼
产品类型	网购产品隶属的类别	服装 / 鞋帽 / 其他	关键事件提炼
产品用途	网购产品的目的	自用 / 送人	关键事件提炼
1. 服务传递失败			
产品缺陷	网购产品有瑕疵、不起作用或损坏	是 / 否	Kuo 等（2011）、Forbes 等（2005）
产品脱销	订购的产品缺货	是 / 否	
错误信息	卖家提供错误或不充分的产品信息	是 / 否	
打包出错	卖家将邮寄地址写错，或只是打包部分或错误产品	是 / 否	
延期交货	商品并未在顾客预期的时间内送达	是 / 否	
退换不顺	卖家拒绝退换，或退换成本高，买家选择放弃	是 / 否	

编码项目	内容界定	编码类别	来源
2.顾客需求不符			
未达期望	产品的实际体验没有达到买家期望	是 / 否	Kuo等（2011）、Forbes等（2005）
尺码不符	卖家将尺码寄错，或产品尺码并不适合顾客	是 / 否	
冲动购买	因各种诱因立刻购买后，发现没有看清相关要求，或并不需要，或并不喜欢	是 / 否	关键事件提炼
3.卖家不当行为			
售卖假货	因正品而购买，收货后发现是假货	是 / 否	关键事件提炼
修改差评	卖家骚扰顾客，要求其修改差评	是 / 否	Kuo等（2011）
卖家推诿	卖家给予各种推卸责任的解释	是 / 否	Kuo等（2011）、关键事件提炼
卖家失联	购后根本联系不上卖家	是 / 否	关键事件提炼
网上欺诈	卖家或其他欺诈者骗取货款	是 / 否	Kuo等（2011）、Forbes等（2005）、关键事件提炼
4.购后外部刺激			
购后降价	所购产品卖家或其他卖家降价	是 / 否	关键事件提炼
他人差评	其他购买者在网上评论说，或周围人说，所购产品不好	是 / 否	关键事件提炼
更优选择	购后发现有更好的选择，不含所购产品的降价	是 / 否	关键事件提炼

四、研究 1：学生样本

1．数据收集

在学术研究中，单纯使用学生样本分析得到的研究结论会受到很大质疑。不过，鉴于网络购物的主流群体是年轻人，其中很大一部分是在校大学生，他们中的绝大多数都有丰富的网购经历，同时本研究是初步的探索性研究，由此，在研究 1 中，仍将采用学生样本。随之，在研究 2 中，会采用社会样本对研究 1 中的相关结论进行比较与验证。

在天津一所高校商学院5个本科教学班，共发放关键事件调查问卷200份。为使被访者认真作答：一是整个调研过程在课上进行，给予学生充足时间完成；二是告知学生，将对问卷填写的认真程度进行评价计分（满分10分），得分会被记入平时成绩。根据本研究设定的后悔事件判定标准，共得到137个有效的关键事件。有效样本被访者的平均年龄为22.26岁，其标准差为2.40。其他的样本特征如表4-2所示。从中可知，网购服装（45.99%）的顾客占比最高，而鞋帽（21.17%）的次之。绝大多数网购产品都是自用（98.54%），而只有很少一部分是用于送人（1.46%）。更多的顾客还是从网上选购100元以下的产品（64.23%）。

表 4-2 　　　　　　　　　　　　　　　　学生样本特征

问项		频率	百分比（%）	问项		频率	百分比（%）
性别	男	56	40.88	月生活费支出	1000 元以下	85	62.04
	女	81	59.12		1000 元及以上	52	37.96
产品类型	服装	63	45.99	网购经历时间	3 年以下	43	31.39
	鞋帽	29	21.17		3 ~ 6 年	88	64.23
	其他	45	32.85		6 年以上	6	4.38
产品用途	自用	135	98.54	每次平均支出	100 元以下	88	64.23
	送人	2	1.46		100 ~ 200 元	31	22.63
独生子女	是	76	55.47		201 ~ 300 元	11	8.03
	否	61	44.57		500 元以上	7	5.11

2. 信度分析

对于关键事件法调查的信度，绝大多数学者都是采用评判者信度（inter-judge reliability）来检验信度（Kuo 等，2011；Forbes 等，2005；Hoffman 等，1995；Kelley 等，1993；Bitner 等，1990）。为此，两位评判者根据编码项目表，对每一份有关后悔的关键事件进行反复阅读、讨论、分类与再分类，最终得到后悔成因的不同类型。随后，使另一位独立评判者充分理解本研究的目的以及各种后悔成因类型的内涵，并要求其根据给定的类型界定对所有的关键事件进行再次分类。由此，计算两次分类的一致率为89.55%。进一步计算Perreault 和 Leigh（1989）提出的信度指数[1]（reliability index，Ir），得到 Ir值为88.74%。它超过了临界值0.8，这表明本研究分类的信度在可接受范围内。

3. 成因分析

根据上文的编码项目表，对137个有效的后悔事件进行频数、频率以及后悔程度的统计，详细结果见表4-3。对比4类后悔成因，发现顾客需求不符类占比最高（48.37%），服务传递失败类的占比次之（40.23%），而卖家不当行为类（7.61%）和购后外部刺激类（3.80%）的占比均较低。不过，卖家不当行为类所导致的后悔程度最高（均值=6.22），顾客需求不符类（均值=5.70）和服务传递失败类（均值=5.67）的相对较低，而购后外部刺激类的最低（均值=5.47）。显然，各类成因的出现频次与其所导致的后悔强度之间并未表现出一致的变化趋势。比如，卖家不当行为类出现的频率很低，但是其所导致的后悔程度却最强。购后外部刺激类的占比最低，并且其所导致的后悔程度也最低。

表 4-3　　　　　　学生样本不同后悔成因类型的统计

编码项目	频数	频率（%）	后悔均值	例子
1. 服务传递失败	74	40.23	5.67	
产品缺陷	36	19.57	6	买的是一件风衣，发现产品有瑕疵
产品脱销	1	0.54	6	没有货了，要么换别的，或是再等等
错误信息	8	4.35	5.5	裤子描述是亮红色，但实际上是暗红色
打包出错	2	1.09	5	购买桌游《只言片语》，游戏材料未给全
延期交货	14	7.61	5.42	网页显示只需三天，但一星期后仍未送达

[1] 信度指数 Ir=[(F/N−1/K)*(K−1)/K]1/2。参数说明：N 是有效关键事件数，F 是分类一致的关键事件数，K 是分类数。

编码项目	频数	频率（%）	后悔均值	例子
退换不顺	13	7.07	6.08	当退鞋子时候，卖家要求我承担退鞋运费
2. 顾客需求不符	89	48.37	5.70	
未达期望	58	31.52	5.94	买来礼物做工很粗糙，与自己预期相差很多
尺码不符	20	10.87	5.65	收到货后发现，商家的尺码偏小，没法穿
冲动购买	11	5.98	5.52	由于从众心理，买了几乎用不到的产品
3. 卖家不当行为	14	7.61	6.22	
售卖假货	4	2.17	6	买了一套欧莱雅化妆品，说是正品，但是和之前用过的不一样
修改差评	0	0.00	—	
卖家推诿	5	2.72	6.2	找店家理论，店家说发货前还是好的，把责任都推给了物流公司
卖家失联	3	1.63	5.67	阿里旺旺上联系卖家，对方根本不回复
网上欺诈	2	1.09	7	手机发来的短信居然划走了我卡里所有的钱
4. 购后外部刺激	7	3.80	5.47	
购后降价	1	0.54	5	买衣服后，过了两天就大降价
他人差评	1	0.54	6	收到货后还是很开心，无论材质和款式都很满意，但是朋友评价让我心情大受影响
更优选择	5	2.72	5.42	后来在网上别的店看到同款，而且比我买的便宜好多

注：在 1 个关键事件中，后悔的成因很可能有多种，由此，频数加总并不等于 137。

在第 1 种类型中，首先产品缺陷的占比最高（19.57%）。①有瑕疵。比如，买了一件风衣，却发现产品有瑕疵（后悔得分 =6）。②不起作用。比如，买了好几支钢笔，收到货后发现，没一支是好用的，有的不出墨水，有的会划纸（后悔得分 =7）。③有损害。比如，购买了近 40 根荧光棒，可能因为邮寄过程损耗，也有可能因为本身质量不好，等邮寄到手后有多根损坏（后悔得分 =6）。其次，延期交货（7.61%）和退换不顺（7.07%）的占比次之，但是退货不顺（后

悔均值 =6.08）比延期交货（后悔均值 =5.42）所导致的后悔程度更高。①延期交货。比如，以为会顺利地到达，可是物流在运送过程中就很缓慢（后悔得分 =5）。②拒绝退换。比如，卖家以商品售出且使用过为由不予退货或换货（后悔得分 =7）。③退换成本高。比如，买的时候包邮，而且上了退运险，但是当退鞋时，卖家要求我承担退鞋运费，我不同意，最后淘宝介入强制退货后，还是我出的运费退货（后悔得分 =7）。再次，错误信息（4.35%）、打包出错（1.09%）和产品脱销（0.54%）的占比较低。①提供错误或不充分信息。比如，在淘宝上买了两条裙子，那条裙子网上写的是纯棉，不掉色，不起球，但是收到货后发现，一条放到水里就开始掉色，另一条摩擦多次就会起球（后悔得分 =5）。②打包部分产品。比如，购买桌游《只言片语》，游戏材料未给全（后悔得分 =5）。③订购的产品缺货。比如，卖家说没有货了，让我换别的，或是再等等，一等就是一星期，我联系客服，先是不理我，然后过了好久才回复说是第二天发货（后悔得分 =6）。

在第 2 种类型中，首先，未达期望的占比最高（31.52%）。比如，买来的礼物与网上的图片差距很大，做工很粗糙，与自己的预期相差很多（后悔得分 =6）。当收到鞋后，却发现鞋挤脚而且特别丑，跟网站的图片和心中的想象有很大差距（后悔得分 =6）。其次，尺码不符的占比次之（10.87%）。比如，买之前详细地询问了尺码，但拿到货后，尺码太小不合身，非常不符合我的个人意愿（后悔得分 =5）。在淘宝上看到一款心仪的裤子，就决定买一条，尺码上确定了好久，但收到货的时候发现商家的尺码偏小，没法穿（后悔得分 =6）。再次，冲动购买的占比最低（5.98%）。①无需求。比如，当时因为从众心理，买了发现自己几乎用不到，并且也不适合（后悔得分 =6）。②不喜欢。比如，冲动购买了两款 DIY 手机壳原材料，到货后发现自己并不太热衷于长时间进行繁琐的手工活动，似乎购买成品手机壳会更适合我一些（后悔得分 =5）。

在第 3 种类型中，售卖假货（2.17%）、卖家推诿（2.72%）、卖家失联（1.63%）

和网上欺诈（1.09%）的占比相差不大，都很低。①因正品而买，却发现是假货。比如，从淘宝上买了一套欧莱雅的化妆品，说是正品，但是和之前用过的不一样，脸上有反应，因此不是正品（后悔得分 =5）。②卖家给予各种推卸责任的解释。比如，选择协商退款，提交售后退款申请和当时与客服的聊天截图，但是退款被卖家拒绝，说是我不懂得如何操作（后悔得分 =6）。③联系不上卖家。比如，阿里旺旺上联系卖家对方根本不回复（后悔得分 =7）。④被骗取货款。比如，在我用网银支付时，显示的支付金额是一元，但是手机发来的短信居然划走了我卡里的所有钱（后悔得分 =7）。

在第4种类型中，购后降价（0.54%）、他人差评（0.54%）和更优选择（2.72%）的占比同样相差不大，也都很低。①卖家降价幅度大。比如，购买衣服后，两天就大降价（后悔得分 =5）。②其他人说所购产品不好。比如，收到货后，很开心，无论材质和款式都很满意，但是朋友说像工人制服一般，不能穿出眼前一亮的效果（后悔得分 =6）。③发现有更好的选择。比如，过些日子去专柜一看竟然比网上卖得还便宜，还可以试试看大小是否合适，还能选择质量（后悔得分 =5）。后来在网上别的店看到同款，而且比我买的便宜好多（后悔得分 =6）。

五、研究 2：社会样本

1. 数据收集

为增加本研究的外部效度，进一步对社会样本执行关于后悔的关键事件调查与分析。委托专业问卷调查网站问卷星共发放关键事件调查问卷 200 份，并支付其每份问卷 5 元的调研费，共计 1000 元。根据本研究设定的后悔事件判定标准，共得到 118 份有效的关键事件。有效样本被访者的平均年龄为 29.97 岁，其标准差为 7.96，最小年龄为 22 岁，最大年龄为 54 岁。其他的样本特征，如表 4-4 所示。

表 4-4　　　　　　　　　　　社会样本特征

问项		频率	百分比（%）	问项		频率	百分比（%）
性别	男	54	45.76	月均收入	2000 元以下	16	13.56
	女	64	52.24		2000 ~ 4000 元	55	46.61
产品类型	服装	40	33.90		4001 ~ 6000 元	31	26.27
	鞋帽	17	14.41		6000 元以上	16	13.56
	其他	61	51.69	网购经历时间	3 年以下	34	28.81
产品用途	自用	109	92.37		3 ~ 6 年	64	54.24
	送人	9	7.63		6 年以上	20	16.95
工作年限	2 年及以下	39	34.21	每次平均支出	100 元以下	31	26.27
	3 ~ 4 年	31	27.19		101 ~ 200 元	34	28.81
	5 ~ 6 年	11	9.65		201 ~ 300 元	25	21.19
	7 ~ 8 年	8	7.02		301 ~ 400 元	9	7.63
	9 ~ 10 年	2	1.75		401 ~ 500 元	4	3.39
	10 年以上	23	20.18		500 元以上	15	12.71

从中可知，相比学生样本，社会样本中的被访者在网上购买的产品并不是以服装鞋帽为主，其他类型占比过半，为 51.69%；每次平均支出也不是以 100 元以下为主，100 ~ 200 元（28.81%）、201 ~ 300 元（21.19%）以及 500 元以上（12.71%）的占比较高。由此可见，两组样本中的被访者网购的产品类型以及每次支出金额之间存在较大差异。

2. 信度分析

采用评判者信度对本研究进行信度分析。首先，根据编码项目表，让两位评判者对每一份有关后悔的关键事件进行反复阅读、讨论、分类与再分类，最终得到后悔成因的不同类型。其次，让第三位评判者充分理解本研究目的以及各种后悔成因类型的内涵，并要求他根据给定的类型界定对所有的关键事件进行再次分类。由此，计算得到两次分类的一致率为 84.75%，以及 Perreault 和

Leigh（1989）信度指数值为 86.16%。这说明本研究针对后悔成因类型的划分
是可信的。

3．成因分析

对社会样本中不同后悔类型出现的频数、频率以及后悔程度进行统计，
具体结果见表 4-5。从频次与频率看，社会样本与学生样本并不存在较大差
异，仍然是顾客需求不符类占比最高（47.40%），服务传递失败类的占比次之
（36.36%），而卖家不当行为类（14.29%）和购后外部刺激类（1.95%）的占
比均较低。从后悔程度看，两组样本中不同后悔成因类型下的后悔程度排序发
生了改变，而且社会样本普遍高于学生样本。具体来看，卖家不当行为类所导
致的后悔程度最高（均值 =6.35），购后外部刺激类的次之（均值 =6.25），而
顾客需求不符类（均值 =6.13）和服务传递失败类（均值 =6.08）的相对较低。
总体上，相对学生样本，社会样本中卖家不当行为类的后悔成因不仅出现的频
率较高，而且其所导致的后悔程度最强。这可能是由于学生群体对卖家的不当
行为更为宽容，但社会群体非常难以接受之。此外，与学生样本不同，在社会
样本中，卖家要求修改差评出现了 4 次，而且由其导致的后悔程度也很强（均
值 =6）。不过，社会样本中的他人差评却出现零次。

表 4-5 社会样本不同后悔成因类型的统计

编码项目	频数	频率（%）	后悔均值
1. 服务传递失败	56	36.36	6.08
产品缺陷	26	16.88	6
产品脱销	2	1.30	6
错误信息	5	3.25	6
打包出错	4	2.60	6
延期交货	4	2.60	6.5
退换不顺	15	9.74	6
2. 顾客需求不符	73	47.40	6.13

续表

编码项目	频数	频率（%）	后悔均值
未达期望	54	35.06	6
尺码不符	12	7.79	6.5
冲动购买	7	4.55	5.9
3. 卖家不当行为	22	14.29	6.35
售卖假货	8	5.19	5.75
修改差评	4	2.60	6
卖家推诿	7	4.55	6
卖家失联	2	1.30	7
网上欺诈	1	0.65	7
4. 购后外部刺激	3	1.95	6.25
购后降价	1	0.65	6
他人差评	0	0.00	—
更优选择	2	1.30	6.5

注：在 1 个关键事件中，后悔的成因很可能有多种，由此，频数加总并不等于 118。

在第 1 种类型中，首先，产品缺陷的占比最高（16.88%）。①有损害。比如，在淘宝网上买的护肤品因包装破损，液体露出（后悔得分 =7）。②不起作用。比如，在网上买了一个益生菌的减肥产品，但是用了之后没有效果（后悔得分 =6）。其次，退换不顺（9.74%）的占比次之。①拒绝退换。比如，卖家以货品已打开无法退为理由拒绝退货，我表示很无奈（后悔得分 =7）。②退换成本高。比如，只退衣服的标价，运费不能退，而且退回去的运费也要买家来承担（后悔得分 =5）。再次，产品脱销（1.30%）、错误信息（3.25%）、打包出错（2.60%）和延期交货（2.60%）的占比较低。①买后却发现无货。比如，卖家告知买家挑选的图书部分没有货（后悔得分 =7）。②提供错误或不充分信息。比如，在团购的时候，网站上并没有说哪些门店周末不接受团购（后悔得

分 =6）。③部分产品打包出错。比如，在双十一时，网购了一件上衣，收货后却发现是一条裤子（后悔得分 =7）。④未按期收到货。比如，物流太不得力，没有按时到达，在生成日之后三天才到（后悔得分 =7）。

在第 2 种类型中，首先，未达期望的占比最高（35.06%）。比如，实际到手之后，式样看起来是一样的，但是布料质地非常差，黑色布裙子怎么看都很廉价，质地粗糙，怎么看心里都不舒服。（后悔得分 =7）。其次，尺码不符的占比次之（7.79%）。比如，卖家说是标准尺码，收到货样式和质量都不错（后悔得分 =7），但是穿着有点小，尺码不够标准。再次，冲动购买的占比最低（4.55%）。①无需求。比如，双十一，有家店铺灯泡特价，一下子抢了一打，到现在还有七八个没用（后悔得分 =6）。②不喜欢。比如，买来之后倒是觉得挺新奇，但是因为每次使用都需要按摩一定时间，本人又比较懒，所以根本没用几次就搁置起来了（后悔得分 =5）。

在第 3 种类型中，售卖假货（5.19%）、修改差评（2.60%）、卖家推诿（4.55%）、卖家失联（1.30%）和网上欺诈（0.65%）的占比均较低。①因正品而买，却发现是假货。比如，跟之前买的产品不一样，觉得应该是买到假冒伪劣的产品，看到很多好评，感觉是刷的（后悔得分 =6）。②卖家要求修改差评。比如，我立即给了卖家差评，卖家非但不悔改，还打电话骚扰我，让我将差评改掉（后悔得分 =7）。③卖家给予各种推卸责任的解释。比如，在京东买个 iphone，结果发现是一个水货，按键不是很好，屏幕触感也不好，去找客服，客服不负责任，找各种理由推诿（后悔得分 =5）。④联系不上卖家。比如，卖家联系不上了，店也没有了，钱也没有要回来（后悔得分 =7）。⑤被骗取货款。比如，支付宝显示付款成功，但是到网上百度一下鉴别淘宝商家真伪的方法，才知道这家店是网络骗子，之前付的款也拿不回来了（后悔得分 =7）。

在第 4 种类型中，购后降价（0.65%）和更优选择（1.30%）的占比都很低。①卖家降价幅度大。比如，当时买的时候是 170 元，事后没几天就降到了 130 元。顿时感觉自己被坑了（后悔得分 =6）。②发现有更好的选择。比如，过了几天妈妈和我说，她去逛街的时候看到我买的那双运动鞋了，比我买的时候要便宜（后悔得分 =6）。

从上述分析中可知，无论是学生样本，还是社会样本，网购顾客后悔成因的编码类别分布区别并不大，这进一步说明本研究编码设计的有效性。不过，两种样本之间也存在一些细微差别。比如，在社会样本中，由不同类型后悔成因导致的后悔程度普遍强于学生样本。

六、结论与展望

1. 研究结论与贡献

根据反事实思维理论，消极事件或情绪会诱使个体产生上行反事实思维，进而导致后悔。鉴于此，本研究采用关键事件法对网购顾客后悔的成因进行探索性分析，主要得到下述结论。

（1）对后悔关键事件进行内容编码分析，发现网购顾客后悔成因包括服务传递失败、顾客需求不符、卖家不当行为和购后外部刺激 4 大类。尽管前人在研究中指出决策结果（Walchli 和 Landman，2003；Tsiros 和 Mittal，2000）、价格变动（Cai 和 Cude，2011；Hardie 等，1993）、期望不一致（Liao 等，2011；Taylor，1997）等因素会导致顾客后悔，但是他们都没有系统揭示网购顾客后悔成因的具体内容。比如，由 Kuo 等（2011）、Forbes 等（2005）等识别出的各种类型的网上零售服务失败是否会导致后悔，以及是否还会存在其他的成因。现有研究根据"消极事件或情感→上行反事实思维→后悔"的理论逻辑，借鉴网上零售服务失败类型以及现有后悔成因研究成果，对网购顾客后悔关键事件进行内容分析，不仅发现服务传递失败、顾客需求不符与卖家不当行为这 3 类网上零售服务失败会导致后悔，还发现他人评价等购后外部刺激也会导致后悔。由此，在反事实思维理论框架下，本研究对不同类型服务失败与后悔的关系进行了探索性验证。这从后悔视角，重新解读了各种类型服务失败的影响，进而对后悔的前置因素做了补充。

（2）卖家不当行为和购后外部刺激并不是网购顾客后悔的主要成因，而服务传递失败和顾客需求不符才是。不过，由卖家不当行为所导致的后悔程度最强，并且社会样本的后悔程度普遍高于学生样本。从学生样本看，顾客需求不符的占比最高（48.37%），由其导致的后悔强度均值为5.70；服务传递失败的占比次之（40.23%），由其导致的后悔强度均值为5.67；而卖家不当行为（7.61%）和购后外部刺激（3.80%）的占比都很低，其中前者导致的后悔强度最强，其均值为6.22，而后者的均值为5.47。从社会样本看，相关结论类似，顾客需求不符的占比最高（47.40%），由其导致的后悔强度均值为6.13；服务传递失败的占比次之（36.36%），由其导致的后悔强度均值为6.08；卖家不当行为的占比较低（14.29%），由其导致的后悔强度均值最高，为6.35；购后外部刺激（1.95%）的占比最低，由其导致的后悔强度均值次之，为6.25。由此，网购顾客后悔成因与后悔强度之间的关系很可能会受到受访者人口属性（如学生 vs 非学生）的调节作用。

（3）未达期望是网购顾客后悔的首要原因，而产品缺陷次之。在学生样本中，未达期望的频率达到31.52%，而产品缺陷的频率达到19.57%。在社会样本中，未达期望的频率达到35.06%，而产品缺陷的频率达到16.88%。从现有文献中看，学者们早已验证期望不一致会导致后悔（Liao 等，2011；Taylor，1997），负向决策结果也会导致后悔（Walchli 和 Landman，2003；Tsiros 和 Mittal，2000）。显然，产品缺陷即是负向决策结果。本研究不仅再次验证了上述两种观点，还指出它们在网购情境下出现的频率高低。据零点研究咨询集团发布的《2012年3·15消费调查之网络购物》调研结果显示，实物和想象差异较大是网购顾客不满的首要原因，占比为63.2%，商品质量问题次之，占比为50.0%。大量的研究表明，后悔是满意或不满意的前因变量（Taylor，1997；Tsiros 和 Mittal，2000；Zeelenberg 和 Pieters，2004；Keaveney 等，2007；Liao 等，2011）。由此，实物和想象差异较大和商品质量问题先是会诱发顾客后悔，进而再导致他们不满。这再次验证了本研究的结论。

2. 实践启示与建议

后悔会导致转换（Sánchez-García 和 Currás-Pérez，2011；Mattila 和 Ro，2008）与负面口碑相传（Zeelenberg 和 Pieters，2004）等消极行为。由此，网商必须高度关注网购顾客后悔，并采取一些必要的预防与补救措施。对此，本研究结论有一定的指导作用。

（1）提高服务传递效率与效果，尤其要降低产品缺陷率，规范退换货政策。无论是学生样本，还是社会样本，导致网购顾客后悔的服务传递失败类成因出现的频率都位居第二。其中，产品缺陷和退换不顺是主要成因。由于网商对服务传递过程有很强的控制力，所以他们需要尽可能地对后悔进行事前预防，即避免那些会导致后悔的成因出现。具体来看：一是加强网上信息审核力度，呈现全面、客观、公正的产品信息，尽量避免出现错误信息与产品脱销等问题；二是反复核对邮寄信息与打包产品，并提高产品的运输包装标准，尽量避免出现打包出错与产品缺陷等问题；三是提高物流配送服务水平，并规范退换货政策，尽量避免出现延期交货与退换不顺等问题。

（2）满足顾客期望与要求，引导顾客合理消费。从学生样本和社会样本看，顾客需求不符类成因是导致网购顾客后悔的首要因素。其中，未达期望出现的频率最高，其次为尺码不符和冲动购买。为此，网商需要适度降低顾客期望，不要在网站上呈现那些会提高顾客期望的诱导性信息，否则，顾客对产品的实际体验通常都会很难达到他们的期望。同时，在与顾客进行在线沟通时，网商对顾客提出的问题要给予"实事求是"的回答，不要随意回答与盲目承诺。比如，由于尺码标准不一致，服装鞋帽经常会出现不合身问题。此外，在大幅折扣等诱因下，网购顾客经常会冲动购买一些无需求或不喜欢的产品。这会给顾客带来一些不必要的损失，他们也会将主要责任归咎于自己而后悔。但是，这也可能会导致转换或负面口碑相传。为此，在促销时，网商有必要引导顾客合理消费，并给予顾客退换货的机会。

（3）杜绝售卖假货与修改差评等卖家不当行为。无论是学生样本，还是社会样本，卖家不当行为类出现的频次都位居第三，由它们所导致的后悔程度却是最强的。显然，这会给网商带来极大的消极影响。为此，从长远角度考虑：一是网商应该坦诚告知顾客所售产品是否是正品，购买选择权交由顾客定夺；二是应该避免不断地骚扰顾客以要求他们修改差评，更应该采取一些正当的方式；三是在面对顾客抱怨投诉与要求退换货等问题时，要合理客观地与顾客进行充分沟通，并不应该给予各种推卸责任的解释；四是需要加大售后服务管理，坚决制止"售前热情，售后失联"等恶性问题。

（4）关注购后降价与他人差评等购后外部刺激。购后外部刺激类出现的频率最低，但是从管理上看，这些问题也不容忽视。首先，网商最好不要频繁降价，即使要降价也要找寻合适的时机，比如，店庆或节日。其次，网商需要了解线上和线下同类产品的质量与价格等信息，并基于此确定所售产品的特色与优势，最好能够从中找到差异化的要素。不过，对于他人差评，网商很难做到事前预防，只能进行事后补救，为此可以制定后悔补救标准以降低网购顾客后悔。

3. 不足与未来展望

本研究并不那么完美，还存在一定的局限性，这为后续研究提供了空间。首先，本研究分别在学生样本与社会样本上，对网购顾客后悔成因进行了探索性研究，所得结论有待进一步被实证检验。

其次，只对网购顾客后悔的外显成因进行了总结归纳，并未深入剖析其背后的内隐成因，即后悔产生的心理机制。比如，产品缺陷为什么会导致网购顾客后悔？

再次，并未对成因类型与后悔类型进行相互匹配的细致研究。比如，冲动购买更有可能产生意义后悔，而延期交货更有可能产生等待后悔。

此外，两次关键事件分析的样本规模还是较小，为此后续有必要在大样本上进行再次研究，以提高本研究的外部效度。

第二节　转换成本对网购顾客后悔的影响

一、问题提出

在我国，网络购物作为一种新兴的购物模式得到了突飞猛进的发展。同时，我国网络购物市场的竞争日趋激烈，各类网商（从事网络零售业务的组织或个人）都在想尽办法获取新顾客和保留老顾客。由于保留老顾客的成本更低，所以网商们更应将保留老顾客，即与现有顾客建立持久稳定的关系，作为顾客关系管理的重心。

文献梳理发现，保留老顾客的主要方式有两种：一是提高顾客满意以实现顾客忠诚；二是设置转换成本以"锁定"现有顾客。在企业实践中，顾客满意通常被作为顾客保留的首要方式，不过即使非常满意的顾客，也有可能会流失，这可能是源于顾客想追求需求的差异化和个性化（Polo 和 Sesé，2009）。因此，在这种情况下，企业就不能只是通过使顾客满意来保留老顾客，还需要通过设置各种转换成本来"限制"顾客离开，进而促使其重复购买。Burnham 等（2003）实证研究发现，转换成本对顾客重复购买行为的影响大于顾客满意，而且其中的一些消极转换成本还会导致顾客反感。在如今的网络时代，面对琳琅满目的网上商品，顾客的选择更多，顾客转换行为发生的频率更高（Reichheld 和 Schefter，2000）。在此背景下，顾客转换成本在顾客保留中的作用显得尤为重要（桑辉，2007）。

然而，转换成本是一把"双刃剑"，其一方面会带来重复购买，另一方面又会导致顾客不满，因此，企业在运用其进行顾客关系管理时要适度。尽管转换成本能够有效地"锁定"现有顾客，但是由其带来的"被动忠诚"可能导致顾客强烈的消极反应，例如负面情绪和负面口碑，但是，现有的转换成本研究文献很少考虑这种效应的作用（Jones 等，2007）。根据认知评价理论，当顾客对感知到的转换成本进行评价后，必将会引发顾客的情绪反应，进而影响后续的行为意向（Jones 等，2007）。

不过，Jones 等（2007）只是将情绪划分为积极和消极两类，并没有从具体情绪研究范式（the specific emotions approach）对由转换成本所带来的消极情绪展开研究。具体情绪的研究范式认为，情绪不仅存在积极和消极两种对立的性质差异，不同具体情绪还都具有异质性，会对个体的态度和行为产生差异化的作用。相对于其他具体情绪，隶属于负面情绪的后悔具有特殊性（Zeelenberg 和 Pieters，2007），得到了学术界的特别关注。因此，本研究旨在重点研究后悔情绪的中介作用。相对于正面口碑，顾客更易产生负面口碑，而且其传播速度更快（Holloway 等，2005），对信息接受方的影响更大，在网络时代这种作用更为显著，因此，本研究只将消极口碑相传作为研究落脚点。

由此，本研究以顾客后悔作为中介变量，以负面口碑相传作为关键的结果变量，构建了网购顾客转换成本对购后行为意向影响的理论模型，并对其进行实证检验。

二、文献回顾与假设提出

1. 转换成本

转换成本的本质是个人或组织从一方转换到另一方所形成的各种成本。只要涉及转换意向或行为，转换成本就存在，所以各行各业都存在转换成本，只是转换成本的内涵及其影响有所差异。转换成本是一个复杂的变量（汪旭晖和徐健，2008；张初兵等，2011），不仅包括经济成本和心理成本，而且还会随着行业变化而发生改变。由此，转换成本的构成维度也较为复杂，Jones 等

（2002）以银行业和美发业为样本，将其分为机会成本、风险成本、转换前搜索评估成本、转换后行为认知成本、组织成本和沉没成本6类; Burnham等（2003）以长途电话和信用卡市场为样本，将其分为程序型转换成本（风险成本、评估成本、学习成本、建置成本）、财务型转换成本（利益损失成本、货币损失成本）、关系型转换成本（人际关系损失、品牌关系损失）3大类8小类; Jones等（2007）以整体的服务业为样本，将其分为积极转换成本（社会转换成本、利益损失成本）和消极转换成本（程序转换成本）2大类3小类。

由此可见，转换成本的构成维度会受所属行业的影响，不过 Burnham 等（2003）的分类更为清晰全面，而 Jones 等（2007）的分类更为简洁，更具普适性。但是，在网购情境下，现有研究基本上都是将转换成本视作单维的（汪旭晖和徐健，2008; Fuentes-Blasco 等，2010），很少有学者进行多维度网购顾客转换成本的研究。基于转换成本的内涵，本研究定义网购顾客转换成本为：顾客从一个网商转换到另一网商时所要付出的各种成本，包括关系转换成本、财务转换成本、风险成本和程序转换成本4类。其中，关系转换成本是指顾客在转换网商时将会失去与原网商及其员工建立起的良好人际关系和品牌认同感；财务转换成本是指顾客转换到新网商时将会损失原网商提供的特别折扣或独特好处等；风险成本是指在转换网商时，由于对新网商所提供产品或服务不确定性的风险感知；程序转换成本是指在转换网商时，顾客预期会碰到的困难及所要付出的时间和努力。

2. 转换成本与顾客后悔

只要接受生活，你就必须接受后悔（Henri-Frederic Amiel, 1821–1881）。后悔无处不在，后悔是日常交谈中情绪表达方面提到最多的负面情绪，与我们的日常决策、认知方式、情绪体验等都密切相关（杜柏玲和万明钢，2009）。后悔是当个体意识到或想象出如果先前做了不同选择将会带来更好现状时所产生的厌恶情绪（Zeelenberg 和 Pieters，2007）。文献研究发现，后悔是最强的且出现频率最高的负面情绪；后悔是依赖于反事实思维（counterfactual thinking）的更高层次的认知情绪；只有涉及选择或决策问题时才会产生后悔。由此，学者们经常采用后悔情绪来解释顾客的消费行为和决策（Keinan 和 Kive，2008），但是，现有文献并没有对由转换成本导致的后悔情绪进行研究。

根据认知评价理论（Cognitive Appraisal Theory），情绪是对某一特定事件的认知评价后所产生的心理状态，所以在进行转换决策时，顾客首先要对其感知到的转换成本进行评价，继而引发顾客的情绪反应（Jones 等，2007），其中的转换成本包括上述提及的关系损失、财务损失、风险增加和遇到困难等。此外，由于转换成本实质上是对顾客转换行为的约束，所以在更换网商时，顾客必然要付出一定的代价（或转换成本），那么根据反事实思维理论（Kahneman 和 Tversky，1982），这些转换成本会诱发上行反事实思维，进而使顾客后悔当初所做的一些决策。因此，转换成本是对顾客转换行为的约束，它通常会导致顾客后悔。基于此，提出如下假设：

H1：关系转换成本（H1a）、财务转换成本（H1b）、风险成本（H1c）、程序转换成本（H1d）对网购顾客后悔有显著的正向影响。

3. 转换成本、顾客后悔和与行为意向

行为意向是指行为进行前的偏好和倾向（Ajzen 和 Driver，1991），购后行为意向一般包括重购意向和口碑相传，其中口碑相传又可分为正面口碑相传和负面口碑相传。

在转换成本的研究中，通常都是以顾客满意（谢兆霞和李莉，2012）、顾客忠诚（李先国和段祥昆，2011）、顾客保留（张初兵等，2011）为结果变量，但是这些变量过于概括，不利于对顾客行为意向的剖析。现有文献中只有 Jones 等（2007）将重购意向和负面口碑相传作为转换成本的结果变量进行研究。由于相对正面口碑，顾客更易产生负面口碑，而且其传播速度更快（Holloway等，2005），对信息接受方的影响更大。因此，本研究选用重购意向和负面口

碑相传为结果变量进行研究。

在网购情境下，Fuentes-Blasco 等（2010）研究发现，转换成本对忠诚没有显著的直接影响，但是其正向调节感知价值与忠诚的关系；汪旭晖和徐健（2008）发现，转换成本对满意到态度忠诚，满意到行为忠诚，感知价值到行为忠诚之间的关系都有显著正向的调节作用。实际上，转换成本不仅具有调节效应，还会直接正向影响顾客忠诚（Lam 和 Venkateshs，2004；金立印，2008）。由此，不同的研究情境会带来其研究结论的不同，本研究只考虑其正向的影响作用，基于此，提出如下假设：

H2：关系转换成本（H2a）、财务转换成本（H2b）、风险成本（H2c）、程序转换成本（H2d）对重复购买意向有显著的正向影响。

尽管 Jones 等（2007）实证分析发现，积极转换成本（社会转换成本、利益损失成本）通过情感承诺和情绪对负面口碑相传会产生负向的间接影响，但是本研究认为在做转换决策时，顾客会对转换成本进行评估，当其发现由于各种转换成本的存在，自己不得不继续保持与现有网商的交易关系时，即使是上述积极转换成本，通常也会产生一定程度的后悔，进而很可能会导致负面口碑相传。基于此，提出如下假设：

H3：关系转换成本（H3a）、财务转换成本（H3b）、风险成本（H3c）、程序转换成本（H3d）对负面口碑相传有显著的正向影响。

后悔不仅是对不好的决策结果或过程的情绪反应，而且会有力激发后续的行为（Zeelenberg 和 Pieters，2007）。由此，决策过程中所产生的体验后悔会显著影响后续的行为意向，例如顾客后悔会降低顾客的重复购买意向（Tsiros 和 Mittal，2000；Keaveney 等，2007），会提高负面口碑相传（黄静和王志生，2007）。后悔的人会认为有更好的选择，所以后悔会促使消费者发生转换行为；后悔的人很可能会向亲戚朋友发泄自己所犯的错误，所以后悔会显著正向影响负面口碑相传。基于此，提出如下假设：

H4：顾客后悔对重复购买意向（H4a）有显著的负向影响，而对负面口碑相传（H4b）有显著的正向影响。

三、研究设计

1．变量测量

本研究采用 Likert 五点量表，其中"1"代表"完全不同意"，"5"代表"完全同意"。所有潜变量的测量指标都是在借鉴前人研究的基础上，再结合对网购顾客的深度访谈进行筛选和修改产生的，各潜变量的测量指标如表 4-6 所示。

表 4-6 各潜变量的测量指标

潜变量	测量指标的文献来源	深访修改后的测量指标
关系转换成本	Burnham 等（2003）	关系损失：互动关系、品牌认同、社会认同
财务转换成本	Burnham 等（2003）	财务损失：累积积分和信用等级、享有利益与优惠、所付费用补偿
风险成本	Jones 等（2002）	风险来源：信息真伪、产品质量、服务质量
程序转换成本	Jones 等（2007）	付出与困难：时间和精力、适应性、相互熟悉过程
网购顾客后悔	Liao 等（2011）	后悔表现：可惜、遗憾、本该不选
重复购买意向	Maxham 和 Netemeyer（2002）	重购表现：第一选择、未来继续、不愿离开
负面口碑相传	Jones 等（2007）	负面口碑相传表现：不要购买、抱怨、负面评论

2．数据收集

本研究以天津市三所高等院校的本科生、研究生为调研对象。采用随机抽样的方法，网上网下共发放问卷 500 份，收回有效问卷 487 份，有效回收率为 97.4%。由于网购顾客转换成本的形成需要积累，所以，要求被访者必须针对其经常光顾的特定网商填写问卷，同时要求其在该网商的累计购买次数超过 5 次，最终筛选得到研究所需样本 237 份，样本特征如表 4-7 所示。

表 4-7   样本特征

指标	选项	频数	频率（%）
性别	男	109	45.99
	女	128	54.01
网购经历时间	1 年以下	61	25.74
	1 ~ 3 年	111	46.84
	4 ~ 6 年	58	24.47
	6 年以上	7	2.95
月生活费支出	1000 元以下	136	57.38
	1000 ~ 2000 元	48	20.25
	2000 元以上	53	22.36
每次平均支出	50 元及以下	29	12.24
	51 ~ 100 元	111	46.84
	101 ~ 250 元	57	24.05
	251 ~ 500 元	37	15.61
	500 元以上	3	1.27

3. 数据分析方法

本研究主要采用结构方程模型分析法对所提假设进行检验。结构方程模型的估计技术主要有两类：1 类是利用最大似然估计的协方差结构分析求得系数估计值，被称为"硬模型"（Hard Modeling），采用 AMOS 和 LISREL 等分析软件；另一类是通过偏最小二乘法的方差分析求出系数估计，被称为"软模型"（Soft Modeling），采用 PLS-graph 和 Smart-pls 等分析软件。由于最大似然估计法的限制条件较多，例如要求数据必须服从正态分布，但是调查数据本身是有偏差的，所以本研究采用偏最小二乘法，利用 Smart-pls 软件对结构模型进行统计检验。

四、数据分析

1. 信度分析

采用内部一致性信度指标 Cronbach's Alpha 系数对总体样本进行信度检验，得到整体问卷的 Cronbach's Alpha 系数为 0.834。从表 4-8 可知，关系转换成本的 Cronbach's Alpha 系数过低，仅为 0.449，所以删除关系转换成本。除此之外，其他变量的 Cronbach's Alpha 系数均大于 0.7，这表明各变量都达到了较好的内部一致性信度。此外，从表 4-8 可知，在验证性因子分析中，得到各变量的组合信度都大于 0.6，这表明同属一个潜变量的一组观测变量具有较好的一致性。

表 4-8　　　　　　　　　　　　信度分析

潜变量	测量题项	已删除项的刻度均值	已删除项的刻度方差	校正的项总计相关性	已删项的Cronbach's Alpha 系数	Cronbach's Alpha 系数
关系转换成本	gxcb1	7.148	2.999	0.251	0.399	0.449
	gxcb2	5.709	3.504	0.206	0.464	
	gxcb3	6.831	2.743	0.376	0.159	
财务转换成本	cwcb1	5.848	4.960	0.709	0.608	0.783
	cwcb2	5.781	5.265	0.652	0.673	
	cwcb3	5.975	5.940	0.513	0.820	
风险成本	fxcb1	7.118	3.283	0.575	0.696	0.760
	fxcb2	6.557	3.214	0.585	0.686	
	fxcb3	6.966	3.194	0.612	0.655	
程序转换成本	cxcb1	6.907	2.983	0.513	0.645	0.709
	cxcb2	7.232	3.187	0.615	0.519	
	cxcb3	6.814	3.491	0.468	0.689	
网购顾客后悔	gkhh1	4.046	3.468	0.853	0.836	0.908
	gkhh2	4.089	3.403	0.881	0.811	
	gkhh3	3.899	3.803	0.718	0.947	

潜变量	测量题项	已删除项的刻度均值	已删除项的刻度方差	校正的项总计相关性	已删项的Cronbach's Alpha 系数	Cronbach's Alpha 系数
重复购买意向	cgyx1	7.118	2.503	0.698	0.640	0.789
	cgyx2	7.008	3.059	0.728	0.621	
	cgyc3	7.317	3.480	0.494	0.848	
负面口碑相传	fmkb1	4.667	4.884	0.612	0.749	0.795
	fmkb2	4.274	4.327	0.745	0.608	
	fmkb3	4.333	4.545	0.571	0.800	

2．效度分析

效度分析一般包括内容效度、收敛效度和判别效度。对于内容效度，通常采用专家评价法进行判断。本研究在借鉴前人研究量表的基础上，结合对网购顾客的深度访谈，得到调查问卷初稿，再听取 3 位专家的修改建议，最终得到调查问卷终稿，因此，调查问卷具有较好的内容效度。

（1）收敛效度分析

收敛效度的检验指标有标准化因子载荷系数和各潜变量的平均方差萃取量（Average Variance Extracted，AVE）。表 4–9 中的各测量题项与其所度量的潜变量之间的载荷系数都大于 0.7，且 T 值都大于显著性水平 0.01 的临界值 2.59。同时，表 4–9 中的 AVE 值都大于 0.6，表明观测变量被其潜变量解释的变异量远高于其被测量误差解释的变异量。这充分说明调查问卷具有较好的收敛效度。

表 4-9　　　　　　　　　收敛效度分析

变量	题项	载荷系数	T 值	组合信度	AVE
财务转换成本	cwcb1	0.866	16.600	0.871	0.693
	cwcb2	0.786	8.547		
	cwcb3	0.836	16.849		
风险成本	fxcb1	0.817	16.637	0.862	0.676
	fxcb2	0.823	14.420		
	fxcb3	0.827	15.714		

续表

变量	题项	载荷系数	T 值	组合信度	AVE
程序转换成本	cxcb1	0.744	8.566	0.803	0.634
	cxcb2	0.840	21.875		
	cxcb3	0.802	14.494		
网购顾客后悔	gkhh1	0.945	91.227	0.943	0.846
	gkhh2	0.955	128.696		
	gkhh3	0.856	26.868		
重复购买意向	cgyx1	0.879	18.582	0.880	0.710
	cgyx2	0.875	13.817		
	cgyc3	0.766	9.736		
负面口碑相传	fmkb1	0.844	23.611	0.882	0.714
	fmkb2	0.899	51.516		
	fmkb3	0.789	18.470		

（2）判别效度分析

判别效度的检验标准要求各潜变量 AVE 值的平方根大于各潜变量之间相关系数的绝对值，从表 4-10 可知，所有潜变量 AVE 值的平方根，即对角线上的值，均大于各潜变量之间相关系数的绝对值，这表明各潜变量之间具有很好的判别效度。

表 4-10　　　　　　　　　判别效度分析

潜变量	财务转换成本	风险成本	程序转换成本	网购顾客后悔	重复购买意向	负面口碑相传
财务转换成本	0.832	–	–	–	–	–
风险成本	0.264	0.822	–	–	–	–
程序转换成本	0.314	0.432	0.796	–	–	–
网购顾客后悔	0.261	0.346	0.292	0.920	–	–
重复购买意向	0.446	0.299	0.226	0.401	0.843	–
负面口碑相传	0.349	0.228	0.208	0.392	0.336	0.845

3．路径分析

（1）初始模型的路径分析

由于关系转换成本的信度分析没有通过，所以这里所指的初始模型并不包括关系转换成本。从表 4-11 可知，T 值有很多都没有超过显著性水平 0.05 的临界值 1.96，所以很有必要对初始模型进行修正。

表 4-11　　　　　　　　　　初始模型的路径分析

原假设	路径系数	T 值	检验结果
H1b：财务转换成本→网购顾客后悔（+）	0.188	2.093	成立
H1c：风险成本→网购顾客后悔（+）	−0.006	0.081	不成立
H1d：程序转换成本→网购顾客后悔（+）	0.235	3.203	成立
H2b：财务转换成本→重复购买意向（+）	0.065	0.777	不成立
H2c：风险成本→重复购买意向（+）	0.240	3.212	成立
H2d：程序转换成本→重复购买意向（+）	0.128	1.432	不成立
H3b：财务转换成本→负面口碑口传（+）	0.022	0.270	不成立
H3c：风险成本→负面口碑口传（+）	0.036	0.480	不成立
H3d：程序转换成本→负面口碑口传（+）	0.081	1.078	不成立
H4a：网购顾客后悔→重复购买意向（−）	−0.088	0.928	不成立
H4b：网购顾客后悔→负面口碑口传（+）	0.357	4.650	成立

（2）修正模型的路径分析

从表 4-11 可知，风险成本→网购顾客后悔的路径系数为负值，背离理论假设，且其绝对值很小，将该路径删除；财务转换成本→负面口碑口传和风险成本→负面口碑口传的路径系数过小，均未超过 0.04，将这些路径删除。基于此，对修正模型进行重新检验后，发现财务转换成本→重复购买意向、程序转换成本→负面口碑口传和网购顾客后悔→重复购买意向的路径系数都没有超过 0.09，而且都没有通过 T 检验，所以再次将这些路径删除，再次对修正模型进行检验。

从表 4-12 可知，所有路径的系数值都在 0.1 ~ 0.4 的范围内，除了程序转换成本→重复购买意向的 T 值只超过显著性水平 0.1 的临界值 1.65，其他路径的 T 值都超过了显著性水平 0.01 的临界值 2.59。此外，各潜变量共性方差的值都大于 0.6，表明各潜变量对相应观测变量的变异有较好的解释力。同时，内生潜变量网购顾客后悔、重复购买意向和负面口碑相传的 R^2 值都超过了 0.2，所以该模型具有一定的解释力。

表 4-12   修正模型的路径分析

原假设	路径系数	T 值	检验结果
H1b：财务转换成本→网购顾客后悔（+）	0.190	2.901	成立
H1d：程序转换成本→网购顾客后悔（+）	0.231	4.132	成立
H2c：风险成本→重复购买意向（+）	0.249	4.095	成立
H2d：程序转换成本→重复购买意向（+）	0.122	1.704	尚可
H4b：网购顾客后悔→负面口碑口传（+）	0.392	6.773	成立

五、结论与展望

1. 研究结论与贡献

本研究在网络购物情境下，对由转换成本所引发的顾客后悔，进而影响购后行为意向的传导路径进行了实证检验，所得研究结论如下：

第一，网购顾客的转换成本包括财务转换成本、风险成本和程序转换成本。本研究首次对网购顾客转换成本进行了多维度的实证检验，发现网购顾客关系转换成本中不包括关系转换成本，这表明在网购情境下，由于互动关系较差、品牌认同感不强，关系转换成本的作用十分有限，由此得到网购顾客转换成本的指标体系。

第二，财务转换成本、程序转换成本对网购顾客后悔有显著的正向影响。尽管 Jones 等（2007）认为转换成本并不完全是"成本"，是消极的，还有部分是积极的，但是在顾客进行转换决策时，总会受到这些转换成本的约束，进而使顾客通过反事实思考而产生负面的后悔情绪及行为，因此，本研究验证了这一点。

第三，风险成本和程序转换成本对重复购买意向有显著的正向影响。尽管前人通常都是以顾客忠诚、顾客保留作为转换成本研究的最终落脚点，但是重复购买意向隶属于顾客忠诚和顾客保留的范畴，所以，该结论与前人的研究结果基本一致。不过，由这些转换成本"被动"带来的重复购买意向，并不能表明顾客一定是忠诚的。

第四，财务转换成本、风险成本和程序转换成本对负面口碑相传均没有显著的直接影响，除风险成本外，都是通过网购顾客后悔对负面口碑相传产生显著的正向影响。实际上，财务转换成本是原网商提供给顾客的利益或价值，而程序转换成本是新网商附加给顾客的损失，这些与顾客对原网商的负面口碑相传并没有直接关系，必须经过反事实思考的心理活动过程，才能对负面口碑相传产生影响。

第五，网购顾客后悔对重复购买意向没有显著影响，但对负面口碑相传有显著的正向影响。由于网购产品价格低等优势，很多消费者在一次网购后悔后还会继续进行网络购物，所以网购顾客后悔对重复购买意向没有显著影响。但是，带有网购后悔情绪的顾客一般会向亲朋好友抱怨或是在网络平台发表负面评论等，所以网购顾客后悔对负面口碑相传有显著的正向影响。因此，本研究结论是符合现实逻辑的。

2. 实践启示与建议

上述研究结论能够有效纠正网商们的某些错误认识，并能很好地指导网商们的经营管理实践，所得管理启示如下：

第一，纠正提高转换成本就一定能提高顾客满意和忠诚的错误认识。无论是学术研究还是企业实践，通常都认为通过积极的转换成本，例如会员计划、折扣制度等，来提高顾客满意和忠诚是非常好的顾客关系管理策略（桑辉，

2006）。但是，某些顾客会由于"审美疲劳""追求新体验"等而开始考虑转向新的供应商，尤其是在琳琅满目的网购市场，网购顾客的转换意向更为强烈。当顾客进行转换决策时，必然会受到各种积极或消极转换成本的约束，在反事实思考的作用下，顾客很可能会产生后悔情绪，从而降低重复购买意向，以及提高负面口碑相传。

第二，通过消费调查、售后回访等多种方式，监测网购顾客的后悔情绪。相对于传统消费，网购消费具有产品缺乏实体展示、人员互动性差等特点，所以网购顾客更容易产生后悔情绪。在对网购顾客后悔情绪的监测中，不仅要对网商的产品质量、服务质量等进行调查分析（赖伟宣和张鹏，2011），也不能忽视对网商与顾客间长期积累形成的转换成本以及对顾客转换意向的调查，实际上很多企业都忽略了这一点。因此，建议网商们通过多种方式的调查收集与网购顾客转换成本和转换意向相关的各类数据，对其进行分析整理，找出不足之处，并有效应对。

3. 不足与未来展望

首先，本研究采用的是学生样本，这种样本的选择具有局限性，为此需要在社会样本下对所得结论进行再次验证，以提高模型的外部效度。

其次，本研究表明网购顾客转换成本不包括关系转换成本，只包括财务转换成本、风险成本和程序转换成本，但是并未采用规范的量表开发流程对此进行论证，为此，还需要进一步探索网购顾客转换成本的多维结构。

再次，并未对网购顾客后悔的中介作用进行实证检验，由此不知其在转换成本与行为意向之间的关系起着部分中介还是完全中介的作用。因而，若对这种中介效应进行分析，将有利于深入理解转换成本的消极影响效应。

六、调节检验

1. 假设提出

根据转换成本是否源于为顾客创造直接的利益或价值，Jones 等（2007）

将其划分为积极转换成本和消极转换成本。很显然，积极转换成本会使顾客自愿留下，而消极转换成本是对顾客的真正约束与限制，会使其被迫留下。所以，网商更应合理设置积极转换成本以留住现有顾客。不过，在做转换决策时，即使是积极转换成本，它也是对网购顾客转换意向或行为的一种约束，他们会由于不舍得损失积极转换成本而选择留下来。但是，在面对众多的新网商和琳琅满目的商品时，他们又会犹豫不决，并很有可能产生上行反事实思维，后悔先前所做的某些决策，进而提高负面口碑相传（黄静和王志生，2007）。由此推断，积极转换成本和网购顾客后悔之间的交互作用会提高负面口碑相传，即随着网购顾客后悔的增加，转换成本对负面口碑相传的负向影响会减弱。

2. 研究设计

根据研究主题的需要，将网购顾客后悔定义为：在一次网络购物后，消费者意识到或想象出如果先前做了不同选择将会带来更好现状的一种基于认知的负面情绪。参考 Liao 等（2011）的研究量表，形成 3 个测量题项。将积极转换成本定义为：网购顾客转换到新网商时将会失去原网商提供的各种利益或价值。对 Burnham 等（2003）提出的关系转换成本和财务转换成本的量表进行筛选和修改，形成 3 个测量题项。将负面口碑相传定义为：消费者通过口口相传或网络平台与他人分享关于某产品或服务负面评价的信息沟通行为。在 Jones 等（2007）研究量表的基础上，增加了网络负面口碑相传的内容，形成 3 个测量题项。上述量表都采用 Likert 五点量表，其中"1"代表"完全不同意"，"5"代表"完全同意"。

本研究采用上述类似的数据收集方式，最终得到 201 份符合研究需要的有效样本。采用潜变量交互效应结构方程建模技术对调节效应进行统计检验。潜变量交互效应的检验方法主要有基于极大似然估计的协方差分析法和基于偏最小二乘的方差分析法，前者要求较大样本量，且数据服从正态分布，后者对样本量和数据分布没有严格要求，而且能够有效克服观测变量间的多重共线性问题。选用偏最小二乘法，这是因为：采用整群抽样调查，所得数据很难满足正态分布要求；符合研究要求的样本量较小，未达极大似然估计要求；交互项的存在导致多重共线性问题更为突出。

3．数据分析

数据分析采用 Smart-pls 分析软件，信度、效度分析时先不考虑顾客后悔与转换成本的交互效应，其中，显著性检验指标都是通过 Bootstrapping 方法得到的。各潜变量的 Cronbach's Alpha 系数都超过了 0.695，表明量表的内部一致性较好。同时，他们的组合信度都超过了 0.8，表明模型的内在质量很好。各潜变量与其相应的测量题项之间的标准化载荷系数都大于 0.697，并且都具有很好的统计显著性（T 值都超过显著性水平 0.001 的临界值 3.34），而且各潜变量的平均方差萃取量（AVE）也都超过了 0.623。从 3 个潜变量的相关矩阵看，对角线上 AVE 值的平方根都大于各潜变量之间相关系数的绝对值，这表明各潜变量具有较好的判别效度。

（1）主效应路径分析。

从图 4-1 可知，主效应模型的整体拟合指数 R^2 的值为 0.464，表明该模型的解释力较好。网购顾客后悔到负面口碑相传的路径系数为 0.619，并达到 0.01 的显著性水平。不过，尽管积极转换成本到负面口碑相传的路径系数为 -0.101，但是没有通过 0.1 的显著性水平，如果显著性水平被放松到 0.2。

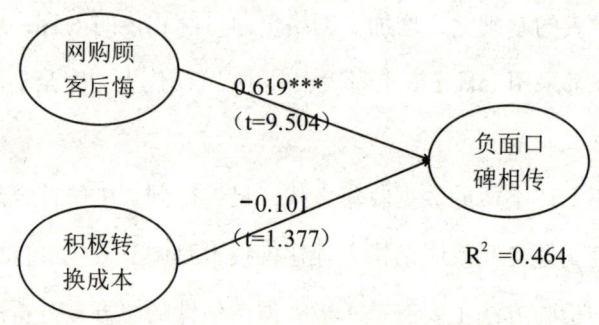

图 4-1 主效应路径图

注：***P<0.01、**P<0.05、*P<0.1。

（2）交互效应路径分析。

从图 4-2 可知，将积极转换成本和网购顾客后悔的交互项加入模型后，整体拟合指数 R^2 的值由 0.464 提高到 0.482，增加了 0.018，这说明增加交互效应提高了模型的解释力；而且网购顾客后悔到负面口碑相传的路径系数由 0.619 降低到 0.421，积极转换成本到负面口碑相传的路径系数由 –0.101 提高到 –0.345，它们的显著性水平都达到了 0.01，所以，在交互效应模型中，积极转换成本对负面口碑相传的负向影响更为显著。同时，在 0.1 的显著性水平下，交互项对负面口碑相传有显著的正向影响，其路径系数为 0.251。由此可见，网购顾客后悔不仅显著正向影响负面口碑相传（0.421），而且将积极转换成本对负面口碑相传的负向影响强度从 0.345 降低到 0.094（0.345–0.251）。

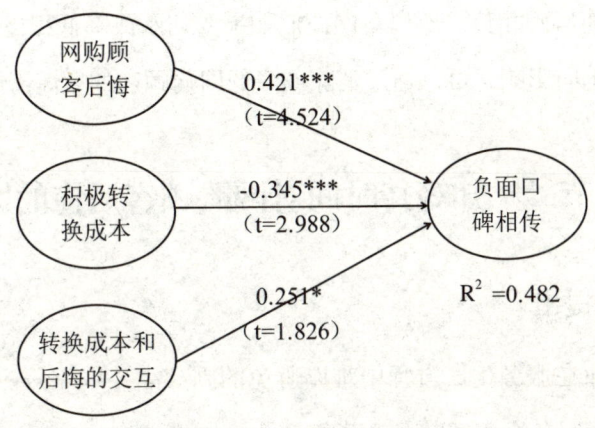

图 4-2 交互效应路径图

注：***P<0.01、**P<0.05、*P<0.1。

4. 结论与建议

研究发现，网购顾客后悔对负面口碑相传有显著的正向影响，积极转换成本对负面口碑相传的负向影响并不显著。但是，如果考虑到顾客后悔的调节作用，即考虑顾客后悔与积极转换成本的交互作用，那么不仅积极转换成本对负面口碑相传的负向影响得到了显著支持，而且顾客后悔还会降低积极转换成本对负面口碑相传负向影响的强度。这与前文的理论推演相一致，将其描述为：在做转换决策时，网购顾客会受到积极转换成本的正向约束，显然积极转换成本会降低负面口碑相传，但是积极转换成本会诱发网购顾客的反事实思维心理，进而使网购顾客后悔先前所做的某些决策，最终反而会提高负面口碑相传。

据此，建议网商们在设置积极转换成本时，不能只监测其对重复购买意向的影响，更要时时监测其是否会带来负面口碑相传。实际上，绝大多数网商都认为积分折扣、特权优惠等积极转换成本只会对网商业务开展和顾客关系管理带来积极作用。其实不然，由于后悔情绪是出现频率最高的负面情绪，在反事实思维的作用下，网购顾客会基于积极转换成本的约束现状提出各种更好的模拟情况，产生"如果当初……就好了！"之类的想法，后悔先前所做的某些决策，进而会提高负面口碑相传。所以，网商们如果要切断或降低积极转换成本对负面口碑相传的正向影响，可以通过消除或降低网购顾客的后悔情绪来实现。

第三节　感知等待时间对网购顾客后悔的影响

一、问题提出

等待是企业在服务生产过程中难以避免的副产品（Voorhees 等，2009）。管理等待时间对服务企业而言至关重要（Demoulin 和 Djelassi，2013）。在银行、理发店、加油站、餐厅和医院等地，顾客经常需要排队等待。有学者从提高运营效率角度研究如何降低实际等待时间（Kokkinou 和 Cranage，2013；Alotaibi 和 Liu，2013），也有学者从心理角度探讨消费者对等待时间的感知（Riel 等，2012）。相对于实际等待时间，感知等待时间能够更好地预测顾客等待反应（Tom 和 Lucey，1997；Hornik，1984）。例如，若等待时间比预期更长，即使短暂等待也可能会使顾客不满；反之，若顾客认为等待合理，即使长时间等待也可能不会令其不满（Groth 和 Gilliland，2006）。

实体经营环境中的排队等待是十分常见的等待形式，但是虚拟的网络环境中同样存在等待（Voorhees 等，2009）。起初，对网络服务等待的界定比较狭隘，主要指的是下载延迟，相关研究很多（Rose 等，2005）。其实，网络服务等待的类型很多，除包括下载延迟外，还包括延期交付、等待确认、注册访问、离线过程等（Ryan 和 Valverde，2005）。此后，有学者分别对旅游网站搜索（Lee 等，2012；Hong 等，2013）与网上银行贷款申请获批（Demoulin 和 Djelassi，2013）的感知等待问题进行了探讨。不过，对网购感知等待时间研究的很少。尽管有学者研究在线订单执行障碍（Rao 等，2011）与网购产品延期交付（Liao 和 Keng，2013），但是他们并没有分析网购感知等待时间。从网购流程看，在线提交订单后，消费者不仅需要等待网商处理订单（提交订单→商品出库），还需要等待商品配送（商品出库→收到货物）。

时间是一种稀缺资源。鉴于当前生活节奏的加快，许多人享有更少的自由时间，时间变得越来越有价值（Heineke 和 Davis，2007）。消费者不但要支付货币成本，而且要支付时间成本（Chebat 和 Filiatrault，1993）。顾客花费的时间越多，他们会觉得投入的时间成本越高，这会降低他们从中获得的效用（Berry 等，2002）。等待是令人讨厌的，顾客感知等待时间越长，他们会越感到浪费时间、失去控制、被忽略、拥挤、延迟满足（McGuire 等，2010）。它也会诱发后悔、愤怒等消极情绪（Voorhees 等，2009），并会对满意度和忠诚度产生消极影响（Bielen 和 Demoulin，2007）。尽管等待可能使顾客产生快乐预期（Nowlis 等，2004），但是这种可能性很小，它通常被认为是一种消极体验（Butcher 和 Kayani，2008）。由此，对感知等待时间消极影响机理进行深入研究很有必要。

本研究拟从订单处理阶段和商品配送阶段两个方面划分网购感知等待时间，并剖析它们的消极影响机理。

二、文献回顾与假设提出

1. 网络服务等待与网络购物等待

起初，网络服务等待主要指的是下载等待或延迟（Rose 等，2005）。很显然，它只是网络服务等待的一种类型，并且它在现有网络技术支持下并不是影响用户态度与行为的主要因素。Ryan 和 Valverde（2005）对网络服务等待的概念做了界定，即为"在网络上完成一项任务，比感知需要多投入的时间"。可见，该定义并不是指实际等待时间，而是强调对等待时间的主观评价。此外，由于部分任务可能会在线下完成，所以网络服务等待并不仅仅局限于线上等待，还包括产品交付等线下等待。具体来看，他们识别出 14 种类型的网络服务等待，即下载延迟、处理在线广告、使用过程漫长、等待产品交付、等待咨询反馈、处理垃圾邮件、过程前问题、过程中问题、花费时间搜索、注册访问、重置密码、离线过程、等待确认、安装软件。然而，从感知视角对这些等待类型进行理论探讨的文献还十分有限。Demoulin 和 Djelassi（2013）以等待网上银行贷款申请获批为背景，将这种等待概念化为感知交付时间，对其影响机制做了分析。Lee 等（2012）和 Hong 等（2013）都关注旅游网站搜索等待，并剖析感知等待时间的前因与结果。然而，当前并未有文献研究网购感知等待时间问题。

基于网络购物过程，我们可以识别出不同类型的等待。Chen 和 Chang（2003）将网络购物过程划分为三个阶段：互动阶段、交易阶段和完成阶段。互动阶段包括连接质量与网站设计；交易阶段包括价值、便利、保证、娱乐和评价；完成阶段包括订单处理、产品交付和售后评价。不过，本研究只探讨完成阶段中两种类型的等待，即等待订单处理和等待产品交付。之所以如此，是因为订单处理障碍和产品交付延迟是业界和学界都高度关注的问题。一方面，顾客非常关注订单执行过程，这可能会放大订单执行障碍的消极影响（Rao 等，2011）；另一方面，网购服务失败中延期交付位居首位（Holloway 和 Beatty，2008），有诸多学者对其补救策略进行了研究（Liao 和 Keng，2013；侯如靖等，2012）。从图 4-3 可知，在线提交订单后，顾客不仅需要等待网商处理订单（提交订单←商品出库），还需要等待商品配送（商品出库→收到货物）。这两种等待在网络购物中都极为普遍，相应地就会存在订单处理时间和商品配送时间。

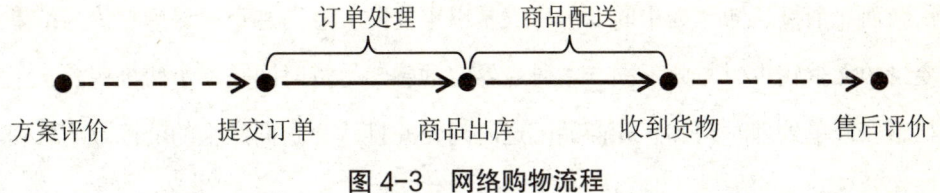

图 4-3　网络购物流程

2. 感知等待时间及其消极影响

任何类型的服务等待均可用时间来加以度量。Hornik（1984）较早将等待时间分为实际等待时间和感知等待时间。二者的性质不同，前者是客观的，而后者是主观的。为降低实际等待时间，有学者采用排队论等运营管理技术以同时最小化服务成本与实际等待时间为目标求得最优化管理策略（Hwang 和 Lambert，2008），也有学者提出使用自助服务技术（Kokkinou 和 Cranage，2013）以及基于服务优先级细分顾客（Alotaibi 和 Liu，2013）等管理策略。但是，实际等待时间的降低总是有限的（Tom 和 Lucey，1995），而且随着个体或情境差异，人们会高估或低估实际等待时间（Whiting 和 Donthu，2009）。一般来说，感知等待时间相比实际等待时间能够更好地预测顾客反应（Demoulin 和 Djelassi，2013；Tom 和 Lucey，1995）。有鉴于此，我们研究感知等待时间，而非实际等待时间，并基于过程视角，提出感知订单处理时间和感知商品配送时间两个构念。

时间是一种稀缺资源。鉴于当前生活节奏的加快，许多人享有更少的自由时间，时间变得越来越有价值（Heineke 和 Davis，2007）。顾客不仅要支付货币成本，还要支付时间成本（Chebat 和 Filiatrault，1993）。他们投入的时间越多，支付的时间成本就越高，这会降低从中获得的效用（Berry 等，2002）。据此，感知等待时间越长会带来一系列的消极影响。首先，会产生被忽略（McGuire 等，2010）、不可接受（Demoulin 和 Djelassi，2013）等消极认知。其次，会诱发后悔、愤怒等消极情绪（Bielen 和 Demoulin，2007）。再次，会降低顾客的满意度（Bielen 和 Demoulin，2007；Riel 等，2012）与忠诚度（Lee 等，2012）。这些研究有三大特点：一是感知等待时间均被界定为单维构念；二是多数学者都选取消极情绪而非消极认知作为中间变量；三是以重复购买意向和正面口碑相传为结果变量的文献较少。与此不同，本研究界定的感知等待时间是一个两维构念，包括感知订单处理时间和感知商品配送时间，并且认为它们产生的消极影响机理存在差异。

3. 网购感知等待时间消极影响机理

愤怒者会认为他人具有强控制力，且由他人承担主要责任（Smith 和 Ellsworth，1985）。消费者会因未达到预期目标而愤怒（Nyer，1997），也会因不守承诺、不公平待遇和员工表达敌意而愤怒（Funches，2011）。服务延迟就是一种不守承诺现象，它不仅会导致较低评价，还会诱发愤怒等消极情绪（Taylor，1994）。在传统服务等待中，有研究发现感知等待时间与等待愤怒正相关（Voorhees，2009）。在网络购物中，消费者对订单处理和商品配送的控制力较弱，通常只能被动等待，当等待超出预期时，会认为卖家不守承诺，并将责任归因于他们，继而会因等待时间过长而愤怒。据此，提出如下假设：

H1：感知订单处理时间（H1a）和感知商品配送时间（H1b）会正向影响等待愤怒。

后悔是基于反事实思考的消极情绪，相对积极结果，消极结果更易引发向上反事实思考，消费者会因有更好的替代选择而后悔，也会因已选结果不佳而后悔（Tsiros 和 Mittal，2000）。等待时间越长，一方面，会使消费者更加焦虑不安，使他们进行更多的上行反事实思考；另一方面，会增加他们反思已做决策和先前替代选择的可用时间，这些都会导致后悔（Bielen 和 Demoulin，2007）。在网络购物中，感知订单处理时间与感知商品配送时间越长，消费者也会体验到上述类似的心理活动。据此，提出如下假设：

H2：感知订单处理时间（H2a）和感知商品配送时间（H2b）会正向影响后悔。

相比服务质量，时间对顾客满意度的作用力更强（Roslow 等，2011；Friedman 和 Friedman，1997）。随着等待时间的增加，满意度会随之降低（Garcia

等，2012）。相对实际等待时间，满意度主要取决于感知等待时间（Tom 和 Lucey，1995）。Bielen 和 Demoulin（2007）以就医等待为研究对象，分析发现感知等待时间负向影响等待时间满意度，继而正向影响服务满意度。另外，也有研究指出，在网络购物中产品延期交付会导致顾客不满（Chang 和 Wang，2012；Kim，2005）。可见，一般来说，感知等待时间与满意度负相关，即感知等待时间越长，满意度就会越低。据此，提出如下假设：

H3：感知订单处理时间（H3a）和感知商品配送时间（H3b）会正向影响等待不满。

大量研究表明服务失败不满会导致愤怒与后悔（Sánchez-García 和 Currás-Pérez，2011）。不满的消费者会进行信息搜寻以找出服务失败该由谁负责及负责什么，而愤怒的消费者早已明确服务失败责任人，会主动阻止服务失败并要求服务补救（Bougie 等，2003）。同时，不满是一种消极体验，它会诱使消费者进行上行反事实思考，想象有其他更好的选择，由此后悔当初的决策（Tsiros 和 Mittal，2000）。在网络购物中，等待不满必然也会导致愤怒与后悔。据此，提出如下假设：

H4：等待不满会正向影响等待愤怒（H4a）和后悔（H4b）。

Voorhees 等（2009）以银行、理发、餐饮和加油站 4 个行业为研究样本，实证分析发现感知等待时间会正向影响等待愤怒与后悔。与之不同，对 H3 和 H4 进行整合，我们发现感知等待时间会正向影响等待不满，继而由其正向影响等待愤怒和后悔。从文献中看，感知等待时间与等待不满、等待愤怒和后悔的关系以及等待不满与等待愤怒和后悔的关系都得到了验证，但是这些变量之间的传导机制未被探讨，即我们并不清楚等待不满是否在其中发挥着关键的中介作用。为深入剖析该问题，提出如下假设：

H5：等待不满会中介感知订单处理时间（H5a）和感知商品配送时间（H5b）对等待愤怒的正向影响；它还会中介感知订单处理时间（H5c）和感知商品配送时间（H5d）对后悔的正向影响。

愤怒和后悔会带来消极的行为意向在学术界已达成共识。愤怒者会采取直言不讳的处理方式（Yi和Baumgartner，2007），并表现出各种报复行为（Bonifieldm和Cole，2007）。比如，愤怒者会提高转换意向，增加负面口碑相传（Sánchez-García和Currás-Pérez，2011；Bonieldm和Cole，2007）。后悔者会认为有更好的选择，因而他们的转换意向会更强（Zeelenberg和Pieters，2004）。另外，他们会将责任归咎于自己，产生自我责备心理，通常不会向服务提供者抱怨，而更可能会向亲朋好友抱怨。换句话说，后悔者会提高负面口碑相传（Sánchez-García和Currás-Pérez，2011；Zeelenberg和Pieters，2004）。据此，提出如下假设：

H6：等待愤怒会正向影响转换意向（H6a）和负面口碑相传（H6b）；后悔会正向影响转换意向（H6c）和负面口碑相传（H6d）。

基于上述理论推演，本研究绘制出网络购物感知等待时间消极影响机理模型，如图4-4所示。

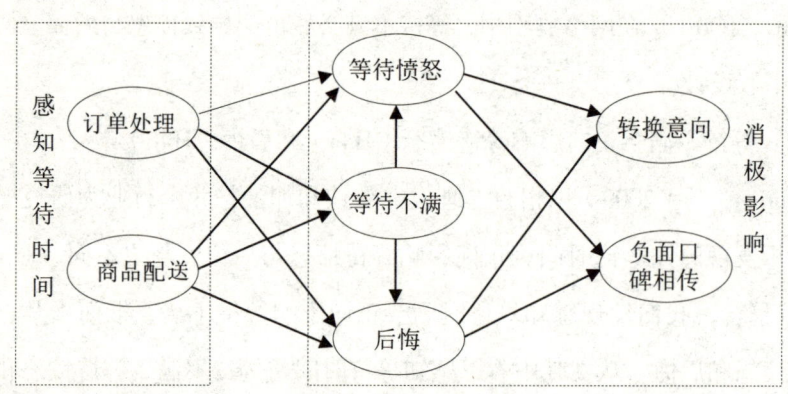

图4-4　概念模型

三、研究设计

1. 变量测量

根据上文对网络购物感知等待时间的划分，借鉴Voorhees等（2009）的观点，对感知订单处理时间、感知商品配送时间与后悔分别从4个方面采用7点语义差别量表加以测量，等待时间是"'1'短暂的至'7'长久的""'1'不可接受的至'7'可以接受的""'1'简短的至'7'冗长的（反向题）""'1'合理的至'7'不合理的"；后悔是"'1'极好的选择至'7'后悔的选择""'1'毫不怀疑至'7'非常怀疑""'1'不后悔至'7'很后悔""'1'选择是正确的至'7'本该选择其他"。在 Bonieldm 和 Cole（2007）、Sánchez-García 和 Currás-Pérez（2011）研究基础上，修改得到等待不满和等待愤怒量表，分别有 3 个测量题项。类似地，基于 Bougie 等（2003）、Sánchez-García 和 Currás-Pérez（2011）的研究设计出转换意向和负面口碑相传量表，分别有 3 个测量题项。这些变量均采用 7 点 Likert 量表，"1"表示"完全不同意"，"7"表示"完全同意"。

2. 数据收集

本研究采用回顾式问卷调查法。首先，设计甄别问题"在过去 6 个月里，您在网上购物时，从提交订单到收到货物的等待时间有超出您的预期吗？"由此筛选出有效被访者。其次，恳请被访者尽量回忆这次网购等待经历，并回答选购商城、商品类型、配送方式和等待阶段 4 道题。最后，针对这次网购等待经历，要求被访者认真填写问卷。根据中国互联网信息中心发布的《2013 年中国网络购物市场研究报告》，20～29 岁用户人群是网络购物市场的主力军，所占比例高达 56.4%。这个年龄段正好覆盖了高校本科生、研究生群体。在天津市 3 所高校共发放问卷 300 份，剔除无效问卷共得到 219 份有效问卷，回收有效率 73%。样本特征，如表 4-13 所示。

表 4-13　　　　　　　　　　　样本特征

指标	选项	频数	频率（%）
物流配送类型	网商自有物流配送	28	12.79
	第三方物流公司配送	180	82.19
	不清楚	11	5.02
教育程度	本科	157	71.69
	硕士	62	28.31

指标	选项	频数	频率（%）
月生活费支出	600 元以下	18	8.22
	600 ~ 1200 元	144	65.75
	1201 ~ 1800 元	41	18.72
	1801 ~ 2400 元	7	3.20
	2400 元以上	9	4.11
网购经历时间	1 年以下	20	9.13
	1 ~ 2 年	99	45.21
	3 ~ 4 年	76	34.70
	5 ~ 6 年	14	6.39
	6 年以上	10	4.57
每月网购频次	2 次以下	69	31.51
	2 ~ 5 次	105	47.95
	6 ~ 8 次	16	11.87
	8 次以上	19	8.68
每次平均支出	100 元以下	64	29.22
	100 ~ 200 元	115	52.51
	201 ~ 300 元	21	9.59
	300 元以上	19	8.68

3. 分析方法

为估计结构方程模型，一是采用基于极大似然估计的协方差分析法（Jöreskog，1978），二是采用基于偏最小二乘的方差分析法（Hair 等，2013）。前者有严格要求，数据通常必须是较大样本，且服从正态分布。不过，后者对数据的要求较为宽松，适用于小样本、非正态分布。针对小样本，相比前者，后者的统计功效（statistical power）更强（Lu 等，2011）。鉴于本研究的样本量较小，并且数据不服从多元正态分布，因此采用基于偏最小二乘的方差分析法对结构方程模型进行估计更好。统计分析使用的分析软件是 SmartPLS2.0。

四、数据分析

1. 测量模型检验

反应性测量模型需要评估其信度（测量指标信度和内部一致性信度）和效度（聚敛效度和判别效度）（Klarner 等，2013）。在 21 个反应性指标中，有 20 个载荷系数都超过 0.7，只有一个指标（测量商品配送感知等待时间的反向题）的载荷系数为 0.682，稍微有点低。由此，测量模型的反应性指标达到令人满意的指标信度水平。此外，反应性测量模型的 Cronbach's Alpha 值和组合信度（CR）值均超过 0.811，这表明各潜变量测量的内部一致性信度很好。同样地，所有平均方差萃取量（AVE）都远高于临界阈值 0.5，这验证了量表的聚敛效度很好。最后，根据 Fornell 和 Larcker（1981）的标准，各潜变量 AVE 的算术平方根都大于它们之间相关系数的绝对值，这充分说明各潜变量之间具有良好的判别效度。由此，测量模型评估结果证实所有潜变量的测量都是可靠和有效的。如表 4-14 所示。

表 4-14　　　　　各潜变量的 Alpha、AVE、CR 和相关系数

	Alpha	AVE	CR	1	2	3	4	5	6	7
1	0.864	0.712	0.908	0.844	–	–	–	–	–	–
2	0.869	0.727	0.913	0.015	0.852	–	–	–	–	–
3	0.862	0.784	0.916	0.272	0.460	0.885	–	–	–	–
4	0.953	0.914	0.969	0.242	0.288	0.816	0.956	–	–	–
5	0.937	0.842	0.955	0.332	0.244	0.579	0.613	0.917	–	–
6	0.895	0.826	0.934	0.251	0.142	0.591	0.680	0.724	0.909	–
7	0.811	0.726	0.888	0.197	0.199	0.584	0.655	0.601	0.698	0.852

注：1. 订单处理阶段感知等待时间，2. 商品配送阶段感知等待时间，3. 等待不满，4. 等待愤怒，5. 后悔，6. 转换意向，7. 负面口碑相传；加粗数字是对应潜变量 AVE 的算术平方根。

2. 结构模型检验

本研究对结构模型进行逐步分析。第一步（模型 1），检验网购感知等待时间、等待愤怒、后悔、转换意向和负面口碑相传的关系（H1、H2、H6）；第二步（模型 2），继续加入等待不满，检验其中介效应（H3、H4、H5）。

针对模型 1，首先，运行 PLS Algorithm，计算模型中各内生变量的拟合优度 R^2。等待愤怒、后悔、转换意向和负面口碑相传的 R^2 分别为 14.46%、17.78%、61.33% 和 49.27%，均大于可接受临界值 0.1（Lew 和 Sinkovics，2013）。其次，运行 Blindfolding，获得内生变量的预测相关（Predictive Relevance）统计量 Q^2，等待愤怒、后悔、转换意向和负面口碑相传的 Q^2 分别为 0.126、0.150、0.502 和 0.355，都大于 0，这验证了模型的预测相关性。最后，运行 Bootstrapping 以产生更为合理的标准误差估计。依据 Hair 等（2011）的建议，在 219 个原始样本基础上，设计 5000 次抽样，得到标准误差和 t 统计量。感知订单处理时间对等待愤怒（$\beta=0.246$，t=4.116，$p<0.001$）与后悔（$\beta=0.342$，t=5.978，$p<0.001$）均有显著的正向影响。同样地，感知商品配送时间对等待愤怒（$\beta=0.228$，t=4.804，$p<0.001$）与后悔（$\beta=0.244$，t=3.845，$p<0.001$）也都有显著的正向影响。等待愤怒对转换意向（$\beta=0.379$，t=5.231，$p<0.001$）和负面口碑相传（$\beta=0.461$，t=6.616，$p<0.001$）有显著的正向影响。后悔对转换意向（$\beta=0.492$，t=7.367，$p<0.001$）和负面口碑相传（$\beta=0.318$，t=4.356，$p<0.001$）有显著的正向影响。因此，H1、H2、H6 均得到支持。模型 1 的检验结果，如图 4-5 所示。

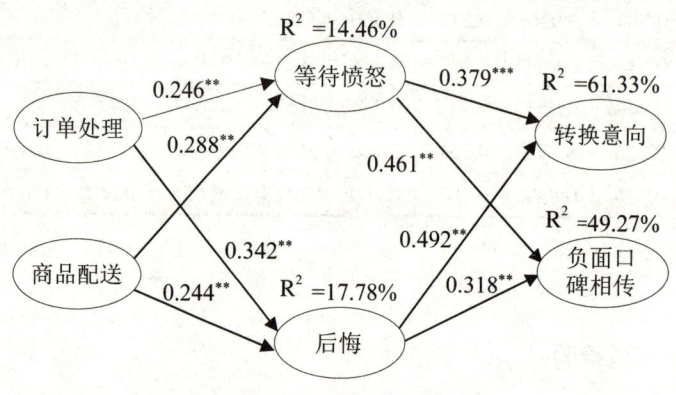

图 4-5　模型 1 检验结果

注：双尾检验，+p<0.05，*p<0.01，**p<0.001。

接下来，在模型 1 中加入"等待不满"，得到模型 2 以检验它的中介效应。在加入"等待不满"后，模型 2 的预测力明显提高。具体来看，等待不满、等待愤怒、后悔、转换意向和负面口碑相传的 R^2 分别为 28.40%、67.58%、37.17%、61.35% 和 49.27%。类似地，运行 Blindfolding 得到预测相关统计量 Q^2，等待不满、等待愤怒、后悔、转换意向和负面口碑相传的分别为 0.222、0.616、0.312、0.503 和 0.354。运行 Bootstrapping（Cases=219，Samples=5000）得到各路径系数与显著性水平（见图 4-6）。将所得结果与模型 1 进行比较发现，感知订单处理时间对等待愤怒的直接影响从显著路径系数值 0.246 降低到非显著性水平值 0.013；订单处理阶段的对后悔的直接影响从显著路径系数值 0.342 降低到显著性水平值 0.198（P<0.01）；感知商品配送时间对等待愤怒的直接影响从显著路径系数值 0.288 降低到反假设值 –0.110；感知商品配送时间对后悔的直接影响从显著路径系数值 0.244 降低到非显著性水平值 0.001。由此，拒绝 H1a、H1b 和 H2b，接受 H2a、H3、H4、H6。这说明等待不满的中介效应很可能存在。

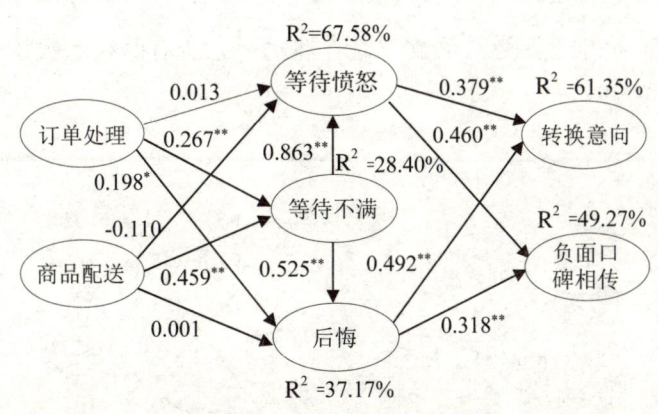

图 4-6　模型 2 检验结果

注：双尾检验，+p<0.05，*p<0.01，**p<0.001。

根据 Helm 等（2010）的建议，为验证中介效应，借助 Sobel 统计量检验间接效应的显著性，并使用 VAF（Variance Accounted For）值评价间接效应的解释力。感知订单处理时间、感知商品配送时间与等待愤怒和后悔的关系都受到等待不满的中介作用，其中等待不满只对感知订单处理时间与后悔的关系有41.5%的部分中介作用，其余的关系均是100%的完全中介（见表4-15）。这从统计上论证了中介效应的存在。由此，H5得到支持。

表4-15 各潜变量的Alpha、AVE、CR和相关系数

因变量：愤怒		总效应	直接效应	间接效应	VAF（%）	中介类型
感知等待时间	订单处理	0.244**	0.013	0.230**	100	完全中介
	商品配送	0.286**	−0.110	0.396**	100	完全中介
因变量：后悔		总效应	直接效应	间接效应	VAF（%）	中介类型
感知等待时间	订单处理	0.338**	0.198*	0.140**	41.5	部分中介
	商品配送	0.242**	0.001	0.241**	100	完全中介

注：双尾检验，+p<0.05，*<0.01，**p<0.001；VAF（variance accounted for），解释方差变异；间接效应显著性采用Sobel检验。

基于上文分析，剔除不显著路径H1a、H1b和H2b，再次对修正的概念模型进行统计检验，修正模型的预测力更佳。等待不满、等待愤怒、后悔、转换意向和负面口碑相传的 R^2 分别为28.24%、66.59%、37.15%、61.35%和49.27%；Q^2 分别为0.220、0.605、0.311、0.503和0.354。运行Bootstrapping（Cases=219，Samples=5000）得到各路径系数与显著性水平，所有路径系数均达显著，如图4-7所示。

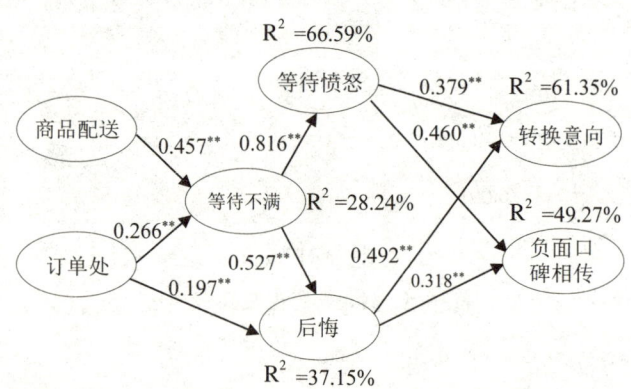

图4-7 修正模型检验结果

注：双尾检验，+p<0.05，*p<0.01，**p<0.001。

3．总效应比较

上述检验结果表明等待不满的中介作用确实存在。在这里，将模型 1 与修正模型的直接效应与总效应做比较，发现必须考虑等待不满的中介影响，否则会错误预测消费者的行为意向。此外，还发现感知订单处理时间与感知商品配送时间的消极影响存在较大不同。

从表 4-16 可知，当不以等待不满为中介变量（模型 1）时，感知订单处理时间对转换意向与负面口碑相传的总效应均大于感知商品配送时间；感知订单处理时间对后悔的直接效应更强，而感知商品配送时间对等待愤怒的直接效应更强。当以等待不满为中介变量（修正模型）时，感知商品配送时间对转换意向与负面口碑相传的总效应却都大于感知订单处理时间，这与模型 1 恰好相反；感知订单处理时间对后悔的总效应更强，而感知商品配送时间对等待愤怒的总效应更强，这与模型 1 基本一致；感知商品配送时间相比感知订单处理时间，对等待不满的直接影响更强。总体而言，在消极情绪上，两者的结论基本一致，但在行为意向上，两者的结论却恰好相反。

表 4-16　　　　　　　　修正模型与模型 1 的总效应比较

模型 1		等待愤怒	后悔	转换意向	负面口传
感知订单处理时间		0.246	0.342	0.262	0.222
感知商品配送时间		0.288	0.244	0.229	0.210
修正模型	等待不满	等待愤怒	后悔	转换意向	负面口传
感知订单处理时间	0.266	0.217	0.337	0.248	0.207
感知商品配送时间	0.457	0.373	0.240	0.259	0.248

五、结论与展望

1．研究结论与贡献

本研究对网购感知等待时间及其消极影响机理进行了深入分析。相关研究结论是对网络服务等待相关理论的有益补充。

第一，从过程视角首次提出网购感知等待时间两维构念，即感知订单处理时间和感知商品配送时间。绝大多数研究都将感知等待时间视作单维构念，如医院就诊等待（Groth 和 Gilliland，2006）、超市结账等待（Riel 等，2012）、电话呼叫等待（Garcia 等，2012）与网站搜索等待（Hong 等，2013；Lee 等，2012）。根据起始时间点，有学者将传统服务等待分为服务前、服务中和服务后等待，或是过程前、过程中和过程后等待（Hensley 和 Sulek，2007）。依据 Friman（2010）的观点，相比服务过程中，过程前感知等待时间会诱发更多的消极情绪。因而，不同类型感知等待时间的消极影响可能会存在不同。不过，上述思路并不适用于划分网购感知等待时间。为此，本研究对网络购物过程进行分析，抽取出订单处理和商品配送两个关键的等待阶段，提出感知订单处理时间和感知商品配送时间，弥补了现有文献对网购感知等待时间研究的不足，同时也为细致分析其消极影响机理奠定了基础。

第二，等待不满中介网购感知等待时间与等待愤怒和后悔的关系。已有研究发现，感知等待时间与等待愤怒和后悔正相关（Voorhees 等，2009），感知等待时间与满意度负相关（Garcia 等，2012；Bielen 和 Demoulin，2007），而满意度与愤怒和后悔负相关（Sánchez-García 和 Currás-Pérez，2011）。按此逻辑，满意度可能会对感知等待时间与愤怒和后悔的关系有中介作用，但是并未有学者对该假设进行实证检验。本研究发现感知订单处理时间和感知商品配送时间与等待愤怒和后悔的关系均会受到等待不满的中介影响。具体来看，等待不满只对感知订单处理时间与后悔的关系有 41.5% 的部分中介作用，而对其余的关系均是 100% 的完全中介。换言之，当考虑等待不满时，感知订单处理时间与等待愤怒以及感知商品配送时间与等待愤怒和后悔的直接关系都会变得不显著。因而，如果想通过感知等待时间来预测等待愤怒和后悔，那么就必须考虑等待不满的中介作用，由此得到的预测效果才会更好。

第三，感知订单处理时间与感知商品配送时间的消极影响机理存在差异。在探讨感知等待时间的消极影响时，多数学者都是以单维的感知等待时间为起点，将顾客满意或忠诚作为研究的落脚点。与之不同，本研究考虑得更为细致，一方面将感知等待时间分为感知订单处理时间与感知商品配送时间，另一方面将转换意向和负面口碑相传作为结果变量。本研究发现感知商品配送时间对等待不满的影响更强；感知订单处理时间对后悔的影响更强，而感知商品配送时间对等待愤怒的影响更强；感知商品配送时间对转换意向与负面口碑相传的影响均更强。然而，当不考虑等待不满的中介作用时，感知订单处理时间依然对后悔的影响更强，感知商品配送时间依然对等待愤怒的影响更强。但是，感知订单处理时间对转换意向与负面口碑相传的影响更强。可见，如果不考虑等待不满，那么就会得到恰好相反的结论。这再次说明不能忽略等待不满这个核心中介。

2. 实践启示与建议

在网络购物中，顾客等待是极为常见的现象。本研究结论对网商进行顾客等待时间管理有借鉴价值。

第一，建议对网购感知等待时间进行调查。众多网商一般通过优化运营管理流程与能力来降低顾客等待时间。但实际等待时间的降低总是有限的，而且不同的人会对其产生不同的时间感知。在现实中，网商会邀请顾客对商品或服务的满意度进行评价，但是他们并未设计关于网购感知等待时间调查的题项。依据订单跟踪信息，顾客可以随时了解订单处理与商品配送的进展，网商也可以计算出这两种类型等待的客观时间。然而，从这里并不能获知顾客对等待订单处理和商品配送时间的评价。由于感知等待时间相比实际等待时间能够更有效预测顾客的等待反应，所以很有必要增加针对两种类型感知等待时间的购后调查。

第二，建议高度重视等待不满的关键作用。一般来说，顾客感知等待时间越长，他们就越会不满意、愤怒和后悔，继而会提高转换意向和负面口碑相传。我们发现感知订单处理时间和感知商品配送时间会带来不同的消极影响。首先，感知订单处理时间既会直接影响后悔，又会通过等待不满间接影响后悔，但它只会通过等待不满间接影响等待愤怒；而感知商品配送时间只会通过等待不满间接影响等待愤怒和后悔。其次，当考虑等待不满时，感知商品配送时间对转换意向和负面口碑相传的影响更强；反之，当不考虑等待不满时，感知订单处理时间对转换意向与负面口碑相传的影响却更强。由此，在进行等待时间管理时，等待不满的关键作用不容忽视。

3. 不足与未来展望

本研究还存在一些不足，有待进一步完善。首先，没有考虑一些变量对网购感知等待时间消极影响机理的调节作用。例如，在一些文化中，更长的等待时间可能被接受，这可能最小化消极服务评价（Voorhees 等，2009）。消费者的个性，如控制欲会调节在线消费者体验、满意和抱怨的关系（Liao 和 Keng，2013），那么它也可能会调节网购感知等待时间的消极影响。

其次，没有探讨网商应该采取哪些服务干扰策略。传统企业通常会采取一些服务干扰策略来降低顾客对等待时间的感知（Butcher 和 Kayani，2008）。例如，时间填充能够分散注意力，降低愤怒和不确定性；提供预期等待时间信息会显著降低感知等待时间。建议直接研究降低网购感知等待时间的服务干扰策略。

再次，没有比较预期、实际和感知等待时间的消极影响。众所周知，预期和实际等待时间会影响感知等待时间。Lee 和 Lambert（2005）提出合理等待时间概念，并发现预期和感知等待时间不一致只影响服务质量可靠性，而合理和感知等待时间不一致会影响整体服务评价。有必要在网购情境中对不同类型等待时间的消极影响进行比较分析。

最后，没有探讨有哪些因素会影响网购感知等待时间。Lee 等（2012）研究发现，网站界面及其设计会通过聚焦沉浸、暂时分离和增加乐趣影响感知等待时间，并提出浏览目的（享乐性 vs 功利性）、风险属性（偏好 vs 规避）和任务复杂性等其他可能存在的影响因素。建议剖析这些因素对网购感知等待时间的作用机理。

第四节　服务补救下公平感知对网购顾客后悔的影响

一、问题提出

随着科技的进步和人们消费观念的变化，越来越多的人尤其是年轻人开始接受并尝试在线消费方式。这促进了我国网络零售业的发展与繁荣，激发了诸如淘宝商城、京东商城、凡客诚品、一号店等网络零售商的兴起。不过，由于我国网络零售业还处于起步阶段，网络零售商业模式还不十分成熟，所以在线消费者经常会遭遇服务失败，例如产品或服务问题。那么，网络零售商难免需要经常对在线消费者进行服务补救。已有文献对实体购物环境下的服务补救进行了深入剖析，并取得了大量研究成果，但是很少有文献对网络购物环境下的服务补救进行研究。

此外，当消费者经历一次服务补救后，消费者必将会对感知到的服务补救进行评价，继而引发消费者的情绪反应（正面情绪和负面情绪）。不过，相对其他情绪而言，隶属于负面情绪的后悔情绪具有特殊性，得到了学术界的特别关注。现有文献对服务补救中的正面或负面情绪进行深入研究，但是没有单独考虑服务补救情境下具有特殊性的负面情绪——后悔的作用。

尽管有文献探讨实体购物环境下的服务补救、消费者情绪（正面或负面）、行为意向的关系，但是极少有文献分析网络购物环境下的服务补救、在线消费者后悔、行为意向的关系。因此，本研究着手在网络购物环境下解决以下问题：一是服务补救下感知公平三维度（分配公平、程序公平、交互公平）如何影响在线消费者后悔；二是服务补救情境下在线消费者后悔和行为意向（口碑相传、重购意向）的关系如何；三是关系质量如何调节在线消费者后悔和行为意向（口碑相传、重购意向）的关系。

二、文献回顾

1. 网络购物环境下的服务补救

狭义的服务补救是指服务提供者应对服务失败所采取的一系列活动（Gronroos，1988；Kelley 和 Davis，1994；Boshoff，1997），而广义的服务补救将服务补救看作是"一捆资源"（bundle of resources），而不仅仅是组织对服务失败后的反应（Smith 等，1999），还包括对服务失败发生前、发生中所采取的一系列活动（Schweikhart 等，1993）。根据购物环境的不同，本研究将服务补救分为实体购物环境下的服务补救和网络购物环境下的服务补救。现有文献对实体购物环境下的服务补救做了充分的探讨（Smith 等，1999；Maxham 和 Netemeyeer，2002），但是对网络购物环境下的服务失败及其补救的研究还十分缺乏（Harrison-Walker，2001；Mattila，2001；郑秋莹和范秀成，2007）。

随着电子商务的发展，尤其是网络零售业的繁荣，网络零售商在快速成长的同时服务问题日益凸显。相对于传统零售，网络零售有其自身特点，例如产品缺乏实体展示、网络购物缺乏安全等（Wattington 等，2000），尤其缺乏人员间的直接互动（Meuter 等，2000；Mollenkopf 等，2007）。被网站导航、信息呈现等技术因素所取代（McKinney 等，2002；Palmer，2002），这些新特点造就了网络服务失败及其补救的特殊性（Holloway 和 Beatty，2003；Holloway 等，2005）。

由此可见，网络购物环境下的服务补救不能照搬实体购物环境下服务补救的相关理论，必须对其进行检验、修正和扩充。

2. 服务补救中的感知公平

社会交换理论（Social Exchange Theory）和公平理论（Justice Theory）是服务补救的两大基础理论，都主张交换关系应该是平衡的，并且公平理论起源于社会交换理论（Adams，1965），在交换关系中个体会比较自己与他人的投入产出比从而判断交换过程的公平性。此后，公平理论作为服务补救的理论基础得到学术界的广泛关注（Sparks 和 McColl-Kennedy，1998；Tax 等，1998；Smith 等，1999）。依据公平理论，消费者倾向于从三个方面评价服务补救，即分配公平、程序公平和交互公平（Blodgett 等，1997；Ruyter 和 Weels，2000；McColl-Kennedy 和 Sparks，2003）。分配公平是对有形补救结果（所得）的公平感知（Blodgett 等，1997；Tax 等，1998），有形物质补偿包括折扣、赠券和退款等。程序公平是对达到补救结果所经历补救过程的公平感知（Blodgett 等，1997；Sparks 和 McColl-Kennedy，1998；Maxham 和 Netemeyer，2002，2003），补救过程包括员工响应、等待时间、补救过程的灵活性等。交互公平是对补救行为的公平感知，即对补救者在处理服务失败时与消费者互动的公平感知（Blodgett 等，1997；McColl-Kennedy 和 Sparks，2003；Hoccut 等，2006），补救行为包括补救者的礼貌、殷勤、同情心、解释和道歉等。

现有文献已对服务补救中感知公平进行了大量的实证研究，但是基本上都局限在实体购物环境下的服务失败及其补救的探讨。只有少数几篇文献从感知公平的不同侧面对网络购物环境下的服务补救进行了研究，Holloway 等（2005）发现，积累的在线购物经验对"分配公平——补救后满意——行为意向"的关系有调节作用；Harris 等（2006）认为，相对于网络购物环境，实体购物环境下的服务补救策略（特指赔偿）的补救效果更好；Neale 等（2006）采用创新扩散理论分析了电子邮件作为一种新的服务补救方式在中小型和大型企业之间的应用差异；Chang（2008）发现补救方式的可选性增强了顾客的感知控制，进而提高了补救后满意。

3. 服务补救中的情绪及后悔

根据认知评价理论（Cognitive Appraisal Theory），情绪是对某一特定事件的认知评价后所产生的心理状态（Bagozzi 等，1999），可见情绪的产生与特定事件本身无关，而与对特定事件的评价相关（Rio-Lanza 等，2009）。例如，当消费者经历一次服务失败，消费者必将会对感知到的服务失败进行评价，继而引发情绪反应（Hui 和 Tse，1996；Andreassen，1999；Smith 和 Bolton，2002；

杜建刚和范秀成，2007a）。类似地，服务补救也将引发消费者的情绪反应（Schoefer 和 Ennew，2005；Chebat 和 Slusarczyk，2005；Rio-Lanza 等，2009；杜建刚和范秀成，2007b；张圣亮和高欢，2011）。一般来说，情绪被划分为正面情绪（例如高兴、愉快、自豪等）和负面情绪（例如愤怒、失望、后悔等），服务补救中的情绪研究同样如此（Schoefer 和 Ennew，2005；Chebat 和 Slusarczyk，2005；Rio-Lanza 等，2009；杜建刚和范秀成，2007b；张圣亮和高欢，2011）。

不过，相对于其他情绪而言，隶属于负面情绪的后悔具有特殊性，得到了学术界的特别关注。后悔是当个体意识到或想象出如果先前做了不同选择将会带来更好现状时所产生的厌恶情绪（Zeelenberg 和 Pieters，2007）。后悔之所以特殊，一是因为人们普遍存在后悔情绪，它是最强的并是仅次于焦虑出现频率最高的负面情绪（Saffrey 和 Roese，2006）；二是因为后悔是更高层次的认知情绪，是依赖于比较的反事实（counterfactual）情绪（Zeelenberg 和 Van Dijk，2005）；三是因为后悔是唯一仅与决策相关的负面情绪，只有涉及选择或决策问题时才会产生后悔（Zeelenberg 和 Pieters，2007）；四是因为后悔产生于对不好事件责任的内部归因，即自我责备（Connolly 和 Zeelenberg，2002），有强烈的自责感和渴望取消现有结果更正失误的内部动机（Zeelenberg 和 Pieters，2006）；五是因为基于后悔评价、后悔体验和行为结果可以将其区别于其他负面情绪（Zeelenberg 和 Pieters，1999，2004），例如后悔和失望的行为结果有显著差异，后悔导致退出，而失望导致抱怨等（Zeelenberg 和 Pieters，1999）。

然而，现有文献对服务补救中的正面或负面情绪进行了深入研究，但是没有单独考虑服务补救情境下具有特殊性的负面情绪——后悔的作用。

4. 服务补救后的行为意向

鉴于维系老顾客的成本远低于寻找新顾客的成本（Spreng 等，1995），服务失败的不可避免性（Lovelock，1983；Gronoroos，1984）以及服务补救悖论的存在（McCollough 和 Bharadwaj，1992），服务补救被企业看作维持顾客关系的"关键时刻"（杜建刚和范秀成，2007b），进而在遭遇服务失败后服务企业十分关注服务补救后的行为意向。一般来说，服务失败及其补救后消费者的行为意向主要包括三个方面：重购意向（Levesque 和 McDougall，2000；Holloway 等，2005；Harris 等，2006；郑秋莹和范秀成，2007；Grewal 等，2008；张圣亮和高欢，2011）、转换意向（Smith 等，1999；Levesque 和 McDougall，2000；宋竞等，2010）和口碑相传（Webster 和 Sundaram，1998；Levesque 和 McDougall，2000；Holloway 等，2005；张圣亮和高欢，2011）。其中，口碑相传又可分为正面口碑相传和负面口碑相传（Blodgett 等，1993；Holloway 等，2005）。然而，当前只有 Holloway 等（2005）、郑秋莹和范秀成（2007）等少数几篇文献在网络购物环境下对服务补救后的行为意向进行了研究。

由此可见，重购意向和正面口碑相传是服务补救后的积极行为意向；反之，转换意向和负面口碑相传是服务补救后的消极行为意向。换言之，当服务补救很到位，令顾客满意时，服务补救后的行为意向主要表现出积极的一面；反之，当服务补救不到位，令顾客失望时，服务补救后的行为意向主要表现出消极的一面。本研究选取服务补救后的积极行为意向，即重购意向和正面口碑相传，并探讨其在网络购物环境下的表现。

5. 服务补救中的关系质量

关系质量是指消费者对其与企业间关系满足其自身期望、预测、目标和欲望的程度的感知评价（Kim 和 Cha，2002）。关系质量揭示了消费者对其与企业关系的整体印象（Kim 等，2006），高关系质量表明由于企业过去一贯的满意表现让消费者对企业的未来充满信心（Wong 和 Sohal，2002；Kim 等，2006）。对于关系质量的维度，学者们普遍认为其至少包括满意、信任和承诺（Baker 等，1999；Garbarino 和 Johnson，1999；Crosby，2002；彭军锋和景奉杰，2006），并且它们彼此之间是相互关联的（Hennig-Thurau 等，2002）。现有文献主要集中于零售背景（Crosby 等，1990）、服务背景（Kim 和 Cha，

2002；Hennig-Thurau 等，2002；Roberts 等，2003）和渠道背景（Kumar 等，1995；Huntley，2006）对关系质量进行研究。但是，上述文献均未考虑服务失败或是补救情境下关系质量如何影响消费行为，只有少数几篇文献分别探讨了关系质量如何调节服务补救策略、感知公平和行为意向的关系（彭军锋和景奉杰，2006）以及感知公平与行为意向的关系（Ha 和 Jang，2009）。因此，本研究以网络购物为背景对服务补救中的关系质量展开研究，以期对现有理论有所补充。

三、假设提出

根据公平理论，消费者倾向于从感知公平三维度，即分配公平、程序公平和交互公平对服务补救过程进行评价；根据认知评价理论和情感控制理论，情绪是对某一特定消费经历（例如服务补救）的认知评价后所产生的心理反应或心理状态的自我调试，包括正面情绪和负面情绪；根据后悔理论，后悔是一种特殊的负面情绪，而且会有效影响消费者的行为意向；根据关系质量的相关文献，关系质量对态度与行为的作用强度有较强的调节效应。

因此，在网络购物环境下，遵循相关理论及消费者的心理活动规律，本研究提出一个关系质量作为调节变量的服务补救情境下的"感知公平——情绪反应（后悔）——行为意向"的概念模型，如图4-8所示。

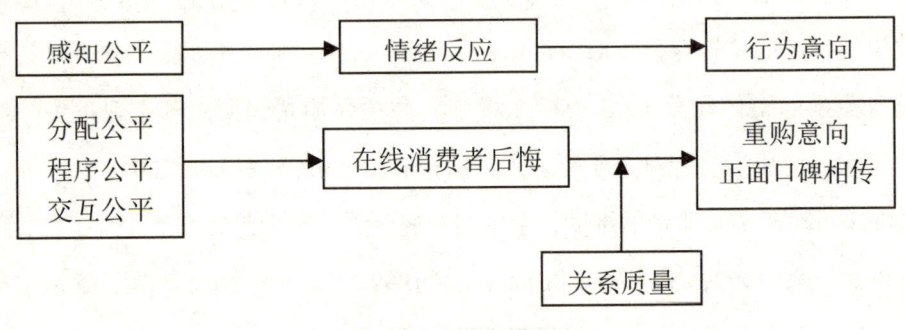

图 4-8　概念模型

1. 感知公平与消费者后悔的关系

根据认知评价理论（Cognitive Appraisal Theory），个体对某一事件的评价会产生情绪反应（Bagozzi 等，1999；Rio-Lanza 等，2009），因此，对服务补救过程公平的认知评价（即感知公平）理所当然会带来消费者服务补救后的情绪反应（Schoefer 和 Ennew，2005；Rio-Lanza 等，2009）。同样地，根据情感控制理论（Affect Control Theory），消费者会调整自己的情绪或感受到的现状以达到心理平衡。例如，在服务补救情境下，感知不公平的消费者会表现出负面情绪，规避或厌恶负面情绪的消费者会降低对现状的感知不公平（Chebat 和 Ennew，2005）。Schoefer 和 Ennew（2005）结合公平理论和认知评价理论，以航空业为背景通过情境模拟法验证了感知公平（分配公平、程序公平和交互公平）会引发消费者的情绪反应（正面情绪和负面情绪）；Chebat 和 Slusarczyk（2005）借助公平理论和情感控制理论，以零售银行业为研究样本，检验发现分配公平和交互公平对情绪（正面情绪和负面情绪）均有显著的直接影响，但是程序公平只对负面情绪有显著的负向影响；Rio-Lanza 等（2009）以手机使用者为研究对象，分析得出只有程序公平对服务补救中所产生的负面情绪有显著的负向影响。

由此可见，学者们已认可感知公平与情绪之间存在关系，并已在服务补救情境下得到验证，但是不同的感知公平维度对情绪的作用又依赖于研究背景而有所不同。此外，正如前文所言，后悔是一种特殊的负面情绪，其对消费行为和决策具有特殊的作用。因此，有必要单独研究其在服务补救情境下的作用机理。

基于此，本研究在网络购物环境下提出如下假设：

H1：服务补救情境下，感知公平三维度，分配公平（H1a）、程序公平（H1b）和交互公平（H1c）分别负向影响在线消费者后悔。

H2：服务补救情境下，感知公平三维度两两交互作用，分配公平和程序公平（H2a）、分配公平和交互公平（H2b）、程序公平和交互公平（H2c）分别负向影响在线消费者后悔。

H3：服务补救情境下，感知公平三维度之间的交互作用负向影响在线消费者后悔。

2. 消费者后悔与行为意向的关系

后悔不仅是对不好决策结果或过程的情绪反应，还会有力激发后续的行为（Zeelenberg 和 Pieters，2007）。后悔研究首先起源于经济学（Bell，1982；Loomes 和 Sugden，1982）和心理学（Gilovich 和 Medvec，1995），之后延伸到营销学（Tsiros 和 Mittal，2000；Inman 和 Zeelenberg，2002；Keaveney 等，2007）、组织行为学（Maitlis 和 Ozcelik，2004；Goerke 等，2004）、医学（Brehaut 等，2003）、跨文化心理学（Gilovich 等，2003）、健康心理学（Connolly 和 Reb，2005；Chapman 和 Coups，2006）和神经科学（Camille 等，2004；Coricelli 等，2005）等领域。在营销学中，后悔被用来解释顾客的消费行为和决策（Keinan 和 Kive，2008），现有研究显示消费者后悔会降低顾客的满意水平（Tsiros 和 Mittal，2000；Cooke 等，2001），会降低重复购买意向（Tsiros 和 Mittal，2000；Keaveney 等，2007；刘荣，2007），会提高负面口碑相传（黄静和王志生，2007）和转换行为（Zeelenberg 和 Pieters，1999，2004）。然而，他们都没有考虑服务补救情境下的消费者后悔问题。

正如前文所言，服务失败及其补救后消费者的行为意向主要包括重购意向、转换意向和口碑相传。本研究选取服务补救后的积极行为意向，即重购意向和正面口碑相传，并探讨其在网络购物环境下的表现。

基于此，本研究在网络购物环境下提出如下假设：

H4：服务补救情境下，在线消费者后悔会分别负向影响服务补救后的重购意向（H4a）和服务补救后的正面口碑相传（H4b）。

3. 关系质量对后悔与行为意向的调节

关系质量是指消费者对其与企业关系的认知评价，本研究选用满意、信任和承诺来衡量关系质量的强弱。在与企业进行多次交易后，消费者会对过去的交易经历进行评价，持续的正面评价必将使消费者满意，进而形成对企业的信任和承诺，即为高的关系质量。高的关系质量会使消费者认为企业会提供持续的满意（Wong 和 Sohal，2002），期望从企业那里得到更多的好处（Morgan 和 Hunt，1994），愿意与企业保持长久的业务关系（Moorman 等，1992）。由此，高的关系质量必将会对未来的行为意向产生积极的影响，如提高重复购买意向和正面口碑相传等。

在服务补救情境下，彭军锋和景奉杰（2006）采用餐饮业为研究样本，以关系质量作为调节变量考察其对服务补救过程中顾客的态度标识参数和行为意向的影响，发现关系质量对于服务补救效果（重购意向和口碑相传）确实存在着积极的调节作用；Ha 和 Jang（2009）采用情境模拟法，验证了感知公平正向影响购后行为意向，并且关系质量分别调节分配公平、程序公平与行为意向（重购意向和口碑相传）的关系。但是，目前很少有文献探讨关系质量如何调节后悔与行为意向的关系，只有黄静和王志生（2007）利用情境模拟法在满意情景下验证了后悔不仅会增加对购买品牌的负面口碑相传，还会增加对放弃品牌的正面口碑相传，在此过程中，消费者同购买品牌的关系质量起到了显著的调节作用。

据此推断，即使某一次的服务补救不到位会导致消费者后悔，进而负向影响积极的行为意向，但是与企业具有高关系质量的消费者会站在企业角度为其考虑，相信其在未来会做得更好，因此高关系质量会降低消费者后悔对积极行为意向的影响，反之，低关系质量会提高消费者后悔对积极行为意向的影响。

基于此，本研究在网络购物环境下提出如下假设：

H5：服务补救情境下，关系质量水平分别显著调节在线消费者后悔与重购意向（H5a）和正面口碑相传（H5b）的关系。

四、研究设计

1. 实验设计

鉴于学者们普遍采用情景模拟法对服务失败及其补救展开研究（Harris 等，

2006；Chang，2008；Ha 和 Jang，2009；杜建刚和范秀成，2007a，b；张圣亮和高欢，2011），因此本研究也采用情景模拟法对所提研究假设进行检验。研究采用 2（高分配公平、低分配公平）×2（高程序公平、低程序公平）×2（高交互公平、低交互公平）的实验设计，并且以大学生的网络购物体验为研究样本，分别模拟了 8 个服务补救场景（见表 4-17）。此外，为检验模拟场景的真实性，通过一个 7 分量表（"1 分"代表"完全不可能"，"7 分"代表"完全可能"）来分别检验 8 个服务补救场景在现实生活中发生的可能性。

表 4-17　　　　　　　　　　服务失败及其补救的场景模拟

服务失败场景	在与最近交易过的某家网商进行再次交易时，您所收到的物品在质量等方面和您的预期有较大差距，此时，您找到卖家进行交涉	
服务补救场景	分配公平	网商许诺可以退换，并提供来回的邮费，同时赠送小礼物（高）
		网商仅仅提供商品的退换，但是来回邮费需您自己承担（低）
	程序公平	您轻松快速地联系上了网商客服，并且他能解决您所提出的问题（高）
		您费了半天劲才联系上网商客服，他解决不了问题，得请示经理，多次催促之后才有答复（低）
	交互公平	网商客服礼貌地道歉，真诚地解释了原因，许诺随时为您服务（高）
		网商客服仅仅说"对不起"，没有道歉和解释原因（低）

2. 变量测量

根据量表设计原则，本研究主要涉及测量关系质量、消费者后悔、重购意向和正面口碑相传 4 个潜变量，量表问项全面采用 1 ~ 7 级的 Likert 量表，"1"表示"完全不同意"，"7"表示"完全同意"。本研究借鉴前人对各潜变量实证研究时所采用的问项，具体各潜变量的计量指标来源，如表 4-18 所示。

表 4-18　　　　　　　　　　各潜变量计量指标来源

潜变量	计量指标来源
关系质量	Morgan 和 Hunt（1994），Maxham 和 Netemeyer（2002），Kim 等（2006）
消费者后悔	Tsiros 和 Mittal（2000），Keaveney 等（2007），Liao 等（2011）

续表

潜变量	计量指标来源
重购意向	Tsiros 和 Mittal（2000），Maxham 和 Netemeyer（2002），Holloway 等（2005）
正面口碑相传	Maxham 和 Netemeyer（2002），Ok 等（2005），Kim 等（2006）

3．研究样本

由于本研究是在网络购物环境下展开的，因此所涉及的调研对象必须具有较丰富的网上购物经历。鉴于高校的大三学生普遍有较频繁的网上购物体验，因此研究选取他们为调研对象。调研方法是采用学生课间休息时间由研究者到教室进行讲解以便引导学生顺利融入所模拟的服务失败及其补救的情景中，进而充分调动学生的情绪感受。本次调查是在天津市三所高校进行，8 个服务补救场景各 45 份，共发放问卷 360 份，实际收回 292 份，剔除无效问卷 34 份，总共有效问卷 258 份。

五、信效度及控制检验

1．信度检验

对总体样本进行信度分析。表 4-19 显示各变量的 Cronbach's Alpha 系数均明显高于 0.7，表明所设计量表具有很高的内部一致性，并且问卷整体测量信度为 0.831，因此本研究具有非常高的信度。

表 4-19 信度检验

变量	Cronbach's Alpha	项数	变量	Cronbach's Alpha	项数
关系质量	0.918	11	后悔	0.845	3
满意	0.784	3	重购意向	0.903	2
信任	0.805	4	口碑相传	0.847	2
承诺	0.890	4	整体问卷信度	0.831	18

2. 效度检验

本研究所涉及的各变量的问项都充分借鉴了前人的研究成果，经过作者和相关专家的推敲提炼所得。在正式调查之前又对问卷进行了预调查，对问卷内容及其表述等进行反复修正和完善，进而很好地保证了问卷的内容效度。此外，采用因子分析分别对关系质量、后悔和行为意向进行建构效度的检验，发现它们的 KMO、Bartelett's Test 都达到了标准，所累积解释的方差百分比也都超过60%，并且所有的因子负荷都超过 0.675（见表4-20），这充分表明它们的建构效度较好。

表 4-20 因子分析

变量	测量题项	负荷量	变量	测量题项	负荷量
满意	提供优质服务	0.828	承诺	网店的忠诚顾客	0.850
	交易沟通愉快	0.824		对网店有归属感	0.888
	购物经历快乐	0.862		选该网店感到自豪	0.854
信任	网店是可靠的	0.675		愿意保持长久关系	0.876
	员工更实在	0.849	后悔	选该网店感到可惜	0.890
	提供更合理建议	0.812		选该网店感到遗憾	0.919
	顾客利益第一位	0.845		本该选其他网店	0.811
重购意向	会关注并继续光顾	0.920	口碑相传	介绍网店优点	0.836
	会优先选择该网店	0.883		向亲朋推荐网店	0.906

3. 实验控制检验

本研究设计了 8 个模拟场景，在问卷填写之前，研究者不仅尽量引导学生置身于相应的服务失败及其补救的情景中，还设计了一个问项来检验模拟场景的真实性，即检验学生对服务补救场景在现实生活中发生的可能性的看法，分析表明在 7 分值打分中，均值为 5.35，方差为 0.87，这说明学生普遍认可所模拟的 8 个场景；此外，也设计了一个问项来检验他们融入所模拟情景的评价量表（"1"代表"完全不能融入"，"7"代表"完全能融入"），得到的均值是5.67，方差为0.64，这说明绝大多数的受访者能很好地融入情景。

六、数据分析与假设检验

1. 方差分析

（1）主效应检验

采用单因素方差分析法分别检验感知公平三维度对在线消费者后悔的影响，即检验H1。从表4-21可知，除了交互公平之外，分配公平和程序公平的Levene值和Sig.值都达到标准，表明样本方差差异不显著，基本可以进行方差分析。单因素方差分析结果，显示分配公平高水平比低水平有更低的后悔情绪（3.672 < 4.415），并且这种差异是显著的（F=8.426，p < 0.05）；程序公平高水平比低水平有更低的后悔情绪（3.726 < 4.087），并且这种差异是显著的（F=4.834，p < 0.05）；交互公平高水平比低水平有更低的后悔情绪（3.667 < 4.161），并且这种差异是显著的（F=9.246，p < 0.05）。由此可见，感知公平三维度对在线消费者后悔都具有显著的主效应，因此H1得到验证，即感知公平三维度越高时，在线消费者感受到的后悔程度就越低。

表 4-21　　　　　　　　　　　　单因素方差分析

变量	分配公平		程序公平		交互公平	
后悔	高	低	高	低	高	低
Levene Statistic/Sig.	0.046/0.831		0.536/0.465		4.786/0.030	
Mean	3.672	4.145	3.726	4.087	3.667	4.161
F	8.426		4.834		9.246	
Sig.	0.004		0.029		0.003	

（2）交互效应检验

采用多因素方差分析来检验感知公平三维度的交互作用对在线消费者后悔

的影响，即检验 H2 和 H3。方差齐次性检验结果为 F=1.275 和 Sig.=0.263，因此各组方差没有显著差异，即方差具有齐次性，可以进行多因素方差分析。多因素方差分析结果（见表 4-22）显示，交互公平（F=9.644，p < 0.05）、程序公平（F=5.327，p < 0.05）和分配公平（F=8.889，p < 0.05）对后悔均有显著影响，但是交互公平和程序公平（F=1.643，p > 0.1）、交互公平和分配公平（F=0.093，p > 0.1）、程序公平和分配公平（F=0.020，p > 0.1）的交互效应对后悔的影响都不显著；此外，感知公平三维度之间的交互效应也对后悔没有显著影响（F=0.365，p > 0.1）。因此，H2 和 H3 没有得到验证，即感知公平三维度无论是两两之间还是三者之间的交互效应对在线消费者后悔都没有显著影响。

表 4-22 　　　　　　　　　多因素方差分析

变差来源	Type III Sum of Squares	df	Mean Square	F	Sig.
校正模型	42.247	7	6.035	3.677	0.001
截距项	3949.164	1	3949.164	2405.913	0.000
交互公平	15.830	1	15.830	9.644	0.002
程序公平	8.744	1	8.744	5.327	0.022
分配公平	14.591	1	14.591	8.889	0.003
交互公平 × 程序公平	2.697	1	2.697	1.643	0.201
交互公平 × 分配公平	0.153	1	0.153	0.093	0.760
程序公平 × 分配公平	0.033	1	0.033	0.020	0.888
交互公平 × 程序公平 × 分配公平	0.600	1	0.600	0.365	0.546

2. 多层线性回归分析

采用多层线性回归分析法验证 H4 和 H5。首先，对后悔和关系质量分别中心化，并以它们的乘积作为交互项。其次，以中心化后的后悔为自变量，以中心化后的关系质量为调节变量，分别以口碑相传、重购意向为因变量，逐层构建回归模型，具体流程如下：第一步，先建立自变量（后悔）与因变量（口碑相传或重购意向）的线性回归方程（M1）；第二步，将调节变量（关系质量）代入回归方程（M2）；第三步，将交互项（后悔 × 关系质量）代入回归方程（M3），具体分析结果，如表4-23所示。

表4-23　　　　　　　　　　　　多层线性回归分析

因变量	重购意向			口碑相传		
回归模型	M1	M2	M3	M1	M2	M3
后悔	-0.429***	-0.406***	-0.389***	-0.403***	-0.384***	-0.358***
关系质量	–	0.250***	0.246***	–	0.202***	0.197**
后悔 × 关系质量	–	–	-0.053	–	–	-0.079
R^2	0.184	0.246	0.248	0.162	0.203	0.208
修正 R^2	0.181	0.240	0.240	0.159	0.196	0.199
F	57.794***	41.602***	27.991***	49.590***	32.403***	22.254***

注：***、**、* 分别代表显著性水平小于0.01、0.05、0.1。

当重购意向是因变量时，在第一步（M1），后悔对重购意向有显著的负向影响（ β =-0.429，$p < 0.01$），且解释了18.1%（$p < 0.01$）的变异；在第二步（M2），后悔（ β =-0.406，$p < 0.01$）和关系质量（ β =0.250，$p < 0.01$）对重购意向都有显著影响，且解释了24.6%（$p < 0.01$）的变异；在第三步（M3），后悔（ β =-0.389，$p < 0.01$）和关系质量（ β =0.246，$p < 0.01$）仍对重购意向有显著影响，但是它们的交互项对重购意向的影响不显著（ β =-0.053，$p > 0.1$），且修正 R^2 没有变化。由此可见，H4a得到了验证，但H5a没有通过，也就是说，服务补救情境下在线消费者后悔对重购意向有显著的负向影响，但是关系质量水平对它们的负向关系没有显著的调节作用。

当口碑相传是因变量时，在第一步（M1），后悔对口碑相传有显著的负向影响（β=-0.403，p<0.01），且解释了15.9%（p<0.01）的变异；在第二步（M2），后悔（β=-0.384，p<0.01）和关系质量（β=0.202，p<0.01）对口碑相传都有显著影响，且解释了19.6%（p<0.01）的变异；在第三步（M3），后悔（β=-0.358，p<0.01）和关系质量（β=0.197，p<0.05）仍对口碑相传有显著影响，但是它们的交互项对口碑相传的影响不显著（β=-0.079，p>0.1），且修正R^2仅增加了0.3%。由此可见，H4b得到了验证，但H5b没有通过，也就是说，服务补救情境下在线消费者后悔对正面口碑相传有显著的负向影响，但是关系质量水平对它们的负向关系没有显著的调节作用。

七、结论与展望

1. 研究结论与贡献

本研究利用情境模拟法，通过方差分析和多层线性回归分析检验了网络购物环境下服务补救中感知公平、在线消费者后悔、行为意向和关系质量之间的关系，研究得到的主要结论如下：

第一，感知公平三维度越高，服务补救后在线消费者感受到的后悔程度就越低，但是无论是两两之间还是三者之间的交互效应对在线消费者后悔都没有显著影响。尽管前人没有直接研究服务补救中感知公平对在线消费者后悔的影响，但是Schoefer和Ennew（2005）、Chebat和Slusarczyk（2005）分别以航空业、零售银行业为背景验证了感知公平三维度会负向影响服务补救中产生的负面情绪，而Rio-Lanza等（2009）以手机使用者为研究对象分析得出只有程序公平负向影响服务补救中产生的负面情绪。因此，该结论并没有偏离前人的研究成果，而是将前人的研究结论延伸到网络购物环境下，是对服务补救中情绪研究的理论补充。

第二，在服务补救中，在线消费者后悔程度越高，其越有可能降低自己的重购意向和正面的口碑相传。后悔是一种特殊的负面情绪，会有力激发后续的行为（Zeelenberg和Pieters，2007），但是先前学者并没有考虑服务补救情境下或是网络购物环境下消费者后悔对行为意向的影响，此结论进一步验证了 Tsiros 和 Mittal（2000）、Keaveney 等（2007）、刘荣（2007）、黄静和黄志生（2007）等的观点，因此，在线消费者对服务补救中的公平感知会引发后悔情绪，进而负向影响消费者的积极行为意向，即重购意向和正面的口碑相传。

第三，关系质量水平的高低并不能调节服务补救后在线消费者后悔与积极行为意向的关系。在服务补救情境下，关系质量对感知公平与行为意向的关系有积极的调节作用（彭军锋和景奉杰，2006；Ha 和 Jang，2009），但是感知公平会引发消费者的情绪反应（Schoefer 和 Ennew，2005；Chebat 和 Slusarczyk，2005；Rio-Lanza 等，2009），进而影响消费者的行为意向（Chebat 和 Slusarczyk，2005），因此，该结论对关系质量的调节作用做了理论补充，认为关系质量和在线消费者后悔对行为意向分别有显著的正向和负向的影响，但是关系质量的高低并不能改变在线消费者后悔对行为意向的负向影响。

2. 实践启示与建议

上述研究结论对网商实践有较强的指导意义。首先，在网络购物环境下，一旦出现服务失败，网商需要从分配公平（如折扣、退款等）、程序公平（如及时响应、过程灵活等）和交互公平（如礼貌、解释、道歉等）三方面综合提升感知公平的水平，以期尽量降低在线消费者的后悔情绪，从而减少后悔对积极行为意向（重购意向和正面口碑相传）的负面作用。

其次，尽管与网商建立良好关系（即高关系质量）的老顾客会具有更高的重购意向和更多的正面口碑相传，但是千万不要误以为他们就一定能理解和体谅服务失败或不当的服务补救，只要出现这种情况就会引发他们的后悔情绪，继而降低重购意向和正面的口碑相传。

再次，考虑到后悔对行为意向有显著的负向影响，网商要有意识地时刻洞察在线消费者是否在消费过程中产生了后悔情绪，其产生的原因无论是由于网商本身的问题（如服务失败、补救不当等）还是由于消费者的自身问题（如反事实思考等），网商都要竭尽所能降低他们的后悔情绪。

3. 不足与未来展望

尽管本研究遵循科学的研究逻辑，但是也不免存在一些不足。首先，采用情景模拟法，尽管保证了较高的内部效度，但是其外部效度较差，与实际有差距，不能充分揭示消费者的真实反应，建议采用真实的调查样本加以检验。

其次，选取大三学生作为调查对象，尽管他们都有较丰富的网上购物体验，但是他们网上购买的商品类别主要集中于书籍、衣服等方面，涉及的面比较单一，建议尝试不同或更具代表性的调查对象。

再次，受很多客观因素的限制，样本量较少，并且仅仅局限在天津地区，必然会带来外部效度较低的结果，建议扩大样本量或调查范围。

最后，研究所涉及的后悔、重购意向等都是消费者的心理变量，很容易受到消费者的人格特征及文化背景等方面的影响，建议进行跨文化等方面的研究。

第五节 网商服务质量对网购顾客后悔的影响

一、问题提出

相对于传统购物，在网络购物中的顾客后悔会出现得更为频繁。不过，在网络购物情境中，对投诉引起不满的关注较多，但是对后悔的重视不足。由于后悔会降低满意（Tsiros 和 Mittal，2000；Cooke 等，2001）与重复购买意向（Keaveney 等，2007；陈荣，2007），提高转换行为（Zeelenberg 和 Pieters，1999，2004）与负面口碑相传（Zeelenberg 和 Pieters，2004；黄静和王志生，2007），所以有必要对网购顾客后悔的前置因素进行深入探究。

从文献中看，反事实思维是后悔产生的根本原因。比如，5 岁以下的儿童通常不能进行反事实思考，由此他们很难体验到后悔（Guttentag 和 Ferrell，2004）。除此之外，影响后悔的因素有很多，对其归纳发现主要有两大类：一是决策前因素，包括选择集（Su 等，2009；Lin 和 Huang，2006；Iyengar 和

Lepper，2000；Tsiros，1998）、决策时间（Inbar 等，2011；Cooke 等，2001）、责任程度（Contractor 和 Kumar，2012；Zeelenberg 等，2000；Connolly 等，1997）、决策动机（Clarke 和 Mortimer，2013）等；二是决策后因素，包括决策结果（Walchli 和 Landman，2003；Tsiros 和 Mittal，2000）、决策过程（Matarazzo 和 Abbamonte，2008；Lin 和 Huang，2006；Pieters 和 Zeelenberg，2005；Inman 和 Zeelenberg，2002）、期望不一致（Liao 等，2011；Taylor，1997）等。不过，只有较少文献对网购顾客后悔的前因进行了探索。比如，Liao 等（2011）研究发现信息质量、系统质量和服务质量的期望不一致会负向影响后悔。

在传统环境中，Keaveney 等（2007）研究发现产品属性评价对后悔没有直接影响，但是服务属性评价会负向影响后悔。为此，本研究拟重点探究网商服务质量对网购顾客后悔的影响。为解答这个问题，构建了网商服务质量五维度、后悔、满意与忠诚的理论模型并对其进行实证检验。此外，在实证研究中，形成性测量模型经常被误设为反应性测量模型。根据 Jarvis 等（2003）提出的测量模型的设定规则，网商服务质量的 5 个维度更适宜采用形成性测量模型。这也是本研究的一大创新。

二、文献回顾

1. 传统服务质量

服务具有无形性、异质性、不可分离性和不可储存性四大特性（Parasuraman 等，1985；Regan，1963）。由此，相对于产品质量，服务质量更难被界定与测量。服务质量有其特殊性，具体来看（Parasuraman 等，1985）：①服务质量不仅包括服务本身，还包括服务过程与方式；②服务本身、过程与方式不易被标准化，很难设定比较客观的评价标准；③服务通常会有人的参与，他们的态度与行为很难被掌握；④无形的服务特性较多，它们很难被观测与控制；⑤服务标准化的测量与检验有其自身特点，并且难度较大。

关于服务质量的概念，学术界有两种主流观点：第一种是比较学说。该学说认为服务质量是顾客对服务水平的期望与体验相比较的结果。比如，Levitt（1972）认为服务质量是服务结果符合顾客设定标准的程度。显然，服务质量不仅关注结果质量，还包括过程质量（Lehtinen，1982）。进一步，Gronroos（1982）、Lewis 和 Brooms（1983）、Parasuraman 等（1985，1988）都认为，服务质量等于体验服务质量减去期望服务质量。第二种是整体学说。该学说认为服务质量是顾客对服务体验的整体评价。比如，Olshvsky（1985）认为服务质量是顾客对服务所做的整体评价。Cronin 和 Taylor（1992）指出，对服务质量的评价并不是将服务的体验绩效与期望绩效做对比，而只需用服务的执行绩效来测量即可。Lovelock（1996）认为，服务质量是顾客在服务过程中所体验到的整体感受。

服务质量是一个复杂的构念，为此应该从多维视角对其进行评价。Gronroos（1984）将服务质量划分为技术质量与功能质量 2 个维度，前者意指顾客接受什么服务，即结果质量，而后者是指顾客怎样接受服务，即过程质量。他还指出企业形象在技术质量与功能质量形成整体服务质量的过程中起着"过滤器"的作用。Rust 和 Oliver（1994）却认为上述划分并不全面，只考虑了 what 和 how，并未重视 where 的影响，为此他们将环境要素引入进来，将服务质量划分为服务产品、服务传递和服务环境 3 个维度。不过，他们都未详尽阐述这些维度包含的具体内容。鉴于此，Parasuraman 等（1985）提出了服务质量差距模型，并在对信用卡、银行、证券和维修 4 种服务业进行深度访谈和探索性分析的基础上，提炼出服务质量的 10 个维度，分别是响应性、可靠性、移情性、保证性、有形性、胜任性、接近性、礼貌性、沟通性和安全性。此后不久，Parasuraman 等（1988）合并部分维度，得到服务质量的 5 个维度，分别为有形性、可靠性、响应性、保证性和移情性。他们提出的 SERVQUAL 量表需要同时测量顾客对服务质量的感知与期望，并将两者的差值作为服务质量。这种处理方式是不科学的，顾客很可能会重复计算对服务质量的期望（Oliver，1980）。

由此，Cronin 和 Taylor（1992）摒弃了这种差异分析法，提出 SERVPERF 量表用于直接测量顾客对服务质量的实际感知。

2. 网络服务质量

随着电子商务的发展，网络服务质量引起了学者们的研究兴趣。从广义上讲，借助网络为用户提供优越的服务体验，即网络服务（Rust 和 Lemon，2001）。从服务传递过程看，网络服务包括网络服务传递前、中和后的所有因素（Gronroos 等，2000）。由此，Santos（2003）认为，网络服务质量是指顾客对网络服务传递结果与过程的总体评价。由于传统环境与网络环境存在很大不同（Hoffman 和 Novak，1996），所以并不能完全借用传统服务质量的相关理论来解释网络服务质量（Li 等，2002）。比如，在网络环境下，用户必须与网站进行交互作用，由此，在评估网络服务质量时，应该考虑网站设计与系统功能（Collier 和 Benstock，2006）。Zeithaml 等（2000）首次对电子服务质量（e-service quality）做了界定，认为它是网站使顾客高效便捷地完成产品或服务的购买与传递的程度。显然，在这个定义中，电子服务质量不仅包括网站提供的购买服务质量，还包括其提供的售后服务质量。

从多维度考虑，众多学者对网络服务质量进行了评价（韦福祥和姚亚男，2014；左文明等，2010）。从维度提出依据上看，主要有信息系统视角和 SERVQUAL 视角两大类，信息系统视角将网络服务视作一种信息系统，主要是基于信息系统质量来评价网络服务质量。比如，Lociacono 等（2000）从顾客与网站的互动角度，提出 WebQual 量表，含有 4 大类 13 个维度，分别是便利性（易理解和易操作）、交易性（匹配性、可靠性、响应性、完整性、一致性和优势性）、信息性（信息质量和简明沟通）和娱乐性（视觉性、新颖性和情感性）。Yoo 和 Donthu（2001）提出包含美观设计、处理速度、安全性和易用性 4 个维度的 SiteQual 量表。Wolfinbarger 和 Gilly（2001）定性分析提炼出 4 个维度，网页设计（信息、个性、导航和产品选择）、顾客服务（回答问题与咨询、响应）、安全性和满足性。他们（2003）对上述 4 个维度进行实证检验，进而提出 eTailQ 量表。类似地，Cristobal 等（2007）提出顾客服务、订单管理、保证和网页设计 4 个维度；Carlson 和 O'Cass（2010）提出易用性、娱乐性、互补性和有用性 4 个维度。

SERVQUAL 视角泛指借鉴传统服务质量理论来评价网络服务质量。比如，基于 SERVQUAL 量表，Zeithaml 等（2001，2002）提出包含 11 个维度的 E-SERVQUAL 量表，其包括可靠性、响应性、安全性、保证性、美观性等。在维度名称上，Barnes 和 Vidgen（2001）提出的 WebQual 量表与 SERVQUAL 量表完全一致，分别是有形性、可靠性、响应性、保证性和移情性，但是，各维度的内涵不同，它们完全契合于网络情境。不过，Gefen（2002）认为，可靠性、响应性和保证性 3 个维度应该被合并为 1 个维度，加之有形性和移情性，构成包含 3 个维度的网络服务质量量表。在 SERVQUAL 量表基础上，Long 和 McMelon（2004）又增加了沟通和物流 2 个维度。与之不同，一些学者对 SERVQUAL 量表进行深度修正。比如，Lee 和 Lin（2005）提出可靠性、个性化、响应性和网页设计 4 个维度。Swaid 和 Wigand（2009）提出可靠性、有用性、响应性、保证性、个性化和信息性 6 个维度。除此之外，Parasuraman 等（2005）在原有研究基础上，分别提出针对常规顾客与补救顾客的两种网络服务质量量表，前者包括有效性、隐私性、执行性和效率性 4 个维度，而后者包括补偿性、响应性和联络性 3 个维度。

鉴于上述量表缺乏从全交易过程来评价网络服务质量，韦福祥和姚亚男（2014）开发出涵盖交易前、中、后的三阶段量表，具体包括交易前的功能/设计、交易中的享受性与安全可靠、交易后的售后服务。总体上看，绝大多数网络服务质量量表都是对 SERVQUAL 量表进行的修补。其实，Bauer 等（2000）早就指出 SERVQUAL 量表中 5 个维度构念就非常适合网络服务质量的维度设计。比如，从题项内容上看，售后服务主要阐述的是网商在售后阶段的响应性；而功能/设计等同于有形性，安全可靠等同于保证性。

3．反事实思维与后悔

反事实思维是指个体对真实事件进行否定，采用各种可能性或假设条件对其进行替换的一种思维过程（Kahneman 和 Tversky，1982）。根据假设前提的性质（Roese 和 Olson，1993），反事实思维可以分为加法式、减法式和替代式。加法式是向前提条件中增加未发生或未采取的行动；减法式是减少前提条件中已发生的行动或事件；替代式是采用假设行动或事件来替换前提条件，并可能有另外的结果。不过，替代式并不常见。一般来说，正面事件会引发减法式假想，而负面事件会引发加法式假想。加法式反事实思维与后悔没有稳定的相关关系，而减法式反事实思维与后悔具有稳定的正相关关系（逄晓鸣等，2012）。根据反事实思维方向（Markman 等，1993），其可被划分为上行反事实思维或上行假设和下行反事实思维或下行假设。前者是指如果满足某种假设条件，假设结果比真实结果会更好；后者是指假设结果比真实结果更差。上行反事实思维会引发消极情绪，使人感到自责、内疚和后悔；而下行反事实思维会引发积极情绪，使人感到欣喜和高兴（Johnosn 和 Sherman，1990）。根据反事实思维关注点不同，又可将其划分为关注行为的反事实思维和关注结果的反事实思维。当其他所有条件都一样的情况下，关注行为的反事实思维会引发更强的后悔，而关注结果的反事实思维会引发更强的失望（Zeelenberg，1998）。

对于反事实思维的理论解释，主要有范例理论和两阶段模型两种理论。前者认为实践偏离范例会激发反事实思维，而后者认为负面事件或情感会激发反事实思维（Roese 等，2005）。范例理论认为当某一事件偏离其范例时，就会激发个体的反事实思维（Kahneman 和 Miller，1986）。这种范例，无论是事前构建，还是事后构建，它们都是由记忆中存储的具有代表性的、正常的、相关的事例建构而来。两阶段模型认为，反事实思维的产生经历了激发和内容产生两个阶段（Roses，1997）。前者指的是反事实思维是否会产生，而后者指的是反事实内容构建的过程。同时，该模型还认为消极事件或情感极易诱发上行反事实思维。总体而言，有学者支持范例理论（Goldinger 等，2003），也有的支持两阶段模型（Roese 和 Hur，1997），还有的认为两者从本质上看是一致的（Kanazawa，1992）。不过，可以肯定的是，消极事件或情感更易导致上行反事实思维，继而使个体更易产生后悔情绪。

三、假设提出

1. 网商服务质量与后悔

鉴于 SERVQUAL 量表被广泛应用于评价服务质量，并且有学者指出 SERVQUAL 量表中的 5 个维度构念非常适合网络服务质量的维度设计（Bauer 等，2000），由此，根据有形性、可靠性、响应性、保证性和移情性这 5 个维度构念，Barnes 和 Vidgen（2001）、左文明等（2010）等学者提出并验证了网络服务质量量表。从量表的题项内容上看，本研究发现绝大多数网络服务质量量表都没有超出这 5 个维度，最大的区别就在于名称表述不同而已。因而，与上述观点一致，本研究认为网商服务质量也应该包含有形性、可靠性、响应性、保证性和移情性这 5 个维度。

如果依据比较学说来测量网商服务质量，那么它就等于顾客对网商服务的体验减去期望的结果。换句话说，网商服务质量就是顾客对网商服务的期望不一致。Yi 和 Baumgartner（2004）认为，当对所购产品有消极的不一致评价时，顾客时常会体验到后悔情绪。为解释在线消费者行为，Liao 等（2011）整合期望不一致理论与后悔理论，提出并验证了信息质量、系统质量与服务质量的不一致均对后悔有负向影响。如果依据整体学说来测量网商服务质量，那么它是指顾客对网商服务体验的整体评价。Tsiros 和 Mittal（2000）研究指出，面对消极结果的顾客更易进行上行反事实思考，进而更易体验到后悔。其实，决策结果效价应该有负、中、正三种类型。Walchli 和 Landman（2003）检验发现，相对于中性结果，经历负面结果的消费者会更加后悔。Keaveney 等（2007）对产品属性评价与服务属性评价做了对比检验，发现产品属性评价对后悔没有直接影响，但是服务属性评价会负向影响后悔。综上可知，无论是基于比较学说，还是基于整体学说，网商服务质量对后悔都会产生负向影响。

从本质上讲，这种负向关系可以由反事实思维理论来解释。大量研究表明，人们更有可能会主动思考更好的替代选项（Boninger 等，1994；Roese 和 Olson，1993），即产生上行反事实思维（Roese，1994；Markman 等，1993），进而导致后悔（Johnosn 和 Sherman，1990）。据此，提出如下假设：

H1：网商服务质量的 5 个维度，即有形性（H1a）、可靠性（H1b）、响应性（H1c）、保证性（H1d）和移情性（H1e），会对后悔产生显著的负向影响。

2. 网商服务质量与满意

根据期望不一致理论（Oliver，1980），当感知绩效等于或大于预期绩效时，个体会感到满意或欣喜，反之，当感知绩效小于预期绩效时，个体会感到不满。由此，从比较学说看，网商服务质量会正向影响满意。如果将顾客对网商服务质量的期望视作给定，那么对其的体验绩效会正向影响满意。换句话说，从整体学说看，网商服务质量也会正向影响满意。在传统环境中，大量研究表明服务质量与满意之间存在显著的正向关系（Athanassopoulos 等，2001；Cronin 和 Taylor，1994）。近年来，众多学者研究发现网络服务质量对满意也有正向影响（孙莹等，2011；Carlson 和 O'Cass，2010；Gounaris 等，2008；Cristobal 等，2007；Collier 和 Bienstock，2006；Lee 和 Lin，2005）。

从各维度之间的比较看，McKinney 等（2002）将网站质量划分为信息质量和系统质量，并指出两者均对满意有正向影响。Liao 等（2011）从信息质量、系统质量与服务质量的期望不一致出发，实证分析发现三者对满意均有正向影响。除此之外，也有文献做了更为细致的研究。比如，Wolfinbarger 和 Gilly（2002）研究指出，可靠性/满足性对满意的影响最强。Yang 和 Fang（2004）研究却发现，易用性对满意的影响最强。显然，网络服务质量的不同维度对满意的影响强度是存在差异的。这类问题值得进一步探讨。据此，提出如下假设：

H2：网商服务质量的 5 个维度，即有形性（H2a）、可靠性（H2b）、响应性（H2c）、保证性（H2d）和移情性（H2e），会对满意产生显著的正向影响。

3. 后悔、满意与忠诚

以往研究表明，后悔与满意是两个不同的构念，并且它们能同时出现（Zeelenberg 和 Pieters，2004；Tsiros 和 Mittal，2000；Tsiros，1998）。首先，两者的效价不同。前者是消极的，而后者是积极的。其次，两者比较的参照点不同。满意是基于预期绩效进行比较，而后悔是基于未选或想象绩效进行比较。再次，后悔与选择相关，而满意与结果相关。个体会因不好的结果而不满，会因导致不好结果的选择而后悔。最后，从两者的关系来看，大量的研究表明后悔是满意或不满意的前因变量（Liao 等，2011；Keaveney 等，2007；Zeelenberg 和 Pieters，2004；Tsiros 和 Mittal，2000；Taylor，1997）。据此，提出如下假设：

H3：在网络购物中，顾客后悔对顾客满意有显著的负向影响。

后悔是一种消极情绪，会负向影响忠诚。由于后悔意味着在决策后发现有更好的选择，所以在下次更有可能转向其他服务提供商（Zeelenberg 和 Pieters，2004）。Sánchez-García 和 Currás-Pérez（2011）分别以酒店和餐饮顾客为样本，发现后悔对转换行为都有正向影响。Bui 等（2011）采用实验法，研究发现后悔会对品牌转换产生正向影响。既然后悔会促进转换，那么它也会降低重复购买意向或行为。Keaveney 等（2007）在对汽车购买者行为进行研究时，发现后悔会降低他们对汽车品牌和经销商的重复购买意向。Liao 等（2011）以在线消费者为分析对象，研究发现后悔会降低他们对网商的重复使用意向。另外，后悔会对负面口碑相传产生正向影响。比如，Zeelenberg 和 Pieters（2004）指出，尽管后悔者会认为自己负有责任，但是与他人交流积极或消极的体验或情感十分普遍。他们提出并验证了后悔与口碑相传之间的关系，发现后悔会提高负面口碑相传。据此，提出如下假设：

H4：在网络购物中，顾客后悔对顾客忠诚有显著的负向影响。

起初，学者们都认为顾客满意会正向影响顾客忠诚（Chiou 等，2002；Singh 等，2000；Garbarino 等，1999）。但是，有学者指出，满意的顾客并不一定会忠诚，满意是忠诚的必要条件，而非充分条件（Oliver，1999；Stewart，

1997）。由此，第一种观点认为，两者之间存在个性特征等调节变量（Homburg 等，2004；Yang 等，2001；Fornell，1992）。第二种观点认为，两者之间的关系是非线性的（Clara 等，2005；Vikas 等，2001；Valentin 等，1999；Jones 等，1995）。第三种观点认为，两者之间存在信任与承诺等中介变量（张初兵等，2010；刘新燕等，2004；Jason 等，2004；汪纯孝等，2003；Chiou 等，2002）。不过，对于那些重点不是关注满意与忠诚关系的研究中，学者们普遍假设满意与忠诚之间存在显著的正向关系（Liao 等，2011；Keaveney 等，2007）。据此，提出如下假设：

H5：在网络购物中，顾客满意对顾客忠诚有显著的正向影响。

四、研究设计

1. 测量模型选择：反应性 vs 形成性

在工商管理相关学科的研究中，有很多研究变量都是被抽象提炼出来的，它们无法被直接观测，必须借助各种可观测变量进行综合评估。对此，有专业的学术名词潜变量和显变量加以描述。结构方程模型包括测量模型和结构模型。测量模型是描述各潜变量与相应显变量之间的关系，而结构模型是描述各潜变量之间的关系。测量模型的设定有两种选择：反应性测量模型（Reflective Measurement Model，RM）和形成性测量模型（Formative Measurement Model，FM）。

在实证研究中，形成性测量模型经常被误设为反应性测量模型，为此需要阐明两种测量模型存在的本质差异。对此，学者们进行了广泛而深入的探讨，如 Jarvis 等（2003）、Petter 等（2007）、Edwards 和 Bagozzi（2000）、Coltman 等（2008）、Ellwart 和 Konradt（2011），现将这些研究成果总结归纳如下：

（1）指向关系。在 RM 中，潜变量指向显变量，潜变量变异会引起显变量变异，潜变量是各显变量的主因子，这是当前研究中普遍采用的测量模型；而在 FM 中，显变量指向潜变量，显变量的变异会引起潜变量变异，潜变量是各显变量的复合指数，一系列显变量共同决定着潜变量的内涵与外延。这种指向关系并不是因果关系，RM 中的显变量只是潜变量的效果而不是结果，而 FM 中的显变量并不是潜变量的前因，只是共同表示潜变量而已（贾跃千和宝贡敏，2009）。

（2）可删除性。RM 中的显变量是否删除并不会改变潜变量的内涵及效度，而 FM 中的显变量是不能轻易删除的，若删除某个显变量会相应删除相应潜变量的某个特性，进而导致其内涵发生变化（王念新等，2011）。

（3）相关程度。RM 中各显变量之间的正相关程度越高越好，通常要求内部一致性信度 Cronbach's Alpha 系数大于 0.7，否则予以删除。但是，FM 要求各显变量之间的相关程度越低越好，否则会出现多重共线性问题导致模型估计失真或难以估计准确。

（4）误差来源。两种模型都存在测量误差，但它们的来源完全不同。RM 的误差来源于显变量的群体方差和随机方差，而 FM 的误差只来源于潜变量的随机方差（Diamantopoulos 等，2008）。

（5）测量模型检验。一般来说，采用信度和效度对 RM 进行评价。但这种评价规则并不适用于 FM，在实际分析中，需要对其进行多重共线性检验（Henseler 等，2009），同时更应关注其理论建构效度（迟嘉昱等，2013）。

（6）结构模型估计。对于单纯由 RM 组成的结构方程模型，可以采用基于极大似然估计的协方差分析法和基于偏最小二乘估计的方差分析法，相应的统计软件有 AMOS 和 SmartPLS 等；而基于偏最小二乘估计的方差分析法更适用于对 FM 进行估计（贾跃千和宝贡敏，2009），最常用的软件是 SmartPLS。

那么，在测量模型设定时，如何做出正确选择？Jarvis 等（2003）提出了 RM 和 FM 选取的 4 个决策规则：指向关系、可互换性、共变性和理论效度。据此，为识别出 FM，要求显变量指向潜变量；各显变量可以相互交换，但不可删除；某一显变量变化未必伴随其他显变量的变化；各显变量并不需要具有相同的前因与结果。

2．变量测量及其模型设定

所有潜变量测量均采用 1 到 7 的 Likert 量表，显变量是由文献与访谈综合整合得到，并根据 Jarvis 等（2003）的决策规则准确设定测量模型，如表 4-24 所示。

表 4-24　　　　　　　　　　变量测量及其模型设定

潜变量	显变量	文献来源	模型设定
有形性	网页外观美观（yxx1）、产品信息丰富（yxx2）、导航呈现简洁（yxx3）、网站运行良好（yxx4）、网店政策易懂（yxx5）	Zeithaml 等（2001，2002）、Barnes 和 Vidgen（2001）、Long 和 McMelon（2004）、Lee 和 Lin（2005）、Parasuraman 等（2005）、Swaid 和 Wigand（2009）、左文明等（2010）、韦福祥和姚亚男（2014）	FM
可靠性	交易查询可靠（kkx1）、在线评价客观（kkx2）、订单执行有力（kkx3）、店主身份真实（kkx4）、承诺内容合理（kkx5）		FM
响应性	在线沟通便捷（xyx1）、退换货处理快（xyx2）、问题处理及时（xyx3）、系统响应快速（xyx4）、承诺及时兑现（xyx5）		FM
保证性	个人信息安全（bzx1）、客服人员专业（bzx2）、交易过程安全（bzx3）、网店值得信赖（bzx4）		FM
移情性	提供个性化服务（yqx1）、了解顾客需求（yqx2）、给予顾客关怀（yqx3）、重视顾客利益（yqx4）		FM
后悔	很遗憾（hh1）、错误决策（hh2）、重新选择（hh3）、会更好些（hh4）、很后悔（hh5）	Tsiros 和 Mittal（2000）、Keaveney 等（2007）、Liao 等（2011）	RM
满意	明智选择（my1）、感到高兴（my2）、感到满意（my3）、买对了（my4）	Haksik 等（2000）、Yang 和 Fang（2004）、Gounaris 等（2008）	RM
忠诚	再访问（zc1）、再购买（zc2）、首选该店（zc3）、推荐该店（zc4）、鼓励购买（zc5）	Maxham 和 Netemeyer（2002）、Ok 等（2005）、Kim 等（2006）、张初兵等（2010）	RM

3．数据收集与数据分析方法

本研究选取天津市某高校本科生与研究生为调研对象，具体原因：①他们是网络购物的主流消费群体，具有丰富的网络购物经历；②在消费者行为研究中，采用学生样本能够得到可靠的结果（Kuehn 等，1996）；③国外很多学者都采用学生样本来研究网络购物行为（Liu 和 Wei，2003）。为此，采用整群抽样的方式，在6个本科生班与2个研究生班中，共发放并回收调查问卷300份，在剔除无效问卷之后，得到有效问卷247份，回收有效率为82.33%。

由于网商服务质量五维度采用的是形成性测量模型，所以需要采用基于偏最小二乘估计的方差分析法对其进行统计检验。

五、数据分析

1．形成性测量模型检验

为检验形成性测量模型，根据 Henseler 等（2009）和 Hair 等（2012）的建议，需要进行多重共线性和权重系数显著性检验。如果权重系数的显著性水平没有达到标准，但是它们的载荷系数显著且高于0.5，那么这些显变量通常应该被保留。

从表4-25可知，所有显变量的方差膨胀因子（Variance Inflation Factor，VIF）都低于非常严格的临界值5，这说明不存在多重共线性。同时，有部分显变量的权重系数未达显著性水平。但是，所有显变量的载荷系数均达显著，而且它们的载荷系数都大于0.5，所以必须保留这些显变量。

表 4-25　　　　　　　　　　　形成性测量模型检验

潜变量	显变量	权重系数	标准差	标准误差	T 值	VIF
有形性	yxx1	0.174	0.117	0.117	1.483	1.682
	yxx2	0.365	0.118	0.118	3.187	1.879
	yxx3	−0.183	0.147	0.147	1.287	3.143
	yxx4	0.527	0.125	0.125	4.264	2.634
	yxx5	0.303	0.151	0.151	2.047	1.873

潜变量	显变量	权重系数	标准差	标准误差	T 值	VIF
可靠性	kkx1	−0.019	0.097	0.097	0.133	1.849
	kkx2	0.131	0.091	0.091	1.438	2.028
	kkx3	0.375	0.118	0.118	3.221	2.186
	kkx4	0.350	0.094	0.094	3.768	1.976
	kkx5	0.327	0.103	0.103	3.157	2.484
响应性	xyx1	0.040	0.100	0.100	0.386	1.696
	xyx2	0.029	0.111	0.111	0.304	2.162
	xyx3	0.498	0.103	0.103	4.859	2.270
	xyx4	0.193	0.097	0.097	2.011	2.066
	xyx5	0.392	0.107	0.107	3.720	2.243
保证性	bzx1	0.166	0.104	0.104	1.592	1.803
	bzx2	0.140	0.100	0.100	1.368	2.187
	bzx3	0.316	0.117	0.117	2.751	2.451
	bzx4	0.525	0.122	0.122	4.362	2.112
移情性	yqx1	0.108	0.126	0.126	0.865	1.802
	yqx2	0.053	0.097	0.097	0.544	1.845
	yqx3	0.597	0.110	0.110	5.477	1.956
	yqx4	0.405	0.092	0.092	4.415	1.785

注：设定 Cases=247，Samples=5000，运行 Bootstrapping 得到权重（Weight）和 T 值；VIF 是通过多元线性回归分析得到。

2. 反应性测量模型检验

为检验反应性测量模型，需要对其信度与效度进行评价。从表 4–26 可知，所有显变量的载荷系数都显著（$P<0.001$），并且所有载荷系数都大于 0.8，这表明有高的指标信度，同时也说明各潜变量的内敛效度较好。

此外，Cronbach's Alpha 都超过 0.9，组合信度（Composite Reliability，CR）也都高于 0.9，这说明内部一致性很好。各潜变量的平均方差萃取量（Average Variance Extracted，AVE）都超过了 0.7，这表明有足够的内敛效度。

表 4-26 信度、效度检验

潜变量	显变量	载荷系数	T 值	Cronbach's Alpha	CR	AVE
后悔	hh1	0.852	26.754	0.908	0.931	0.730
	hh2	0.898	56.815			
	hh3	0.834	29.294			
	hh4	0.818	22.910			
	hh5	0.863	40.502			
满意	my1	0.909	77.851	0.925	0.947	0.816
	my2	0.908	45.727			
	my3	0.920	80.779			
	my4	0.876	34.969			
忠诚	zc1	0.817	35.781	0.906	0.930	0.727
	zc2	0.889	53.339			
	zc3	0.878	46.046			
	zc4	0.845	35.011			
	zc5	0.830	29.676			

注：设定 Cases=247，Samples=5000，执行 Bootstrapping 得到载荷系数和 T 值；运行 Pls-Algorithm，得到 Cronbach's Alpha、CR 和 AVE。

为检验判别效度，根据 Fornell 和 Larcker（1981）提出的标准，后悔、满意和忠诚的 AVE 算术平方根都大于各潜变量之间相关系数的绝对值，这充分说明各潜变量具有良好的判别效度，如表 4-27 所示。

表 4-27 判别检验

潜变量	后悔	满意	忠诚
后悔	0.854	–	–
满意	−0.591	0.903	–
忠诚	−0.484	0.758	0.853

注：运行 Pls Algorithm，得到各潜变量之间的相关系数；计算各潜变量的 AVE 算术平方根，得到对角线上的数值。

3. 结构模型质量评价

为评估结构模型的质量，采用方差膨胀因子 VIF、拟合优度 R^2 和 Stone-Geisser-Criterion（Q^2）对模型的预测效度（predictive validity）进行评价。从表 4-28 可知，网商服务质量五维度、后悔与满意的 VIF 都低于非常严格的临界值 5，这说明不存在多重共线性；内生潜变量的 Q^2 都大于临界值 0，这表明预测相关性（predictive relevance）较好；内生潜变量的 R^2 均大于 0.2，这预示着模型的解释力较好。

表 4-28　　　　　　　　　结构模型质量评价

潜变量	VIF	潜变量	VIF	R^2	Q^2
有形性	2.717	后悔	1.536	0.269	0.191
可靠性	4.119	满意	1.536	0.730	0.583
响应性	3.592	忠诚	–	0.577	0.414
保证性	3.555	–	–	–	–
移情性	2.736	–	–	–	–

注：运行 Pls Algorithm，得到各潜变量的得分及 R^2，进一步执行多元线性回归分析得到 VIF；运行 Blindfolding，设定 Omission Distance=7，得到 Q^2。

4. 路径关系检验

从表 4-29 可知，网商服务质量五维度对后悔均没有显著的影响，其中，只有有形性、可靠性、移情性对满意有显著的影响；后悔对满意有显著的负向影响，但是它对忠诚没有显著的影响；满意对忠诚有显著的正向影响。总体上看，路径检验结果与概念模型之间的差异很大。由此，需要对概念模型进行修正，以契合调研数据。

表 4-29　　　　　　　　　路径关系检验

假设	系数均值	标准方差	标准误差	T 值	结果
H1a：有形性→后悔	−0.079	0.097	0.097	0.680	拒绝
H1b：可靠性→后悔	−0.129	0.146	0.146	0.849	拒绝
H1c：响应性→后悔	−0.076	0.148	0.148	0.509	拒绝

假设	系数均值	标准方差	标准误差	T 值	结果
H1d：保证性→后悔	−0.211	0.138	0.138	1.081*	拒绝
H1e：移情性→后悔	−0.099	0.097	0.097	1.001	拒绝
H2a：有形性→满意	0.155	0.065	0.065	2.303*	接受
H2b：可靠性→满意	0.215	0.098	0.098	2.213*	接受
H2c：响应性→满意	0.097	0.083	0.083	1.054	拒绝
H2d：保证性→满意	0.068	0.075	0.075	0.880	拒绝
H2e：移情性→满意	0.277	0.071	0.071	3.963***	接受
H3：后悔→满意	−0.217	0.045	0.045	5.022***	接受
H4：后悔→忠诚	−0.060	0.069	0.069	0.806	拒绝
H5：满意→忠诚	0.722	0.053	0.053	13.780***	接受

注：设定 Cases=247，Samples=5000，执行 Bootstrapping 得到路径系数和 T 值。显著性水平：*，$P<0.05$；**，$P<0.01$；***，$P<0.001$。

5. 修正模型质量评价

根据不显著路径系数绝对值的大小，从小到大逐步删除不显著路径，经过多次修正，得到修正模型。在修正过程中，发现响应性对后悔与满意的影响均不显著，为此考虑增加一条从响应性到忠诚的直接路径，由此得到的修正模型能够很好地拟合调研数据。具体来看，修正模型中后悔、满意和忠诚的 R^2 分别为 0.288、0.728 和 0.596，Q^2 分别为 0.205、0.584 和 0.430。相比原始模型的 R^2 和 Q^2，发现修正模型的解释力与预测性均更好。

6. 修正模型路径系数

从表 4-30 可知，可靠性（$\beta =-0.228$，$P<0.05$）和保证性（$\beta =-0.367$，$P<0.001$）对后悔有显著的负向影响，并且保证性的影响效应强于可靠性。有形性（$\beta =0.187$，$P<0.01$）、可靠性（$\beta =0.265$，$P<0.01$）与移情性（$\beta =0.329$，$P<0.001$）对满意有显著的正向影响，其中，移情性的影响效应最强，可靠性次之。后悔负向影响满意（$\beta =-0.242$，$P<0.001$），进而满意正向影响忠诚（$\beta =0.599$，$P<0.001$）。只有响应性对忠诚有显著的正向影响（$\beta =0.225$，$P<0.01$）。

表 4-30　　　　　　　　　修正模型路径关系检验

假设	系数均值	标准方差	标准误差	T 值	结果
H1b：可靠性→后悔	-0.228	0.092	0.092	2.343*	接受
H1d：保证性→后悔	-0.367	0.081	0.081	4.435***	接受
H2a：有形性→满意	0.187	0.063	0.063	2.757**	接受
H2b：可靠性→满意	0.265	0.086	0.086	3.170**	接受
H2e：移情性→满意	0.329	0.075	0.075	4.394***	接受
H3：后悔→满意	-0.242	0.045	0.045	5.561***	接受
H5：满意→忠诚	0.599	0.066	0.066	9.246***	接受
新增：响应性→忠诚	0.225	0.076	0.076	2.738**	接受

注：设定 Cases=247，Samples=5000，执行 Bootstrapping 得到路径系数和 T 值。显著性水平：*，P<0.05；**，P<0.01；***，P<0.001。

六、结论与展望

1. 研究结论与贡献

在网络购物中，顾客经常会体验到后悔情绪。为剖析网商服务质量对后悔的影响，在文献分析的基础上，提出网商服务质量五维度、后悔、满意与忠诚的理论模型，并以网购的主流群体学生为样本，对其进行实证检验。主要研究结论如下：

（1）网商服务质量中的有形性、响应性与移情性对后悔没有影响，但是可靠性与保证性会负向影响后悔，其中保证性的影响效应最强。从文献中看，在传统环境中，Keaveney 等（2007）实证分析指出，产品属性评价对后悔没有直接影响，但是服务属性评价会负向影响后悔。在网络环境中，Liao 等（2011）提出并验证了信息质量、系统质量与服务质量的不一致均会负向影响后悔。不过，很少有文献更为细致地探究网商服务质量的不同维度对后悔的差异化影响。本研究结论对此做了清晰解答。

（2）网商服务质量中的响应性与保证性对满意没有影响，但是有形性、可靠性和移情性会正向影响满意，其中移情性的影响效应最强，可靠性的影响效应次之。不过，Wolfinbarger 和 Gilly（2002）指出，可靠性／满足性对满意的影响最强，而 Yang 和 Fang（2004）发现易用性对满意的影响最强。本研究认为，这些观点不一致的缘由在于立足的研究情境不同。在商业行为中，东方人更易受社会关系的影响，而西方人更易受经济关系的影响。比如，中国人十分看重面子，它会对人们的消费决策产生重要影响（施卓敏等，2013；杜建刚，2011）。

（3）后悔负向影响满意，而满意正向影响忠诚。换句话说，后悔对忠诚没有直接影响，而是通过满意间接影响忠诚。不过，绝大多数学者都认为后悔会对忠诚产生直接的负向影响。比如，Keaveney 等（2007）指出，后悔会负向影响顾客对汽车品牌和零售商的重复光顾意向。Liao 等（2011）认为后悔会降低顾客对网站的再使用意向。同时，他们也认为后悔会通过满意间接影响重复光顾意向。造成这种不一致的原因，可能是本研究界定的忠诚包括重复购买意向和正面口碑相传。由于学生的印象管理，他们并不愿意与他人交流后悔经历，所以后悔与负面口碑相传呈现负向关系（Zeelenberg 和 Pieters，2002）。由此，后悔会负向影响重复购买意向，但会正向影响正面口碑相传，两者的影响效应相互抵消，进而导致后悔对忠诚没有直接影响。

（4）响应性对后悔与满意均没有直接影响，但是它会直接正向影响忠诚。之所以如此，主要有两个原因：一是从网商角度看，我国网络购物中的响应性普遍不好，这导致顾客对其没有过高的期望；二是从顾客角度看，在供大于求的网络购物市场中，顾客认为网商本应该提供高水平的响应性。为此，当响应性差时，顾客会认为这是常态，进而不会后悔或不满；当响应性好时，他们会认为这是应有的表现，进而也不会欣喜或满意。不过，响应性的好与坏会直接决定顾客是否会重复购买和积极推荐。

2. 实践启示与建议

本研究成果能够使网商更清晰地认识到网商服务质量对顾客购后情绪与行

为的影响。由此，提出管理建议如下：

（1）如果网商在可靠性与保证性方面做得不好，那么很可能会导致顾客后悔，其中保证性的影响强度更大。为提高可靠性，网商要使店主身份更为透明，不要盲目给予顾客承诺，重视在线评论的客观性，优化交易查询系统与订单处理流程。为提高保证性，网商要对客服人员进行相关专业培训，注重顾客隐私与交易安全，塑造值得信赖的网店形象。

（2）如果有形性、可靠性和移情性做得不好，那么很可能会导致顾客不满。为提高有形性，网商要使网页设计美观，提供丰富的产品信息，使导航简洁并链接顺畅，清晰明了呈现相关政策。为提高移情性，网商要充分了解顾客需求，提供个性化的顾客服务，并高度重视顾客利益，在适当时机给予客户关怀。

（3）如果响应性做得不好，那么顾客很可能就不再光顾，也不会推荐他人购买。在资源有限的情况下，网商应该优先投入资源改善响应性。为提高响应性，网商要提供便捷的在线沟通渠道，及时解答顾客提出的问题以及兑现服务承诺，快速处理退换货等事宜，提高网站系统的响应性。

3．不足与未来展望

本研究还存在一些不足之处，有待进一步探讨。首先，只是以学生样本为分析对象，由此带来的普适性需要再次验证。建议采用更为全面的社会样本对相关模型与假设进行检验，以提高本研究的外部效度。

其次，从文献中推演出网商服务质量的 5 个维度。鉴于现有文献中还有很多不同观点，所以有必要采用规范的量表开发流程，进行聚焦于网商的维度设计与量表开发。

再次，并未考虑到一些调节变量或中介变量的影响。对比研究结论，发现本研究提出的一些理论观点与前人研究结果不符。这些矛盾或悖论为后续研究提供了丰富的继续深入探索的空间。尽管对此做了推断性解释，但是这远远不够，追根溯源很可能是模型中缺少其他变量，这有待理论建构与实证检验。

第五章　网购顾客后悔的积极影响

对网购顾客后悔积极影响的研究很少，为此，首先对其进行探索性研究，然后结合文献分析与探索结果，对其量表进行开发与验证，最后对后悔与其积极影响的关系进行实证检验。

第一节　网购顾客后悔积极影响的探索性研究

一、问题提出

后悔一定是坏的吗？显然不是。个体会从后悔中汲取经验教训来指导未来决策以达到理想结果（Zeelenberg 等，2001）。后悔者会想到有更好的选择（Landman，1993），会采取措施对后悔事件或行为进行补救（Roese 和 Summerville，2005；Zeelenberg，1999）。不过，绝大多数研究都只是关注于后悔的消极影响（如 Liao 等，2011；Bui 等，2011；Mattila 和 Ro，2008；Keaveney 等，2007；Zeelenberg 和 Pieters，2007，2004，2002）。

反事实思维是后悔产生的基础（Walchli 和 Landman，2003）。从反事实思维功能说可知，它具有情绪功能、准备功能和行动功能。情绪功能解释了后悔是如何产生的，即上行反事实思维会诱发消极情绪，如后悔。准备功能是指它通过因果推论机制进行好的归因，由此使个体为未来做准备，指导将来进行更好的决策（Roese，1997）。有研究指出，相比下行反事实思维，上行反事实思维具有更好的准备功能（Morris 和 Moore，2000）。行为功能指出它对个体行为具有调节作用（Saffrey 等，2008；Seguran 和 Morris，2005；Markman 和 McMullen，2003；Roese，1997）。反事实思维可以通过内容中性（content-neutral）或内容特殊（content-specific）两个途径来影响行为（Smellman，2009；Epstude 和 Roese，2008）。具体来看，前者是指反事实思维会激发通用信息处理模式，对不同领域的相关行为产生间接影响。比如，网购失败的反事实思维可能会使我在做与工作相关的决策时更加谨慎。后者是指它会直接影响同一领域的相关行为。比如，网购失败的反事实思维会使我在下次购物时更加谨慎。由此，反事实思维会对问题解决与绩效提升产生积极影响（Markman 等，2008；Roese，1997，1994）。进一步，由上行反事实思维诱发的后悔情绪也会相应地带来积极影响。后悔可以被看作是情感损失与行为收益两者之间的一种交换（Saffrey 等，2008；Zeelenberg 和 Pieters，2007）。

近年来，有几位学者对后悔的积极影响进行了探索。Saffrey 等（2008）在实验 1 中，对后悔、8 种消极情绪和 4 种积极情绪进行评价，分析发现被试更认可后悔的有利方面，而不是不利方面。但是，对其他的消极情绪而言，有利与不利评价得分相等。对于积极情绪，有利评价普遍强于不利评价。在实验 2 中，对情绪的理解功能、准备功能（接近功能和逃避功能）、洞察功能（insight function）、社会融洽功能（social harmony function）进行了统计检验。研究发现，后悔者在这 5 种心理功能方面存在显著差异。被试对逃避功能和洞察功能的认可度强于理解功能，而对理解功能的认可度强于社会融洽功能，但与接近功能没有不同。同时发现后悔是具备这 5 种心理功能的最佳情绪。所以，他们认为后悔能使个体更好地理解过去的事，准备从事接近和逃避行为，洞察过去的行为和自己的性情，以及促进社会关系融洽。但是，他们在研究中并未对各潜变量的效度进行统计检验。换句话说，他们并未说明上述 5 种心理功能的测量是否有效。

此外，国内学者李东进等（2011）提出消费者后悔功效说，对前人研究结果进行总结归纳，提出消费者后悔的 5 大功效。具体来看，后悔能够帮助加深对错误决策的认知，促进及时逆转决策并弥补损失，提高自我控制能力，提高未来决策合理性，提高未来行为的效用。不过，他们并未对消费者后悔的 5 种功效进行明确界定与实证检验。除此之外，并未发现有其他文献直接探究后悔的积极影响。为此，关于后悔积极影响的理论研究十分欠缺。

在网络购物中，顾客经常会体验到后悔情绪，他们发现它不只会导致消极结果，也会带来一些益处。不过，到目前为止，并未有文献对这一现实问题进行有效的解答。由此，拟采用深度访谈与扎根理论两种质化研究方法对网购顾客后悔的积极影响进行探索性研究，从定性角度总结归纳出网购顾客后悔积极影响的类型，进而为后续的实证研究奠定理论基础。为此，首先，采用深度访谈法收集有关网购顾客后悔积极影响的一手数据。其次，采用扎根理论对文本资料进行分析，逐步提取出网购顾客后悔积极影响的多维度结构。

二、研究设计

1. 研究方法

本研究采用深度访谈与扎根理论两种质化研究方法。质化研究（Qualitative Research），又称为定性研究或质性研究，是指为解释某一社会现象，在自然情境下，围绕研究问题收集相关一手资料，使用归纳逻辑对资料进行分析，继而抽象出理论的一种活动（陈向明，2006）。质化研究通常是对精心挑选的小规模样本进行分析，由此，该研究的结果不具有统计意义。不过，该研究能够深层次、多角度、多途径地挖掘现象背后的"质"，尤其适合对"什么"和"如何"问题进行探索性分析。

深度访谈（In-depth Interview）是一对一、面对面的，由访谈者根据事先设计好的访谈提纲，观察和记录被访者的反应以获取有关问题的答案（Nachmias，1981）。深度访谈主要分为半结构化访谈和开放式访谈两种。前者会提前设计好访谈提纲，访谈者根据这些提纲向被访者提问，给予被访者较充分的自由时间来表达观点，并对回答中的重要信息进行追问，以获取更加全面深入的信息。后者并不会提前设计详细的访谈提纲，被访者可以自由谈论与访谈主题相关的经历与想法。显然，开放式访谈比半结构化访谈更为灵活，但是其所搜集的信息必然会相对分散。相对于开放式访谈，半结构化访谈更具针对性，不过它在某种程度上约束了访谈者的回答。一般来说，在研究者对访谈内容不甚了解的情况下，采用开放式访谈更好；反之，使用半结构化访谈更佳。为兼顾两者的优点，本研究将综合使用这两种方法来收集一手资料。

扎根理论（Ground Theory）被公认为是质化研究中较为科学规范的方法（Hammersley，1989）。它是指从经验资料出发，按照规范流程，提出或完善理论的过程。扎根理论主要有三大流派。一是 Glaser 和 Strauss（1967）流派。该流派秉承实证主义，在资料收集过程中，要求研究者保持中立，并将资料编码过程划分为实质性编码与理论性编码两个过程，强调发现理论。二是 Strauss 和 Corbin（1990）流派。该流派秉承后实证主义，在资料收集过程中，也要求研究者保持中立，但将资料编码过程划分为开放性编码、主轴性编码和选择性编码三个过程，强调解释现象。三是 Charmza（2000）流派。该流派秉承解释主义，在资料收集过程中，要求研究者不断地与被研究者互动，并认为编码规则是启发式的，而非公式化的，强调建构理论。鉴于 Strauss 和 Corbin（1990）流派提出的扎根理论研究流程应用最为广泛，由此本研究将采用这种流程，如图 5-1 所示。

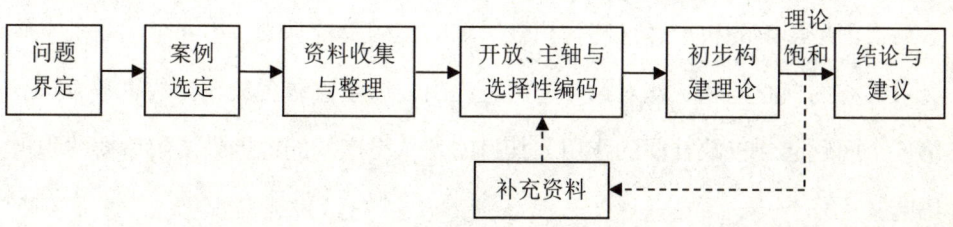

图 5-1　Strauss 和 Corbin（1990）流派的扎根理论研究流程

2. 访谈设计

在文献分析与开放式访谈的基础上，本研究拟定了半结构化访谈的提纲。具体访谈提纲如下：

（1）访谈声明。

一是为使被访者知晓访谈的学术价值，向被访者简要介绍课题组所承担的国家社会科学青年基金项目概况，以及本次访谈的研究目的与意义；二是为使被访者充分配合与认真作答，向被访者简要说明一些基本的访谈规则，以及本次访谈大概所需时间以及访谈后的物质奖励等事宜。

（2）具体问题。

①您经常在网上买东西吗？【追问：网购年限、频率与平均支出等。】

②在网上买东西后，您是否有过后悔的经历？【追问：为什么后悔？】

③这些网购顾客后悔经历给您在心理上或行为上带来了哪些消极的影响？换句话说，会使您产生哪些消极的想法或行为？

④这些网购顾客后悔经历给您在心理上或行为上带来了哪些积极的影响？换句话说，会使您产生哪些积极的想法或行为？

⑤除了网购顾客后悔之外，请您再重点谈谈工作生活中后悔的积极影响？

前两个问题起到甄别与引导的作用，主要是激发起被访者对网购顾客后悔事件的回忆。第3个问题起到铺垫作用，其目的是给予被访者充分阐述网购顾客后悔消极影响的机会，这将为积极影响的提问奠定基础。第4个问题是本研究最关心的核心问题，比对第3个问题提出，给予被访者较充分的思考时间。第5个问题起到查缺补漏的作用，其目的是从更广阔的范围去了解后悔的积极影响。

3. 资料收集

为收集到最契合本研究需要的一手访谈资料，本研究对访谈对象选取以及访谈实施过程均做了严格控制。

（1）样本选取。

关于样本的选取，需要考虑两个问题：第一，是选取熟人还是陌生人。对此，学者们有不同的观点。Wells（1974）考虑到熟人相对陌生人能够更为融洽地交谈，认为选择熟人作为被访者更好，能够获取更多信息。Fern（1982）对此做了实证检验，分析结果表明以陌生人作为受访者平均将多获取26.7个想法或观点，但是这种结论并未得到显著性检验的支持。同时，他还发现个人访谈在获取的观点数量与质量方面均优于小组座谈。Nelson和Frontcak（1998）的研究表明选取熟人还是陌生人进行访谈并不存在显著差异。基于上述观点，本研究拟选取熟人进行深度访谈。

第二，选取的被访者要有代表性。为实现访谈结果的全面性与差异性，扎根理论的样本选取采用的是理论抽样，又称为目的性抽样方法，即在研究目的与设计的理论指导下，抽取能够为解答研究问题提供最大信息量的样本（Glaser和Strauss，1994，1967）。由此，在实际操作过程中，首先，基于相关文献以及网络资料等二手资料，初步总结归纳出网购顾客后悔的积极影响；其次，寻找最具代表性的样本以尽量全面涵盖这些提取出的积极影响；再次，在人口统计特征上，要尽量做到差异化，比如，性别、年龄、受教育程度、工作类型、收入水平等。最后，在网络购物相关因素上，也要尽量做到差异化，比如，网购年限、频次、平均支出等。

按照上述两个标准，本研究从周围熟人中寻找20位具有网购顾客后悔经历的被访者，如表5-1所示。

表 5-1　　　　　　　　　　　被访者情况

编号	性别	年龄（岁）	学历	职业	网购年限（年）	月网购频次（次）	平均支出（元）
A	女	21	本科	学生	4	1.5	150
B	女	32	博士	教师	10	4.5	500
C	女	54	高中	退休人员	2	0.5	100

编号	性别	年龄（岁）	学历	职业	网购年限（年）	月网购频次（次）	平均支出（元）
D	男	22	高中	检验员	4	1.5	100
E	男	25	硕士	学生	4	5	60
F	女	25	本科	教师	5	3	300
G	女	24	硕士	学生	2	3	60
H	男	27	本科	工程师	3	5	50
I	女	38	大专	会计	6	4	300
J	女	49	初中	采油员	10	5	500
K	男	37	本科	质检员	2	1	200
L	男	23	本科	学生	4	2	100
M	女	45	高中	个体户	2	1	700
N	男	45	大专	造价员	6	1	1000
O	男	40	本科	律师	3	1	200
P	女	51	博士	教师	3	8	100
Q	女	46	硕士	经理人	2	1.5	300
R	女	48	硕士	工业设计师	5	4	200
S	男	46	大专	经理人	2	0.5	200
T	男	33	博士	教师	6	1	80

（2）访谈实施。

对于前5位被访者，进行开放式访谈；对于后15位被访者，进行半结构化访谈。首先，与被访者进行电话预约，说明访谈目的，确定访谈时间、地点等事宜。其次，在访谈过程中，为防止外部干扰，要求受访者电话静音，尽量避免接听电话。同时，在征得被访者同意的情况下，进行访谈录音以便后续整理资料。最后，在第1次访谈的基础上，若有继续深入探究的必要，还将进行第 2 次和第 3 次的追踪访谈。

从访谈录音看，每次访谈平均花费 50 分钟左右。在整理访谈资料时，研究者反复收听录音，并根据访谈录音，将其不作任何改动地整理成文本资料。最终，共得到 20 条有效的访谈记录。

三、资料分析

由于本研究只关注于网购顾客后悔的积极影响，因此并不会对所有的文本资料进行分析，而只对网购顾客后悔积极影响部分的文本资料进行深入分析。

1．开放性编码

开放性编码，是指根据研究主题对收集的文本资料进行逐行逐句的概念化与范畴化。具体操作步骤：首先，逐行逐句对文本资料进行分析，将与研究主题相关的内容按差异性进行分割，并贴出标签，同时对其概念化；其次，根据概念之间的相关性、等同性与从属性，将相关概念抽象出范畴，即范畴化。从表 5-2 可知，经过开放性编码，共提取出 18 个概念，抽象出 5 个范畴，并分别对各范畴进行了界定。如表 5-2 所示。

表 5-2　　　　　　　　　　　开放性编码结果

定义	范畴	概念	访谈记录举例	编号
有助于加深对后悔事件的理解	加强理解	尝试新的选择	我尝试了新的商家，反而更方便我的选择和消费	B
		树立理性消费观	我再不会被网上铺天盖地的广告吸引，变得更加理性	J
		汲取经验教训	我从中更好地反思，并汲取了很多网络购物经验	M
		提高防范意识	这次网购经历使我防范意识增强，减少了今后上当受骗的概率	D
有助于及时纠正错误，减少损失	纠正错误	及时逆转结果	我通过淘宝旺旺，及时与商家沟通，协商退货或换货	I
		及时减少损失	我很后悔买到不合身的衣服，想着退货但成本太高，又想着送人……	G

续表

定义	范畴	概念	访谈记录举例	编号
有助于指导未来的决策	指导决策	选准适宜产品	最好不要在网上买鞋，还是到实体店去试一下比较保险	O
		不要光图便宜	不要光看便宜，还要看价格适中	Q
		看清产品信息	在购买产品之前要仔细看清产品信息	H
		充分沟通	以后要与网商进行充分的沟通交流	R
		注重卖家资质	要去正规的有代理权和认证的网站购买，一定要买行货	S
		多看在线评论	以后买衣服一定要多看评价，多比较	L
有助于增进与亲朋好友的交流	增进交流	谈论后悔经历	总是收不到货，每查询一次，都会向同宿舍同学抱怨	A
		讨论如何避免	每次后悔后，我都会与女儿讨论如何更好地网购	C
		分享经验教训	将这次网购教训告知朋友，希望他们后续能够避免	N
		发现类似经历	我与好友谈论，并发现与他们有过类似的经历	T
有助于更好地认清自我，理解自己的行为影响	洞察自我	认清自己性格	觉得自己特别感性，容易冲动，会反省，以后会理性点，以后会尽量做到	F
		认清行为影响	认识到冲动消费的后果，今后会减少很多开销	E

2. 主轴性编码

上述提取出的范畴都是相互独立的，并未能看出它们之间会存在何种联系。主轴性编码的主要目的是通过对概念或范畴之间的逻辑分析来发现并建立范畴之间的各种联系，从而展现出文本资料背后的范畴逻辑链。

从概念之间的逻辑关系入手，重新分析收集到的 20 条访谈记录，对这些逻辑关系进行归纳整理，得到 2 个主范畴：积极认知功能和积极行为功能。其中，积极认知功能包括加深理解、洞察自我与指导决策 3 个子范畴；积极行为功能包括纠正错误和增进交流 2 个子范畴。由此，本研究将 5 个子范畴又进一步抽象成 2 个主范畴。

（1）积极认知功能。

积极认知功能指的是后悔能够促使顾客对有关网购顾客后悔事件进行积极的信息处理。它包括加深理解、洞察自我与指导决策 3 个维度。首先，后悔有助于顾客加深对后悔事件的理解。比如，后悔会促使顾客产生尝试新的选择、树立理性消费观、汲取经验教训和提高防范意识等积极的想法。其次，后悔有助于更好地认清自我，理解自己的行为影响。比如，后悔会促使顾客更好地认清自己的性格与行为影响。再次，后悔有助于顾客进行好的归因，为未来做准备，指导未来决策。比如，后悔会促使顾客在进行下一次的网络购物时更加谨慎。具体来看，包括选准适宜产品、不要光图便宜、看清产品信息、与卖家充分沟通、注重卖家资质与多看在线评论等。

（2）积极行为功能。

积极行为功能指的是后悔能够促使因网购失败而后悔的顾客产生积极的行为意向或行为。它包括纠正错误和增进交流 2 个维度。首先，后悔有助于顾客及时纠正错误，减少损失。比如，后悔会促使顾客及时逆转结果以及思考如何减少损失。其次，后悔有助于顾客增进与亲朋好友的交流。比如，后悔会促使顾客与亲朋好友谈论后悔的经历，讨论如何避免后悔，分享网购经验教训，以及讨论而发现有类似经历，等等。

3．选择性编码

选择性编码是指基于主范畴来抽象核心范畴，并以此为中心来连接其他的范畴，形成完整的理论体系。选择性编码将对文本资料进行再次分析，进而发现描述现象背后的"故事线"，据此梳理并抽象出核心范畴。在这里，首先，对主范畴的提出进行理论解读；其次，基于"故事线"与文献分析，构建网购顾客后悔积极影响的概念模型。

（1）理论解读。

首先，反事实思维的准备功能可以作为网购顾客后悔积极认知功能的理论基础。认知是指人们对外界刺激进行信息加工的过程，它包括信息获取、编码、贮存、提取与使用等。积极认知是指个体对外部刺激进行积极的信息处理。显然，加深理解、洞察自我与指导决策是隶属于积极认知过程的不同阶段。它们都是建立在反事实思维的基础之上。后悔者必然要进行上行反事实思考。相比下行反事实思维，上行反事实思维具有更好的准备功能（Morris 和 Moore，2000）。反事实思维通过因果推理机制进行好的归因，由此使个体为未来做准备，指导将来更好地决策（Roese，1997）。另外，后悔者会由于不断地反事实思考加深对错误决策的记忆（Carmon 和 Ariely，2002；Zeelenberg 等，2001）。由此，从某种程度上说，网购顾客后悔的积极认知功能是源于反事实思维的准备功能。

其次，反事实思维的行为功能可以用于解释网购顾客后悔积极行为功能中的纠正错误，而后悔对口碑相传影响的研究成果，可以作为增进交流的理论基础。反事实思维的行为功能是指它会促使个体对相关行为进行调节（Saffrey 等，2008；Seguran 和 Morris，2005；Markman 和 McMullen，2003；Roese，1997）。基于此，本研究认为，后悔者会依据反事实思考结果向好的方面调节当前或未来的行为。由此，纠正错误就是网购顾客通过反事实思考会知道问题出现的原因，进而及时采取措施纠正错误，降低损失，比如，后悔会促使消费者立即退货（Zeelenberg 和 Pieters，2007）。此外，后悔会提高口碑相传。尽管后悔者将责任归咎于自己，但是口碑相传会起到一般的社交作用（Zeelenberg 和 Pieters，2004）。比如，与亲朋好友交流消极的体验或情感，或告诫亲朋好友避免出现类似的消极体验。同时，后悔不仅会提高消费者对购买品牌的负面口碑相传，还会提高他们对放弃品牌的正面口碑相传（黄静和王志生，

2007）。换个角度说，后悔会增进网购顾客与亲朋好友的交流。

（2）模型构建。

本研究对象是网购顾客后悔的积极影响，为此将其视作中心范畴来综合上述抽象出的主范畴和子范畴。鉴于上述理论分析的结果以及对"故事线"的抽取，本研究认为积极认知功能和积极行为功能2个主范畴构成了中心范畴网购顾客后悔积极影响。其中，积极认知功能由加深理解、洞察自我与指导决策3个子范畴构成，而积极行为功能由纠正错误和增进交流2个子范畴构成。基于这种思路，本研究提出网购顾客后悔积极影响的概念模型，如图5-2所示。

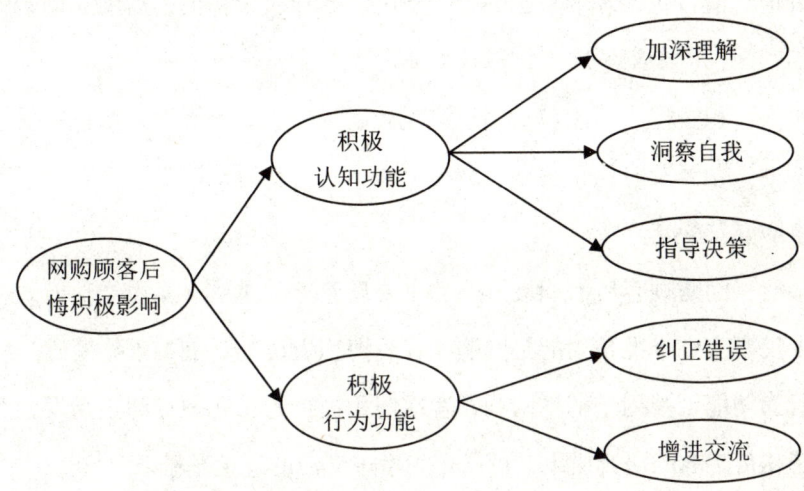

图 5-2　网购顾客后悔积极影响的概念模型

4. 理论饱和性检验

根据 Strauss 和 Corbin（1990）提出的扎根理论，必须对提出的概念模型进行理论饱和性检验。如果理论饱和性检验未达标，那么就必须进一步补充资料，重新执行开放性编码、主轴性编码与选择性编码，由此完善理论。

本研究又对5位具有网购顾客后悔经历的被访者进行深度访谈，随后对由深度访谈获取的文本资料进行编码与分析，并未发现有新的范畴出现，这表明本研究提出的网购顾客后悔积极影响的概念模型具有很好的解释力。

四、结论与展望

1. 研究结论与贡献

采用扎根理论分析法，对 20 份有关网购顾客后悔积极影响的深度访谈资料进行分析，得到如下结论。

首先，网购顾客后悔积极影响包括积极认知功能和积极行为功能 2 个维度。

其次，积极认知功能包括加深理解、洞察自我与指导决策 3 个维度。加深理解指的是后悔有助于顾客加深对后悔事件的理解。洞察自我指的是后悔有助于更好地认清自我，理解自己的行为影响。指导决策指的是后悔有助于顾客进行好的归因，为未来做准备，指导未来决策。

再次，积极行为功能包括纠正错误和增进交流 2 个维度。纠正错误指的是后悔有助于顾客及时纠正错误，减少损失。增进交流指的是后悔有助于顾客增进与亲朋好友的交流。

最后，网购顾客后悔积极影响的主要理论基础是反事实思维功能说。具体来看，反事实思维准备功能是网购顾客后悔积极认知功能的理论基础。反事实思维行为功能可被用于解释网购顾客后悔积极行为功能中的纠正错误，而后悔对口碑相传影响的研究成果，可以作为增进交流的理论基础。

鉴于较少有文献探究后悔积极影响的维度构成，所以上述研究结论具有重要的理论贡献。

首先，采用扎根理论分析法，对网购顾客后悔积极影响进行规范的探索性分析。这不同于 Saffrey 等（2008）与李东进等（2011）的研究。

其次，认为网购顾客后悔积极影响的理论基础主要是反事实思维功能说，并首次提出它应该包括积极认知功能和积极行为功能 2 个维度。

再次，指出积极认知功能包括加深理解、洞察自我与指导决策 3 个维度；积极行为功能包括纠正错误和增进交流 2 个维度。

总体上，这些研究成果深入剖析了网购顾客后悔积极影响的维度构成，这弥补了现有文献对后悔积极影响研究的不足。

2. 实践启示与建议

在日常生活中,人们并不能忽略后悔的积极影响,而是要有意识地从积极角度去认识后悔。这不仅能够使人们在一定程度上降低后悔,更为重要的是能够使他们在未来尽可能地避免后悔。

首先,建议网购后悔者对后悔事件、自我个性与未来决策3个方面进行积极的信息处理。具体来看:一是加深对后悔事件本身的理解;二是反思自己的性格特征与行为影响;三是进行积极归因,指导未来决策。

其次,建议网购后悔者及时采取措施以弥补损失,同时多与亲朋好友就有关后悔的事件进行沟通交流。换句话说,后悔者并不应该沉浸在后悔这种消极情绪中,而是应该采取积极的行动以降低后悔。

由此,网购后悔者不要将焦点关注于消极的方面,而是应该进行积极的信息处理,并采取积极的行动。

3. 不足与未来展望

基于扎根理论分析法,本研究从经验资料中提炼出网购顾客后悔积极影响的构成维度。这种探索性研究成果必须经由进一步的实证检验。由此,上述研究结论为后续的实证研究奠定了理论基础。

本研究提出网购顾客后悔积极影响包括积极认知功能(加深理解、洞察自我和指导决策)和积极行为功能(纠正错误和增进交流),但是并未对这种维度构成进行规范的实证检验。为此,建议遵循规范的量表开发流程,对网购顾客后悔积极影响的量表进行开发与验证。

除此之外,本研究并没有关注网购顾客后悔积极影响的形成机理与影响效应。相关的理论与实证探索将有助于全面理解网购顾客后悔的积极影响。

第二节 网购顾客后悔积极影响的量表研究

一、问题提出

后悔会带来消极影响，也会产生积极影响（Saffrey 等，2008；李东进等，2011）。但是，绝大多数研究都只关注于后悔的消极影响（如 Liao 等，2011；Bui 等，2011；Mattila 和 Ro，2008；Keaveney 等，2007）。

在现有研究中，仅有少数几篇文献聚焦于后悔积极影响的探索。Saffrey 等（2008）实验研究指出，人们更认可后悔的有利方面，而不是不利方面，并指出后悔积极影响包括理解功能、接近功能、逃避功能、洞察功能和社会融洽功能。但是，他们并没有对这 5 种心理功能的测量进行收敛与判别效度的检验。李东进等（2011）提出消费者后悔功效说，基于理论推演提炼出后悔的 5 大功效，分别是加深对错误决策的认知，促进及时逆转决策并弥补损失，提高自我控制能力，提高未来决策合理性，提高未来行为的效用。不过，他们并未对每种功效进行明确的界定与实证检验。此外，前文采用扎根理论分析法，从经验资料中归纳提炼出网购顾客后悔的积极影响，它包括积极认知功能（加深理解、洞察自我和指导决策）和积极行为功能（纠正错误和增进交流）。显然，这种探索性分析结果需要进一步被实证检验。

鉴于上述研究不足，本研究将对网购顾客后悔积极影响进行多维量表开发与检验。为此，首先，对相关文献进行回顾，尤其要综述反事实思维功能说；其次，基于文献分析与前文探索，对网购顾客后悔积极影响的维度进行识别；最后，借助深度访谈与焦点小组座谈，生成各维度的测量题项库，随之进行题项净化与正式量表检验。

二、文献回顾

1. 后悔与反事实思维

不同学科对后悔的界定存在差异。在经济学中，后悔通常被界定为已选项所获得的资产值与备选项可能产生的资产最高值的差额（Bell，1982）。显然，这种后悔定义过于狭隘（Connolly 等，1997），只考虑了备选项，并未考虑假想选项。在心理学中，一般认为后悔是当个体意识到或想象出若采取不同决策，当前状态会变得更好时，体验到的一种基于认知决策的消极情绪（Zeelenberg，1996）。这种定义得到学者们的广泛认同，并被借用于其他学科对后悔的研究中。

Zeelenberg（1996）提出的后悔定义认为反事实思维是后悔的认知基础，并且强调后悔不能脱离决策的观点（Carmon 等，2003）。Zeelenberg 和 Pieters（2007）进一步指出，后悔是"当个体意识到或想象出若采取不同决策，当前状态会变得更好时，体验到的一种基于比较的、自责的情绪"。据此，本研究结合网络购物这一具体情境，对 Zeelenberg 与其同事提出的后悔概念进行补充与完善，将网购顾客后悔定义为"消费者通过互联网购买产品或服务后，当意识到或想象出有更好选择时，体验到的一种基于比较的、自责的情绪"。

反事实思维与后悔密切相关，如果个体不能进行反事实思考，他们就很难体验到后悔，所以反事实思维是后悔产生的必要前提，它在后悔形成过程中起着极为重要的作用。比如，5 岁以下的儿童通常不能进行反事实思考，由此他们很难体验到后悔（Guttentag 和 Ferrell，2004）。反事实思维（counter factual thinking）的概念最先由 Kahneman 和 Tversky（1982）提出，它指的是个体对真实事件进行否定，采用各种可能性或假设条件对其进行替换的一种思维过程。反事实思维有多种类型，并不是所有的反事实思维都能导致后悔。根据反事实思维方向，将其划分为上行反事实思维和下行反事实思维（Markman 等，1993）。上行反事实思维会引发消极情绪，使人感到自责、内疚和后悔；而下行反事实思维会引发积极情绪，使人感到欣喜和高兴（Johnosn 和 Sherman，1990）。

由此，反事实思维是产生后悔的必要条件。相对下行反事实思维，只有上行反事实思维才会引发后悔。

2. 反事实思维功能说

反事实思维功能说重点关注于反事实思维会给人们带来何种益处。换句话说，功能说将反事实思维视作一种有益的、必要的调节活动（杨青和陈姣艳，2012）。一方面，从反事实思维对认知过程的影响，Roese 等（1997）提出反事实思维的情绪功能和准备功能；另一方面，从反事实思维对行为调节的影响，Summerville 和 Roese（2008）再次提出反事实思维的行为功能。

（1）情绪功能

情绪功能是指反事实思维会诱发个体产生各种情绪。反事实思维与情绪的关系通常会受到比较效应与因果推理效应两种机制的作用（Ferrell 等，2009）。从比较效应看，如果反事实比较结果更优时，那么人们就会体验到后悔等消极情绪。反之，当反事实比较结果更差时，则会体验到庆幸等积极情绪。换句话说，上行反事实思维会导致消极情绪，而下行反事实思维会带来积极情绪。比如，Medvec 等（1995）研究发现，铜牌获得者比银牌获得者更为高兴，这主要是由于银牌获得者更易产生上行反事实思维，而铜牌获得者更易产生下行反事实思维，前者会体验到消极情绪，而后者会体验到积极情绪。

由此，当遭遇负面事件时，人们更易产生上行反事实思维，进而会体验到后悔等消极情绪。但是，反事实思维的影响效应并不完全如此，因果推理效应会降低反事实思维比较效应的作用。在反事实思维过程中，当人们将假设条件与推理结果之间建立因果关系时，因果推理效应即会产生，他们会想着改变这种负面结果，进而产生积极情绪。Gleicher 等（2003）实验论证了因果推理效应，发现当被试相信在相同情况下，消极结果也可以避免时，他们会产生更多的积极情绪。因此，上行反事实思维会通过比较效应导致消极情绪，同时它又会通过因果推理效应产生积极情绪。

另外，根据比较效应，下行反事实思维会使个体更易产生积极情绪。但是，这种结论并不是在所有情况下都成立。在一些特殊的消极事件中，下行反事实思维并没有如预想的那样会产生积极情绪。比如，在空难或者地震等恶性事件中，幸存者一方面会产生如庆幸错过航班而幸免于难等下行反事实思维，继而产生积极情绪；另一方面也会出现强烈的焦虑和恐惧等消极情绪，而且它会胜过积极情绪。这种有悖于传统反事实思维理论的情形，被称为同化效应（Strack，1985）。这主要是由于人们对消极事件的关注点不同，若关注于实际结果与可能结果的对比，这种对比效应会导致积极情绪；若关注于对可能出现结果的同化，这种同化效应会产生消极情绪（McMullen，1997）。

（2）准备功能

准备功能是指反事实思维能够使个体为将来的决策做准备（Roese，1997），即指导未来决策。这种准备功能是基于反事实思维的因果推理机制。通过反事实思维，人们会进行心理模拟以确定假设条件与推理结果之间的因果关系，由此揭示消极事件产生的根源，进而知晓如何才能避免消极结果。比如，小兵因未能按时到达航站楼而错过飞往上海的航班。他很可能会产生"如果当时能更早些出发，那么就不会延误航班"的想法。这种反事实思考会给将来类似的决策提供准备或建议。显然，当下次再乘坐飞机时，他会更早些出发以避免延误。

对于不同类型的反事实思维，其准备功能在强弱上存在差异。Morris 和 Moore（2000）实验研究发现，相对下行反事实思维，上行反事实思维的准备功能更强。上行反事实思维有助于人们从消极事件中汲取经验教训，并指导他们如何更好地决策以避免类似的事情再次发生。此外，反事实思维的准备功能也得到了脑神经学者的临床验证。根据 Knight 和 Gtabowecky（1995）的研究成果，前额叶皮质损伤的患者不能够产生反事实思维，他们通常会在同一问题上重复犯错。显然，反事实思维能力缺失的个体不能够进行针对消极事件的因果推理，由此，他们很难对未来决策做准备以避免再犯同样的错误。换句话说，反事实思维的准备功能可以有效降低个体重复犯同一种错误的概率。

（3）行为功能

行为功能不同于准备功能，其主要指的是反事实思维如何调节个体的行为（Summerville 和 Roese，2008；Markman，2003）。反事实思维会通过内容特定（content-specific）与内容中性（content-neutral）两种途径来影响人们的行为（杨青和陈姣艳，2012；Epstude 和 Roese，2008）。

上述两者的最大区别在于目标指向是否一致。内容特定途径的目标指向一致，即关于事件 A 的反事实思考结果会影响与 A 相关的行为。反之，内容中性途径的目标指向不一致，即关于事件 A 的反事实思考结果会激活信息处理的通用模式，进而影响不与 A 相关的其他行为。显然，内容特定途径是一种直接影响，而内容中性途径是一种间接影响。通俗地讲，反事实思维能够引起与事件相关的行为改变，即为内容特定途径。比如，关于延误航班的反事实思考会促使个体在乘坐飞机时提前预留更多时间。相反，若反事实思维导致与事件无关的行为改变，即为内容中性途径。比如，关于延误航班的反事实思考不仅会促使个体在乘坐飞机时注意时间问题，而且还会促使他在乘坐火车时，甚至在上班时，关注时间以避免延误或迟到。对于两者的关系，学者们普遍认为，当内容特定与中性途径相容时，反事实思维对行为的影响会更强（杨青和陈姣艳，2012；Epstude 和 Roese，2008）。

反事实思维与行为的关系会受到反事实思维类型的调节。Roese（1994）实验研究发现，相对下行与减法反事实思维，只有上行与加法反事实思维的行为结果得到显著改善。Reichert 和 Slate（2000）的研究成果再次论证了这一点，他们分析发现，相对下行反事实思维，上行反事实思维更有助于提高学生的成绩。相似的研究还有很多，比如，Markman 等（2008）、Morris 和 Moore（2000）、Nasco 和 Marsh（1999）和 Landman 等（1995）等。

3．后悔与口碑相传的关系

鉴于后悔者会进行内部归因，通常会产生自我责备感，由此推理他们很可能不会与亲朋好友分享与交流后悔经历，即后悔会降低负面口碑相传。Zeelenberg 等（2001）研究发现，后悔与负面口碑相传之间存在负相关系。之后，Zeelenberg 和 Pieters（2002）却研究发现两者之间存在正相关系。这种不一致是由于被试者不同。前者以大学生为样本，他们越后悔，但由于印象管理，越不愿意与他人交流。后者以中年人为样本，由于其印象管理动机不明显，所以即使后悔，他们也很愿意与他人交流，发泄情绪。

口碑相传还会起到一般的社交与推荐作用。Zeelenberg 和 Pieters（2004）指出，后悔者很可能会觉得对坏的服务体验负有责任，因此可能并不期望得到他人的同情。尽管顾客会认为自己负有责任，但是与他人交流积极或消极的体验或情感十分普遍。另外，口碑相传的推荐作用被强调的更为频繁。顾客可能想要警告其他人避免出现类似的消极体验。为此，他们提出并论证了后悔与口碑相传之间的关系，发现后悔会提高负面口碑相传。这种结论被广泛地应用于理论研究中（如 Liao 等，2011；Keaveney 等，2007；Tsiros 和 Mittal，2000）。

另外，黄静和王志生（2007）在满意情境下，对后悔与购买和放弃品牌口碑相传的关系进行探讨，研究发现后悔不仅会提高消费者对购买品牌的负面口碑相传，而且会提高他们对放弃品牌的正面口碑相传。这种影响效应会受到消费者与购买品牌关系质量的调节。

三、维度识别

从前文的探索性分析结果看，网购顾客后悔的积极影响包括积极认知功能（加深理解、洞察自我和指导决策）和积极行为功能（纠正错误和增进交流）。接下来，对各维度进行内涵界定。

1．积极认知功能

积极认知功能是指后悔能够促使顾客对有关网购顾客后悔事件进行积极的

信息处理。它包括加深理解、洞察自我与指导决策 3 个维度。

网购顾客后悔积极认知功能的理论基础是反事实思维的准备功能。对此的解释是，首先，上行反事实思维会诱发后悔情绪（如 Tsiros 和 Mittal，2000；Johnosn 和 Sherman，1990）。其次，反事实思维的准备功能是阐述其对个体认知过程的影响（Roese 等，1997）。再次，上行反事实思维相比下行反事实思维的准备功能更强（Morris 和 Moore，2000）。

（1）加深理解

加深理解是指后悔有助于顾客加深对后悔事件的理解，能够促使其从消极事件中看到它积极的一面，进而帮助其更好地接受消极结果。Saffrey 等（2008）实验研究发现，后悔会促使个体更好地理解过去的事，并接受令人不满的结果，即后悔会提高人们的理解（sense-making）功能。李东进等（2011）基于理论推演，认为后悔会帮助个体加深对错误决策的认知。前文的探索性分析结果也发现，后悔会促使顾客产生尝试新的选择、树立理性消费观、汲取经验教训和提高防范意识等积极的想法。

（2）洞察自我

洞察自我是指后悔有助于更好地认清自己的性格与行为影响。后悔者在进行反事实思考的过程中，通常会进行内部归因，其中一些归因会涉及自己的性格。比如，前文的探索性分析发现，有后悔者会觉得自己在网购时特别感性，容易冲动。有学者指出，后悔会帮助个体洞察自己的属性，更好地理解自己的行为影响，并发现这种洞察（insight）功能强于理解功能（Saffrey 等，2008）。在此基础上，后悔很可能会提高个体的自我控制能力（李东进等，2011）。比如，有过因冲动购买而后悔经历的顾客通常会在下次购买时降低冲动购买行为（Spears，2006）。这个结论成立的前提是后悔者必须首先能够洞察冲动。

（3）指导决策

指导决策是指后悔有助于顾客进行好的归因，指导未来进行更好的决策。

根据反事实思维的因果推理机制，后悔者能够将假设条件与推理结果建立起因果联系，由此确定后悔的原因以及如何才能避免后悔。换句话说，后悔可以为个体的未来决策做准备，使他们知道采取何种行动更好（Saffrey 等，2008）。从前文的探索性分析可知，后悔使顾客在网购时更为谨慎。比如，在下次网购时，不要光图便宜，要看清产品信息、选准适宜产品、与卖家充分沟通、注重卖家资质与多看在线评论等。

上述三者都是网购顾客后悔对个体认知过程的影响，但是它们的关注点不同，加深理解聚焦于对消极事件整体的积极认知，而洞察自我侧重于对自己性格的深入反思，指导决策却更多地关注于对未来决策的具体影响。

2. 积极行为功能

积极行为功能指的是后悔能够促使因网购失败而后悔的顾客产生积极的行为意向或行为。它包括纠正错误和增进交流 2 个维度。

（1）纠正错误

纠正错误是指后悔有助于顾客及时纠正错误，减少损失。反事实思维行为功能中的内容特定途径可以用于解释后悔与纠正错误之间的关系。后悔者会依据反事实思考结果向好的方面调节当前的行为。换句话说，通过反事实思考，顾客能够识别出导致后悔的原因，据此他们会及时调整当前的行为以降低损失或不适感，即纠正错误。相关的研究结果也证实了这一点。比如，Zeelenberg和 Pieters（2007）研究发现，后悔会促使顾客立即退货以维护自身利益。Zeelenberg 等（2001）研究指出，后悔会鼓励人们采取措施以解除令他们后悔的结果。

（2）增进交流

增进交流是指后悔有助于顾客增进与亲朋好友的交流。这主要是由于后悔会提高负面口碑相传（Liao 等，2011；Keaveney 等，2007；Tsiros 和 Mittal，2000），而其又会起到社交与推荐的作用（Zeelenberg 和 Pieters，2004）。前文的探索性分析发现，后悔者会与亲朋好友谈论后悔经历、讨论如何避免，甚至产生情感上的共鸣。Saffrey 等（2008）实验研究发现，后悔会提高社会和谐，即它不仅能够改善人们与其他人的关系，而且还可以促使他们更好地理解其他人的想法与感觉。本研究认为后悔首先会增进交流，其次才会提高社会和谐。

四、题项生成

由于测量后悔积极影响量表的文献较少，因此主要采用深度访谈法和焦点小组座谈法两种方式来收集文本资料，进一步从中归纳总结出测量网购顾客后悔积极影响的初始题项。

首先，重新分析上一节收集的 20 份深度访谈资料，初步提炼出能够刻画网购顾客后悔积极影响各维度内涵的口语化描述，共得到 115 条。在剔除重复表述项之后，共得到 57 个题项。

其次，进行两组焦点小组座谈，每组 5 人。要求他们针对网购顾客后悔的积极影响进行充分的讨论，并做好文本记录与整理。对其进行分析，再比对上述题项内容，共得到 76 个题项。

再次，将 Saffrey 等（2008）研究中提到的测量量表进行中英文翻译，并将其与上述 76 个题项进行内涵比较，结果只新增 2 个题项，共得到 78 个题项。随之，对文字表述进行精炼。

各维度的题项分配如下：加深理解 14 个、洞察自我 12 个、指导决策 25 个、纠正错误 10 个和增进交流 17 个。

五、题项净化

1. 表面效度净化

为执行表面效度净化，邀请 2 位营销专家和 3 位研究生对题项进行评价。首先，向各位评判者详细讲解本研究的目的与相关概念界定，并向他们展示一些具有代表性的题项。其次，要求他们对各题项进行代表性（好、中、差）评价。针对每一题项，至少有 3 位评判者选择"好"的代表性才予以保留，否则剔除之。

这个过程共剔除 35 个题项，保留 43 个题项。

具体分布是：加深理解 8 个、洞察自我 7 个、指导决策 14 个、纠正错误 5 个和增进交流 9 个。

根据这些题项，采用 Likert 五点量表编制初始问卷，其中，"5"表示非常同意，"1"表示非常不同意。

2．项目分析净化

为执行项目分析净化，在天津市某高校的图书馆随机发放并回收 150 份问卷，在剔除不认真作答问卷之后，得到 110 份有效问卷，有效回收率为 73.33%，样本特征如表 5-3 所示。

表 5-3 描述性统计分析

问项		频率	百分比（%）	问项		频率	百分比（%）
性别	男	51	46.36	网购经历时间	6 年以上	19	17.27
	女	59	53.64		1 次以下	25	22.73
年级	大一	21	19.09	月均网购频次	1～3 次	54	49.09
	大二	26	23.64		4～6 次	25	22.73
	大三	31	28.18		6 次以上	6	5.45
	大四	17	15.45	每次平均支出	50 元以下	18	16.36
	研究生	15	13.64		50～100 元	19	44.55
月生活费支出	1000 元以下	41	37.27		101～150 元	20	18.18
	1000～2000 元	59	53.64		151～200 元	16	14.55
	2000 元以上	10	9.09		200 元以上	7	6.36
网购经历时间	3 年以下	40	36.36				
	3～6 年	51	46.36				

使用 SPSS 软件，首先，计算每个样本的题项总分，依据 30% 分位数划定每个样本的高低组别。其次，对两组样本进行独立样本 t 检验，得到每个题项高低组之间平均数的差异、方差齐次性与 t 值等统计量。再次，在确定方差齐次性的基础上，查看相应条件下的 t 值和显著性水平，如果达到 0.05 的显著性水平，那么该题项的区分度就较好，即它能够鉴别出不同被试的反应程度，由此应该被保留，否则应该被剔除以提高问卷质量。为此，保留 22 个题项。具体分布是：加深理解 4 个、洞察自我 3 个、指导决策 8 个、纠正错误 3 个和增进交流 4 个。

3. 信度分析净化

对各维度的测量题项进行信度分析，发现所有题项的 CITC（Corrected Item-Total Correlation）都大于 0.5，而且删除某一题项后所属维度的 Cronbach's Alpha 并未得到显著提高。各维度的 Cronbach's Alpha 分别为加深理解 0.868、洞察自我 0.875、指导决策 0.861、纠正错误 0.838 和增进交流 0.976。由此，信度分析净化并未删除任何题项。

4. 因子分析净化

对剩余的 22 个题项做探索性因子分析发现，有 5 个题项分别在加深理解与纠正错误两个维度上的交叉载荷较高，都接近或超过 0.5，由此，必须将它们删除。再次，对保留的 17 个题项做探索性因子分析，发现 KMO=0.819，Bartlett 检验的显著性水平小于 0.001，这说明适合做因子分析。如表 5-4 所示。

使用主成分分析法，选取方差极大法对因子载荷矩阵实行正交旋转，以特征值大于 1 为标准萃取公因子，共得到 5 个因子，累积解释方差变异达 74.33%，并且所有题项的因子载荷均满足保留标准。由此萃取的 5 个因子与前文提出的 5 个维度完全相符。

具体题项分布是：加深理解 4 个、洞察自我 3 个、指导决策 4 个、纠正错误 2 个和增进交流 4 个。

表 5-4　　　　　　　　　　　　　探索性因子分析

题项	加深理解	洞察自我	指导决策	纠正错误	增进交流
后悔帮助我更好地理解这次网购	0.797	–	–	–	–
后悔帮助我接受这次不好的结果	0.785	–	–	–	–
后悔使我从这次网购中汲取经验教训	0.797	–	–	–	–
后悔让我知道未来网购时怎么做更好	0.792	–	–	–	–
后悔有助于我及时采取措施纠正错误	–	–	–	0.768	–
后悔促使我及时采取措施减少损失	–	–	–	0.878	–
后悔教会我以后网购时要认真看在线评论	–	–	0.568	–	–
后悔让我知道以后网购时不要光图便宜	–	–	0.748	–	–
后悔教会我以后要更加注重卖家资质	–	–	0.830	–	–
后悔教会我要提前和商家进行充分沟通	–	–	0.618	–	–
后悔使我经常和亲朋好友谈论这次网购	–	–	–	–	0.812
后悔使我和亲朋好友经常讨论如何避免后悔	–	–	–	–	0.769
后悔使我更愿意将网购教训告知亲朋好友	–	–	–	–	0.789
我和亲朋好友交流网购后悔时产生了共鸣	–	–	–	–	0.796
后悔让我进一步认清自己的性格	–	0.782	–	–	–
后悔使我更好地了解自己的行为影响	–	0.826	–	–	–
后悔强化了我对自己的了解	–	0.865	–	–	–
特征值	6.534	1.435	1.399	1.113	2.155
方差占比（%）	38.43	8.44	8.23	6.55	12.68
累积方差（%）	38.43	46.87	55.10	61.65	74.33
因子分析标准	KMO=0.819；Bartlett's Test，Sig.=0.000				

注：采用方差极大法对因子载荷矩阵实行正交旋转。

六、正式量表检验

1. 大样本调查

在问卷星上设计在线问卷进行网络调查，共发放并回收 500 份在线问卷，在剔除甄别不符与无效问卷之后，得到 356 份有效问卷，有效回收率为

71.2%。样本特征，如表 5-5 所示。

表 5-5　　　　　　　　描述性统计分析

问项		频率	百分比（%）	问项		频率	百分比（%）
性别	男	174	48.88	月均收入	2000 元以下	52	14.61
	女	182	51.12		2001～4000 元	111	31.18
年龄	20 岁及以下	27	7.58		4001～6000 元	109	30.62
	21～30 岁	146	41.01		6001～8000 元	37	10.39
	31～40 岁	139	39.04		8000～10000 元	32	8.99
	41～50 岁	31	8.71		10000 元以上	15	4.21
	51～60 岁	11	3.09	网购经历时间	2 年及以下	67	18.82
	60 岁以上	2	0.56		3～5 年	112	31.46
教育程度	高中及以下	12	3.37		6～8 年	127	35.67
	大专	39	10.96		8 年以上	50	14.04
	本科	227	63.76	月均网购频次	1 次以下	21	5.90
	硕士	64	17.98		1～3 次	121	33.99
	博士	14	3.93		4～6 次	133	37.36
职业类型	全日制学生	22	6.18		6 次以上	81	22.75
	公司职员	157	44.10	每次平均支出	100 元以下	31	8.71
	公司管理人员	67	18.82		100～200 元	137	38.48
	个体经营者	46	12.92		201～300 元	87	24.44
	事业单位人员	21	5.90		301～400 元	33	9.27
	其他类	43	12.08		401～500 元	28	7.87
					500 元以上	40	11.24

2. 竞争模型分析

针对大样本调查数据，首先，对其进行探索性因子分析；其次，再对其进行验证性因子分析。

（1）探索性因子分析。

执行探索性因子分析，发现 KMO 为 0.868，Bartlett 检验的显著性水平为 0.000，适合做因子分析。采用方差极大法对因子载荷矩阵实行正交旋转，以特征值大于 1 为标准萃取公因子，共得到 4 个因子，累积解释方差变异达65.71%。与预调研探索性分析结果不同，测量加深理解的 4 个题项与测量纠正错误的 2 个题项被萃取成 1 个因子。究其原因，或许是调查样本的差异所致。

在预调研中，被调查者都是学生，他们会更为看重经济损失，同时有充足的闲暇时间。只要后悔，他们通常会及时采取措施纠正错误，减少损失。但是，除学生之外，其他人在遭遇后悔时，即使知道需要及时采取措施纠正错误，减少损失，但是鉴于时间与精力等方面的限制，他们很难付诸实施，只能停留于想法上。换句话说，纠正错误是积极认知，而非积极行为，即后悔有助于加深网购者对纠正错误的理解。鉴于此，将测量纠正错误的题项纳入加深理解因子中，统一命名为加深理解。此外，指导决策中 1 个题项的载荷系数低于 0.5，而且与加深理解的交叉载荷较高，故将其删除。接下来，对保留题项再次执行探索性因子分析，所有统计指标都达到标准，如表 5-6 所示。

表 5-6　　　　　　　　　　　探索性因子分析

题项	加深理解	洞察自我	指导决策	增进交流
后悔帮助我更好地理解这次网购	0.723	–	–	–
后悔帮助我接受这次不好的结果	0.672	–	–	–
后悔使我从这次网购中汲取经验教训	0.796	–	–	–
后悔让我知道未来网购时怎么做更好	0.709	–	–	–
后悔有助于我及时采取措施纠正错误	0.610	–	–	–
后悔促使我及时采取措施减少损失	0.728	–	–	–
后悔让我知道以后网购时不要光图便宜	–	–	0.757	–
后悔教会我以后要更加注重卖家资质	–	–	0.809	–
后悔教会我要提前和商家进行充分沟通	–	–	0.636	–
后悔使我经常和亲朋好友谈论这次网购	–	–	–	0.833
后悔使我和亲朋好友经常讨论如何避免后悔	–	–	–	0.805
后悔使我更愿意将网购教训告知亲朋好友	–	–	–	0.806
我和亲朋好友交流网购后悔时产生了共鸣	–	–	–	0.757
后悔让我进一步认清自己的性格	–	0.855	–	–
后悔使我更好地了解自己的行为影响	–	0.776	–	–
后悔强化了我对自己的了解	–	0.858	–	–
特征值	5.887	1.553	1.326	1.979

续表

题项	加深理解	洞察自我	指导决策	增进交流
方差占比（%）	36.79	9.71	8.29	12.37
累积方差（%）	36.79	46.50	54.79	67.16
因子分析标准	KMO=0.856；Bartlett's Test，Sig.=0.000			

注：采用方差极大法对因子载荷矩阵实行正交旋转。

（2）信度、效度检验。

信度分析显示：加深理解、洞察自我、指导决策和增进交流的 Cronbach's a 分别为 0.836、0.875、0.718 和 0.861，它们均超过临界值 0.7。在删除各题项后，相应维度的 Cronbach's a 并没有显著提高。这表明量表具有较好的信度。另外，除"后悔帮助我接受这次不好的结果（JS2）"的 CITC 为 0.499 之外，其他题项都大于 0.5，故将其删除。再次执行信度分析，发现 Cronbach's a、CITC 以及组合信度都达到标准。接着，执行一阶验证性因子分析，发现各题项与其对应维度的标准化载荷系数都大于 0.574，且都达到 0.001 显著性水平。除指导决策之外，各维度的平均方差萃取量（Average Variance Extracted，AVE）都大于临界值 0.5。先前研究表明，AVE 检验是非常保守的，甚至当信度可接受时，AVE 也经常会低于 0.5（Lin 等，2011）。鉴于指导决策的 AVE 略低于 0.5，但其载荷系数均较高，由此其量表的收敛效度在可接受范围内（如 Lew 和 Sinkovics，2012；何佳讯等，2011）。如表 5-7 所示。

表 5-7　　　　　　　　　信度、收敛效度分析

变量	题项	载荷系数	T 值	CITC	Cronbach's Alpha	组合信度	AVE
加深理解	JS1	0.574	–	0.514	0.832	0.839	0.515
	JS3	0.806	10.044	0.721			
	JS4	0.791	9.946	0.685			
	JS5	0.627	8.614	0.562			
	JS6	0.761	9.739	0.693			

续表

变量	题项	载荷系数	T值	CITC	Cronbach's Alpha	组合信度	AVE
洞察自我	DC1	0.840	16.278	0.765	0.875	0.876	0.702
	DC2	0.823	–	0.745			
	DC3	0.850	16.439	0.772			
指导决策	ZD1	0.605	8.550	0.503	0.718	0.731	0.478
	ZD2	0.791	9.645	0.629			
	ZD3	0.666		0.500			
增进交流	ZJ1	0.720	13.428	0.682	0.861	0.862	0.611
	ZJ2	0.782	14.846	0.718			
	ZJ3	0.829	–	0.736			
	ZJ4	0.792	15.077	0.702			

从表 5-8 可知，对角线上的数值是各维度的 AVE 算术平方根，对角线左下方的数值是各维度之间的相关系数。比较发现，前者显著大于后者，这表明该量表具有很好的判别效度。

表 5-8　　　　　　　　判别效度分析

潜变量	加深理解	洞察自我	指导决策	增进交流
加深理解	0.718	–	–	–
洞察自我	0.399	0.838	–	–
指导决策	0.561	0.491	0.691	–
增进交流	0.474	0.506	0.432	0.782

（3）竞争模型分析。

为验证何种维度结构最佳，对单维度、双维度、三维度和四维度模型进行比较分析。多次执行一阶验证性因子分析发现，只有四维度模型的拟合指数均达到拟合标准（绝对拟合指数：$1 < X^2/df = 2.472 < 3$，GFI=0.920 > 0.9，RMSEA=0.068 < 0.08；相对拟合指数：CFI=0.943 > 0.9，NFI=0.909 > 0.9，IFI=0.944 > 0.9；节俭拟合指数：PNFI=0.727，PCFI=0.754）。在该模型中，各维度之间的相关系数均达 0.001 显著性水平，它们分别是：加深理解 ↔ 洞察自我，0.399；加深理解 ↔ 指导决策，0.561；加深理解 ↔ 增进交流，0.474；洞察自我 ↔ 指导决策；0.491；洞察自我 ↔ 增进交流，0.506；指导决策 ↔ 增进交流，0.432。由此，各维度之间存在中度正相关关系。

进一步将网购后悔积极影响视作二阶因子，由加深理解、洞察自我、指导决策和增进交流 4 个一阶因子构成。执行二阶验证性因子分析发现，该模型的拟合指数也都达到拟合标准（绝对拟合指数：$1 < X^2/df=2.514 < 3$，GFI=0.917 > 0.9，RMSEA=0.069 < 0.08；相对拟合指数：CFI=0.940 > 0.9，NFI=0.905 > 0.9，IFI=0.941 > 0.9；节俭拟合指数：PNFI=0.741，PCFI=0.770），其路径系数值均较高，最小为 0.665（见图 5-3）。从绝对拟合指数和相对拟合指数看，四维度模型优于二阶因子模型，但从节俭拟合指数看，后者优于前者。由于二阶因子模型的绝对和相对拟合指数都达到标准，而节俭拟合指数更接近于 1，且各路径系数值都较高，所以该模型从总体上看是相对最优的。因此，二阶因子模型基本符合扎根分析得到的结构模型。

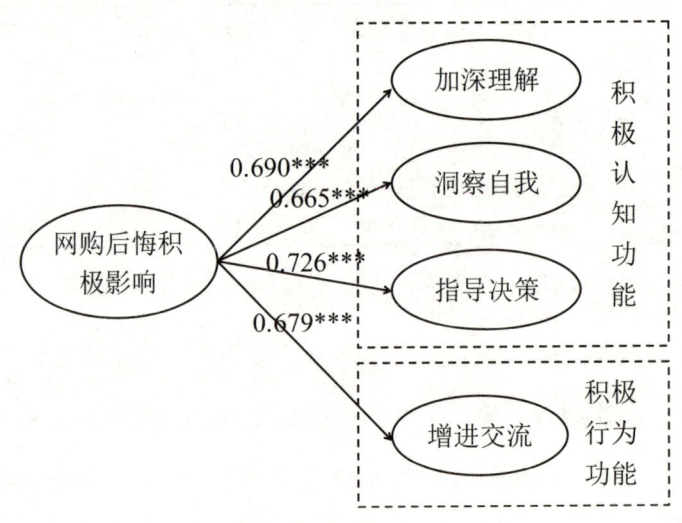

图 5-3　二阶因子模型

注：*** 表示 P < 0.001。

七、结论与展望

1. 研究结论

基于规范的量表开发流程，对网购顾客后悔积极影响的测量量表进行开发设计与实证检验。

首先，反事实思维功能说是后悔积极影响的理论基础。反事实思维的功能包括情绪功能、准备功能和行为功能。情绪功能表明上行反事实思维会引发后悔。准备功能是指反事实思维有助于为未来决策做准备，而行为功能是指反事实思维对未来行为有调节作用。相比下行反事实思维，上行反事实思维的准备功能更强，并且其行为调节的积极作用更为显著。由此，从理论上看，由上行反事实思维引发的后悔也必将会带来积极影响。

其次，网购顾客后悔积极影响包括积极认知功能与积极行为功能。前者是指后悔能够促使消费者对后悔事件进行积极的信息处理，包括加深理解、洞察自我与指导决策。其中，加深理解聚焦于对后悔事件整体的积极认知，而洞察自我侧重于对自己性格的深入反思，指导决策却更多地关注对未来决策的预先准备。后者是指后悔能够促使消费者对后悔事件产生积极的行为响应，只包括增进交流，即后悔者会与亲朋好友谈论后悔经历、讨论如何避免，甚至产生情感共鸣。

最后，网购顾客后悔积极影响是一个多维构念，有 4 个维度，分别是加深理解、洞察自我、指导决策与增进交流，其量表含有 15 个题项。值得注意的是，当为学生样本时，存在第 5 个维度纠正错误，但当为社会样本时，该维度就被纳入加深理解。之所以如此，或许是因为在社会样本中，后悔者即使知道需要及时纠正错误，但是受制于时间与精力等考虑，他们不能及时采取行动减少损失。从这个意义上讲，纠正错误在社会样本下应该被界定为认知，而非行为，但在学生样本下，它又能独立成 1 个因子，隶属积极行为功能。

2. 理论贡献

（1）阐明反事实思维功能说是后悔积极影响的理论基础。将反事实思维理论与后悔积极影响联系起来的现有研究并不多见。Saffrey等（2008）使用反事实思维理论对后悔的价值做了简要论述，但是他们并未系统阐明后悔积极影响的理论基础。本研究从后悔与反事实思维的关系入手，结合反事实思维功能说的特点，论证了后悔及其积极影响与反事实思维三种功能之间存在着紧密的逻辑关系，有助于科学全面地认识后悔积极影响为何会产生，并推动从反事实思维理论视角来剖析后悔积极影响的研究进程。

（2）对反事实思维功能说做了进一步的内涵拓展与延伸。反事实思维功能说在解释网购顾客后悔积极影响上存在一定的局限性。准备功能揭示反事实思维有助于为未来决策做准备，但并未指出具体的准备内容有哪些。行为功能表明反事实思维对未来行为有调节作用，却忽视了它对当前行为的调节作用。本研究通过定性与定量分析得到网购顾客后悔积极影响的多维结构，认为后悔不仅有助于指导决策，而且还有助于加深理解和洞察自我，对准备功能做了在具体情境下的拆解。同时，当为学生样本时，发现后悔有助于及时纠正错误，该维度指的是对当前行为的积极调整，弥补了行为功能只关注调节未来行为的理论缺陷。

（3）通过定性与定量分析，提出网购顾客后悔积极影响的多维结构。已有文献对网购顾客后悔消极影响做了探讨（Liao等，2011；张初兵，2013），却鲜有学者研究它的积极影响及其构成。基于扎根理论分析法，本研究构建了网购顾客后悔积极影响结构模型。继而，按照量表开发流程，对该模型进行实证检验，得到4个一阶因子，即加深理解、洞察自我、指导决策与增进交流。前3个属于积极认知功能，而第4个属于积极行为功能。首次揭示了网购顾客后悔积极影响的多维结构，对后悔积极影响研究做了关键补充，有助于系统深入地理解这一抽象构念以及与其相关的社会现象。

（4）依据口碑相传的社交价值，解释网购顾客后悔为何会增进交流。众所周知，后悔会提高负面口碑相传（Keaveney 等，2007）。由于口碑相传具有社交与推荐的作用（Zeelenberg 和 Pieters，2004），所以后悔者会与亲朋好友谈论后悔经历、讨论如何避免，甚至产生情感共鸣。不过，很少有文献从积极角度去看待与理解后悔引起的负面口碑相传。鉴于反事实思维功能说对增进交流并不适用，所以这是对其不足的有益补充。同时，将口碑相传理论用于解释后悔的积极影响，丰富了该理论的应用范畴。

（5）开发了具有良好信度与效度的网购顾客后悔积极影响多维量表。后悔确实会带来积极影响（李东进等，2011；Saffrey 等，2008；Roese 和 Summerville，2005；Zeelenberg 等，2001），但是至今缺少有效的工具对其进行量化测评，这不利于相关实证研究的开展。本研究以最为普遍的网购顾客后悔为对象，在对其积极影响进行扎根理论分析的基础上，遵循规范的量表开发步骤，得到经由反复验证的网购顾客后悔积极影响多维量表，它可以为网购顾客后悔积极影响等问题的实证研究奠定基础，也可以为测评其他情境下的后悔积极影响提供参考。

3．实践启示

（1）消费者应该高度重视并深入理解网购顾客后悔的积极影响。本研究发现网购顾客后悔积极影响包括加深理解、洞察自我、指导决策与增进交流。但是，这些积极作用的发挥会因人而异，有好有差。为此，建议消费者充分理解网购顾客后悔积极影响的多维结构，并将该理论应用于实践中。当体验到后悔时，要从事件本身、自己性格与未来决策三方面进行积极的思考，还要多与亲朋好友就后悔事件分享与交流。这样不仅能够使自己尽快地从后悔情绪中摆脱出来，而且还能够使自己从中汲取经验以避免再犯同样的错误。

（2）网商可以考虑基于网购顾客后悔积极影响对消费者实施补救。后悔对网商而言始终是不好的。由于消费者很可能会在网上发表负面评论，所以这种消极影响很容易被快速扩散。即使不是网商的错误，他们也可能会后悔。在这种情况下，如何实施服务补救成为难点。基于网购顾客后悔积极影响研究成果，网商可以对他们进行适度的后悔教育，使他们在知晓后悔价值的基础上，尽快从消极影响中摆脱出来。这种补救行为能够体现出企业的公德心，会给网商带来更高的社会声誉，进而创造忠诚顾客。

（3）网购顾客后悔积极影响多维量表可以应用于消费者心理测评。借助该多维量表，可以对网购顾客后悔积极影响进行量化评估，从整体上了解消费者从后悔事件中获得益处的程度。不仅如此，还能够获知他们在后悔积极影响不同维度上的表现，详细掌握其内部构成及其强度。据此，一方面，消费者可以对自己进行评估，据此有针对性地提高自己积极处理后悔事件的能力；另一方面，网商可以对目标消费者进行评估，为管理网购顾客后悔提供决策依据。

4. 不足与未来展望

首先，提出的网购后悔积极影响多维结构及其测评量表是否适用于解释线下购物情境中后悔的积极影响，这有待进一步通过实证检验。其次，发现纠正错误在学生样本下是一个独立的维度，但在社会样本下它被纳入加深理解维度。考虑到当时预调研时的样本量较小，所以有必要进行大样本调查，分别在学生样本与社会样本下对网购后悔积极影响的多维量表进行比较。另外，未来学者可以重点研究下述问题。比如，有哪些因素会影响网购后悔的积极影响，其内在机理是什么？不同构成维度之间是否有主次之分，以及外界是否能够对网购后悔积极影响进行干预？这些都有待从理论上进行解答。

第三节　网购顾客后悔与其积极影响的关系

一、问题提出

在前文的探索性分析中，发现不同的网购后悔者所描述的积极影响存在差异。那么，这种差异的背后是否会存在一些理论规律，其有待被实证检验。本研究主要关注于后悔与其积极影响不同维度之间的关系，以及性别与网购经验对后悔积极影响的差异化作用。

网购顾客后悔会带来加深理解、洞察自我、指导决策与增进交流4个方面的积极影响。后悔者必然会产生反事实思维（Walchli 和 Landman，2003），而反事实思维会促使个体进行好的归因，为未来准备（Morris 和 Moore，2000；Roese，1997），并积极调节当前或未来的行为（Seguran 和 Morris，2005；Markman 和 McMullen，2003）。由此，后悔会促使个体更好地理解过去的事，并接受令人不满的结果（加深理解）；帮助个体洞察自己的属性，更好地理解自己的行为影响（洞察自我）；为个体未来决策做准备，使他们知道采取何种行动更好（指导决策）（Saffrey 等，2008）。

另外，后悔会提高负面口碑相传（Liao 等，2011；Keaveney 等，2007；Zeelenberg 和 Pieters，2002；Tsiros 和 Mittal，2000），而口碑相传会起到一般的社交与推荐作用（Zeelenberg 和 Pieters，2004），同时，后悔会促使个体更好地理解其他人的想法与感觉，进而提高社会和谐（Saffrey 等，2008），由此，后悔会增进与亲朋好友的交流（增进交流）。

二、研究设计

1. 变量测量

基于上一节构建的网购顾客后悔积极影响的量表，分别对加深理解（4个题项）、洞察自我（3个题项）、指导决策（3个题项）和增进交流（4个题项）进行测量。借鉴 Liao 等（2011）、Keaveney 等（2007）、Tsiros 和 Mittal（2000）采用的后悔量表，对其进行中英文翻译，并将其修改为适用于网购情境中的表述。对所有测量题项的评价，均采用 Likert 五点量表，即"1"代表"非常不同意"、"2"代表"不同意"、"3"代表"一般"、"4"代表"同意"、"5"代表"非常同意"。此外，从网购经历时间、每月平均网购频次与每次网购平均支出额3方面对网购经验进行测量，随之采用聚类分析法将调查样本划分为高低两组。

2．数据收集

在网络平台上，共发放问卷350份，剔除无效问卷，回收有效问卷320份，有效回收率为91.43%。具体样本分布，如表5–9表示。

表5-9　　　　　　描述性统计分析

问项		频率	百分比（%）	问项		频率	百分比（%）
性别	男	141	44.06	月均网购频次	7次	16	5.00
	女	179	55.94		8次	16	5.00
网购经历时间	1年以下	5	1.56		8次以上	43	13.44
	1～2年	27	8.44	每次平均支出	100元以下	27	8.44
	3～4年	110	34.38		100～200元	97	30.31
	5～6年	111	34.69		201～300元	76	23.75
	7～8年	36	11.25		301～400元	30	9.38
	8年以上	31	9.69		401～500元	26	8.13
月均网购频次	1次	15	4.69		501～600元	22	6.88
	2次	46	14.38		601～700元	10	3.13
	3次	47	14.69		701～800元	8	2.50
	4次	49	15.31		801～900元	8	2.50
	5次	42	13.13		901～1000元	7	2.19
	6次	46	14.38		1000元以上	9	2.81

3．分析方法

后悔与积极影响的关系检验采用结构方程模型分析法。鉴于样本数据并不服从多元正态分布，所以使用SmartPls2.0软件中的偏最小二乘法对结构方程模型进行统计检验。使用单因素方差分析法，探究性别与网购经验对积极影响的直接作用效应。

三、数据分析

1. 信度与效度分析

从表5–10可知，各潜变量的Cronbach's Alpha值都超过了0.7，这说明各潜变量测量的内部一致性信度很好。同时，组合信度（Composite Reliability，CR）都大于 0.8，这再次验证了量表的内部一致性很好。此外，除了少数几个测量指标的载荷系数大于 0.6，小于 0.7 之外，其余的载荷系数都大于 0.7，这一方面表明具有较高的指标信度，另一方面也说明各潜变量的内敛效度较好。

各潜变量的平均方差萃取量（Average Variance Extracted，AVE）都远高于临界阈值 0.5，这表明有较好的内敛效度。同时，各潜变量 AVE 算术平方根都大于各潜变量之间相关系数的绝对值，这充分说明各潜变量具有良好的判别效度。

表 5-10 信度、效度检验

	Alpha	AVE	CR	1	2	3	4	5
1	0.756	0.586	0.807	0.766	–	–	–	–
2	0.789	0.607	0.859	0.388	0.779	–	–	–
3	0.876	0.797	0.922	0.221	0.383	0.893	–	–
4	0.721	0.643	0.843	0.331	0.410	0.396	0.802	–
5	0.810	0.576	0.818	0.750	0.443	0.386	0.403	0.759

注：1. 后悔，2. 加深理解，3. 洞察自我，4. 指导决策，5. 增进交流；加粗数字是对应潜变量 AVE 的算术平方根。

2．后悔与积极影响的关系

从表 5-11 可知，后悔对加深理解（β=0.396，p<0.001）、洞察自我（β=0.225，p<0.001）、指导决策（β=0.338，p<0.001）和增进交流（β=0.759，p<0.001）4 个积极影响维度均有显著的正向影响。其中，对增进交流的作用效应最强，而对加深理解与指导决策的作用效应相对次之，对洞察自我的作用效应最弱。

关于模型的拟合评价，后悔对增进交流的解释力最强（R^2=56.30%），而对加深理解（R^2=15.05%）和指导决策（R^2=10.97%）的解释力相对较弱，而对洞察自我（R^2=4.86%）的解释力最弱。

由此可见，后悔对其积极影响的 4 个维度均有显著的正向影响，但它们的作用强度存在差异。

表 5-11 路径关系检验

假设	系数均值	标准方差	标准误差	T 值	结果
后悔→加深理解	0.396	0.052	0.052	7.527***	接受
后悔→洞察自我	0.225	0.054	0.054	4.101***	接受
后悔→指导决策	0.338	0.059	0.059	5.600***	接受
后悔→增进交流	0.759	0.026	0.026	29.161***	接受

注：设定 Cases=320，Samples=5000，执行 Bootstrapping 得到路径系数和 T 值。显著性水平：*，$P<0.05$；**，$P<0.01$；***，$P<0.001$。

3. 性别与网购经验的直接影响

为探究性别与网购经验两个分类变量对后悔积极影响 4 个维度的直接影响，分别使用单因素方差分析法对其进行检验。

（1）性别的直接影响。

从表 5-12 可知，加深理解、洞察自我、指导决策和增进交流的 Levene 值和 Sig. 值都达到标准，表明样本方差差异不显著，可以进行方差分析。

单因素方差分析结果显示，性别对加深理解（$F=2.103$，$p>0.1$）、洞察自我（$F=0.519$，$p>0.1$）、指导决策（$F=0.421$，$p>0.1$）和增进交流（$F=0.336$，$p>0.1$）均没有显著的影响效应。

由此可见，性别对网购顾客后悔积极影响的 4 个维度均没有显著的直接影响。

表 5-12 性别的单因素方差分析

变量	加深理解		洞察自我		指导决策		增进交流	
性别	男	女	男	女	男	女	男	女
Levene Statistic/Sig.	0.000/0.990		0.906/0.342		1.009/0.316		0.800/0.372	
Mean	4.086	3.990	3.618	3.682	4.027	3.977	3.623	3.572
F	2.103		0.519		0.421		0.336	
Sig.	0.148		0.472		0.517		0.562	

（2）网购经验的直接影响。

从表 5-13 可知，加深理解、洞察自我、指导决策和增进交流的 Levene 值和 Sig. 值都达到标准，表明样本方差差异不显著，可以进行方差分析。

单因素方差分析结果显示，网购经验对加深理解（F=0.375，p＞0.1）、洞察自我（F=1.781，p＞0.1）、指导决策（F=1.364，p＞0.1）和增进交流（F=2.029，p＞0.1）均没有显著的影响效应。

由此可见，网购经验对网购顾客后悔积极影响的 4 个维度均没有显著的直接影响。

表 5-13　　　　　　　　　网购经验的单因素方差分析

变量	加深理解		洞察自我		指导决策		增进交流	
网购经验	高	低	高	低	高	低	高	低
Levene Statistic/Sig.	0.008/0.930		1.673/0.197		0.000/0.994		0.207/0.649	
Mean	4.014	4.054	3.603	3.720	4.038	3.949	3.540	3.665
F	0.375		1.781		1.364		2.029	
Sig.	0.541		0.183		0.244		0.155	

四、结论与展望

1. 研究结论与贡献

鉴于当前缺少文献探究后悔与其积极影响不同维度之间的关系，以及性别与网购经验对后悔积极影响的差异化作用，由此对这些问题进行实证检验，得到如下结论。

首先，网购顾客后悔对加深理解、洞察自我、指导决策和增进交流均有显著的正向影响。其中，对增进交流的作用效应最强，而对加深理解与指导决策的作用效应相对次之，对洞察自我的作用效应最弱。

其次，单因素方差分析结果显示，性别与网购经验对加深理解、洞察自我、指导决策和增进交流均没有显著的影响。

总体上，这些研究成果弥补了网购顾客后悔积极影响相关研究的不足，进一步完善了后悔积极影响的理论。

2．实践启示与建议

后悔的确会给网购顾客带来一些积极影响，但是绝大多数顾客都未能重视或深入理解这些问题。为此，本研究成果具有一定的实践价值。

第一，网购后悔者一般都会与亲朋好友就后悔事件进行分享与交流，但是他们对后悔事件深入理解的程度以及指导决策的程度不够，尤其是对自己的性格及其消极影响缺乏反思。由此，建议他们对后悔事件进行积极思考的同时，更要认清自己的性格在其中所起的作用。

第二，无论是男性还是女性，无论是高网购经验者还是低网购经验者，他们在对后悔事件的深入理解、认清自己的性格、指导未来的决策以及增进与亲朋好友交流 4 个方面都不存在差异。由此，网购顾客要清楚地知道后悔积极影响的不同维度在性别与网购经验上并不存在个体差异。

3．不足与未来展望

本研究还存在一些不足之处，有待进一步探讨。一是只聚焦于网购情境，并未考虑其他情境，如线下零售情境中后悔及其积极影响。为此，对本研究得到的结论进行其他情境下的检验，以提高外部效度。二是后悔与其积极影响之间的关系可能会受到一些变量的调节作用，比如，人格特质与任务类型等。Allen 等（2014）曾指出个性会影响反事实思考，那么鉴于后悔与反事实思考的关系，所以个性也很有可能会调节后悔与其积极影响之间的关系。三是后悔与其积极影响的关系是否会存在思维模式等的中介作用，这也有待理论推演与实证检验。

第六章　网购顾客后悔的管理策略

网购顾客后悔的管理策略可以分为顾客的应对策略与网商的管理策略。为此，首先，在网络购物情境下，基于传统应对策略分类，对顾客后悔与其应对策略的关系进行了研究；其次，对网购顾客后悔应对策略进行量表开发与检验；最后，探究网商如何对网购顾客后悔进行管理。

第一节　网购顾客后悔与其应对策略的关系

一、问题提出

由于网络购物具有便利性、多样化选择、价廉物美等优势，所以网络零售业得到了快速发展（Jiang 等，2013），并形成了庞大的网购顾客群体。网络购物是一种远程交易，网购顾客必须等到产品交付后才能消费或使用产品（Liao 和 Keng，2013）。与传统购物相比，网络购物的服务传递过程通常更长。当产品交付、网站设计、顾客服务或安全 / 隐私等方面出现问题时，网购顾客就会遭遇服务失败（Holloway 和 Beatty，2003，2008；Forbes 等，2005），进而体验到消极情绪（Harrison-Walker，2012）。例如，当网商服务态度恶劣时，网购顾客会感到愤怒；当得知有其他更好选择时，网购顾客会后悔当初的选择。

根据压力 - 应对理论（Stress-and-coping theory，Lazarus & Folkman，1984），由消极事件所诱发的消极情绪会激活情绪、认知和行为资源，进而产生不同的应对策略（Strizhakova 等，2012），由此消费者会采取各种应对策略来处理后悔与愤怒。例如，消费者越后悔，他们越可能采用积极再解释与接受的应对策略（Yi 和 Baumgartner，2004）；越愤怒时，越倾向于采用积极应对与表达应对策略，而较少采用拒绝应对策略（Strizhakova 等，2012）。这些应对策略的使用通常会进一步导致顾客沉思，继而影响购后行为意向（Strizhakova 等，2012）。

现有研究存在两点不足：一是鲜有文献在网络购物情境下探究消极情绪（后悔和愤怒）、应对策略、顾客沉思与行为意向的关系；二是当前文献中对顾客沉思的界定与测量都过于简单，只局限于顾客沉思的单维构念（Strizhakova 等，2012；Bui 等，2011）。

由此，为剖析网购顾客后悔与其应对策略的关系，在我国网络购物情境下，构建消极情绪（后悔和愤怒）、应对策略（积极应对、表达应对和回避应对）、顾客沉思（侵入沉思和反省深思）与行为意向（负面口啤相传和转换意向）之间关系的理论模型，并对其进行实证检验。

二、文献回顾与假设提出

1. 应对策略及其类型

应对（coping）策略是指个体为处理超出自己能力范围的内外部需求，而做出不断变化的认知与行为努力（Lazaru 和 Folkma，1984）。类似地，消费者应对策略是指为获得更好的情绪和更低的压力，由消费者发起的一系列认知与行为过程（Duhachek，2005）。由此可知，应对策略强调情境性而非特质倾向（俞磊，1994），它是情绪的结果变量，同时应对过程是动态的，横跨消费者反应的认知、行为和情感。

根据应对的指向性，Lazaru 和 Folkma（1984）提出应对策略分为问题关注应对（problem-focused coping）和情绪关注应对（emotion-focused coping）。前者强调直接解决问题，而后者注重调节情绪。两者并非相互排斥，而是互为补充。

这种分类的应用十分广泛（如 Gabbott 等，2011；Lewin 和 Sager，2008），但也存在一些不足（Duhachek，2005）。例如，社会支持既可能是问题关注又可能是情绪关注，这依赖于消费者请求支持的内容（Duhachek 和 Iacobucci，2005）。从调节聚焦（行为 vs 情绪）和目标聚焦（追寻 vs 回避）2 个维度，Patrick 等（2003）将消费者应对策略划分为 4 部分。Duhachek（2005）应用验证性因子分析从 8 种消费者应对策略中抽取出 3 个维度，即积极应对、表达应对与回避应对。Duhachek 和 Iacobucci（2005）进一步对不同分类标准进行比较研究发现，采用二维结构最为合理，并认为处理（approach）与回避（avoidance）维度划分优于问题关注与情绪关注。

近年来，在探讨应对策略与其他变量之间的关系时，众多学者使用 Duhachek（2005）提出的三维度（积极应对、表达应对与回避应对）开展研究，比如，Tsarenko 和 Strizhakova（2013）、Strizhakova 等（2012）。由此，本研究选用这三种应对策略。

2. 顾客沉思及其类型

在过去 20 年里，沉思（rumination）得到了学者们的广泛关注，尤其是人格心理学家和临床心理学家（Luo 和 Bao，2013）。沉思是一个多维的构念。Nolen-Hoeksema 和 Morrow（1991）对沉思量表进行设计与检验，共得到 22 个题项以描述抑郁反应，提炼出三个因子，分别是对自我的关注、对症状的关注、对可能结果与原因的关注。不过，有学者指出沉思量表与抑郁量表中一些题项的内容比较相似（Conway 等，2000）。为此，Treynor 等（2003）将上述沉思量表中与抑郁重叠的 12 个题项命名为抑郁相关（depression-related），在剔除其后得到两个因子，反省深思（reflection）和强迫思考（brooding）。前者是指有目的性地进行认知问题解决以缓解抑郁症状；而后者是指将未完成目标与当前现状进行消极比较。反省深思是适应性的，在短期会带来消极情感，但随着时间的推移最终会降低消极情感。不过，强迫思考是非适应性的，总是与抑郁正相关。可见，沉思的影响并不完全都是消极的。在对创伤性成长进行研究时，

Morris 和 Shakespeare-Finch（2011）通过探索性因子分析得到三个因子，即侵入沉思（intrusive rumination）、熟虑沉思（deliberate rumination）和人生目标沉思（life purpose rumination），并且发现寻求社会支持对它们均有显著的积极影响。其中，侵入沉思是非适应性的，而熟虑沉思是适应性的。

在服务失败情境下，尽管有学者对顾客沉思进行研究，但是他们都将其视作单维度构念。Bui 等（2011）选用三个同义词（level、degree 和 extent）来测量顾客沉思，具体题项如"你在多大程度上反复思考这次经历"。进一步，Strizhakova 等（2012）要求被访者对服务失败事件徘徊在脑海中的情况做出评价，具体题项如"我知道这件事会在我心里徘徊很长一段时间""这件事将会对我剩下的假期有持续的消极影响"等。比较分析发现，从前者题项表述中并不能确定顾客沉思是适应性还是非适应性的，但是从后者的阐述中能准确判定顾客沉思是非适应性的。此后，以客服中心员工为对象，Luo 和 Bao（2013）在对员工沉思作用机理进行分析时，也是从非适应性角度对其进行界定与测量，具体题项如"我不能停止思考顾客对我所做的"。

由此可见，沉思既可以是适应性的，又可以是非适应性的，适应性沉思主要是指反省深思，而非适应性沉思通常包括强迫思考和侵入沉思。由于绝大多数网购顾客通常并不会一味地沉溺于由网购服务失败所诱发的消极情绪中，所以本研究认为网购顾客沉思只包括侵入沉思与反省深思，并不包括强迫思考。

3. 消极情绪与应对策略

后悔不同于愤怒。从认知评价角度，愤怒者会认为他人具有强控制力，且由其承担主要责任；后悔者会认为自己具有强控制力，且由自己承担主要责任（Smith 和 Ellsworth，1985）。从情绪体验角度，后悔者会感到原本会更好，思考做错了什么，试图纠正所犯错误并找到二次机会；愤怒者会感到好像要爆炸，思考如何不公平，产生伤害或报复他人的动机与行为（Bougie 等，2003）。

根据行为发生与否，后悔分为行动后悔和不行动后悔（Zeelenberg 和

Pieters，2007）。 前者是对所做的感到后悔，而后者是对未做的感到后悔。Patrick 等（2003）对有过后悔经历的消费者进行回顾式调查，并执行探索性因子分析，发现行动后悔者采取的应对策略有：严肃行动，如制定行动计划；情绪回避，如避免受到干扰；情绪表达，如向亲朋好友寻求建议。不行动后悔者采取的应对策略有：外露，如向亲朋好友寻求建议；情绪非行动，如向相关者表达愤怒；无情绪斗争，如尽力保持自己的感受；认真行动，如加倍努力以解决问题。该研究的样本量较小，结论的可信度较低，但至少说明后悔者可能会进行积极应对、表达应对和回避应对。此后，Yi 和 Baumgartner（2004）指出，行动后悔会正向影响积极再解释与坦然接受，但对计划解决、直言不讳、寻求社会支持、心理摆脱、行为脱离、自我控制没有影响。Patrick 等（2009）认为不行动后悔应对策略取决于目标相关性，当错过购买是低目标相关时，或当后续有高目标相关的选择时，后悔者会进行回避应对；反之，当错过购买是高目标相关，并且不容易再次得到时，他们会进行积极应对。因而，无论是行动后悔还是非行动后悔，它们都与应对策略正相关，但消费者会采取何种应对策略还需要继续研究。为检验网络购物中行动后悔的应对策略，提出如下假设：

H1：网购顾客后悔对积极应对（H1a）、表达应对（H1b）与回避应对（H1c）均有显著的正向影响。

愤怒与应对策略的关系存在争论。据 Yi 和 Baumgartner（2004）的研究，愤怒者会进行外部归因，更有可能责备他人（如商家），并认为能够扭转现状（或至少有这种意愿），为此会直言不讳；当最初的愤怒得到平息或现状不能被轻易改变时，消费者会进行心理摆脱。同时，他们还发现愤怒不会影响计划解决、寻求社会支持、行为脱离、积极再解释、自我控制、坦然接受。与之不同，Strizhakova 等（2012）却发现消费者越愤怒，越会进行积极应对与表达应对，而不会进行回避应对。从内涵上看，该研究中的积极应对类似于计划解决，表达应对接近于寻求社会支持，而回避应对与心理摆脱最为接近。可见，这两篇文献的研究结论相互冲突。可能的原因：一是选用的量表差异大；二是研究方法不同，前者采用问卷调查法，而后者采用情境模拟法；三是调节变量的干扰。比如，Duhachek（2005）认为，当高自我效能时，愤怒者更可能进行积极应对；当低自我效能时，如果愤怒极其强烈，那么消费者还会进行积极应对，而当自我效能很低时，愤怒者更可能进行回避应对；当愤怒和自我效能的强度大致相当时，消费者更可能进行表达应对。据此，在网络购物背景下，提出如下假设：

H2：网购顾客愤怒对积极应对（H2a）、表达应对（H2b）与回避应对（H2c）均有显著的正向影响。

4. 应对策略与顾客沉思

侵入沉思是非适应性的，主要表现为消极事件会经常无意识浮现在脑海中。如果消极事件能被很好地解决，那么个体就不会进行侵入沉思。心理学者研究发现，思考抑止会增加沉思（Wenzlaff 和 Luxton，2003），而暴饮、暴食等行为回避也会增加沉思（Nolen-Hoeksema 等，2007）。情绪表达与沉思的关系较为复杂，有学者认为会降低沉思，但也有学者发现会增加沉思（Nolen-Hoeksema 等，2008）。换句话说，回避应对与沉思正相关，但表达应对与沉思的关系还无定论。不过，Strizhakova 等（2012）在探讨消费者应对策略与非适应性沉思的关系时却发现，表达应对与沉思存在稳定的正向关系，回避应对在网上预约服务下与沉思正相关，而积极应对在电话预约服务下与沉思负相关。由此可见，应对策略与顾客沉思的关系可能依赖于具体情境。因而推测当遭遇消极事件时，积极应对有助于问题解决，它与侵入沉思负相关；而表达应对和回避应对不能解决问题，它们与侵入沉思正相关。本研究将在网络购物背景下检验上述关系。据此，提出如下假设：

H3：积极应对（H3a）会显著负向影响侵入沉思，而表达应对（H3b）与回避应对（H3c）会显著正向影响侵入深思。

反省深思是适应性的，主要表现为对消极事件进行积极主动的思考。有研究表明，作为表达应对重要内容的寻求社会支持会增加反省深思（Morris 和 Shakespeare-Finch，2011）。根据认知学习理论，人是学习的主体，会主动学习。

当遭遇消极事件时，无论事件有没有被很好地解决，人们通常都会对消极事件的产生及其处理过程进行积极主动的思考，即反省深思。因而，我们有理由相信积极应对、表达应对与回避应对都会积极影响反省深思。在网络购物背景下，我们认为这种推论也将适用。据此，提出如下假设：

H4：积极应对（H4a）、表达应对（H4b）与回避应对（H4c）会显著正向影响反省深思。

5. 顾客沉思与行为意向

无论是侵入沉思，还是反省深思，它们对商家来说都是不利的，因为消费者会反复思考消极事件。通俗来讲，当消极事件不断萦绕在脑海中时，或者当消极事件被主动积极地思考时，消费者不仅会向亲朋好友诉说消极体验，而且还会转向其他商家。在电话与网上预约服务背景下，Strizhakova 等（2012）都发现非适应性沉思会正向影响线下和线上的负面口碑相传，负向影响积极的行为意向。为此，我们认为非适应性的侵入沉思与负面口碑相传和转换意向均正相关。此外，为避免自己或他人再遭遇类似的问题，反省深思也会提高负面口碑相传与转换意向。最终，提出如下假设：

H5：侵入沉思会显著正向影响负面口碑相传（H5a）与转换意向（H5b）；

H6：反省深思会显著正向影响负面口碑相传（H6a）与转换意向（H6b）。

三、研究设计

1. 变量测量

（1）消极情绪。当意识到或想象出会有更好的选择时，消费者会感到后悔。借鉴 Liao 等（2011）的观点，从后悔选择、本该选择与感到遗憾三方面进行测量。当服务过程中遭遇到无理待遇时，消费者很可能会变得愤怒。基于 Bonifieldm 和 Cole（2007）的研究成果，要求被调查者对愤怒、非常生气与非常不满的程度给予评价。

（2）应对策略。Duhachek（2005）率先提出并测量了积极应对、表达应对与回避应对，但鉴于他采用的是情景模拟法，所以量表的外部效度较差。与之不同，Yi 和 Baumgartner（2004）基于问卷调查法得到 8 种应对策略量表，显然其普适性会更好。综合上述研究观点，兼顾网络购物情境特点，以积极再解释量表测评积极应对，以情绪宣泄量表测评表达应对，以心理摆脱量表测评回避应对。

（3）顾客沉思。侵入沉思是指消极事件会经常无意识浮现在脑海中；反省深思是指对消极事件进行积极主动的思考。基于 Treynor 等（2003）、Morris 和 Shakespeare-Finch（2011）研究中使用的量表，再结合消费者深度访谈结果，得到适用于本研究情境的量表。

（4）行为意向。借鉴 Strizhakova 等（2012）和侯如靖等（2012）的观点，从消极诉说、劝阻购买与负面评论三方面测量负面口碑相传。此外，修改 Sánchez-García 和 Currás-Pérez（2011）使用的量表以测评转换意向，问项包括"没有去过"与"绝不再去"等。

最后，采用 Likert 五点量表测量消极情绪、应对策略与行为意向，即"1"代表"非常不同意"，"5"代表"非常同意"。采用四点量表测量顾客沉思，即"1"代表"几乎不"，"2"代表"有时"，"3"代表"经常"，"4"代表"几乎总是"。

2. 数据收集

当消费者不满时，他们会感到后悔与愤怒（Sánchez-García 和 Currás-Pérez，2011）。据此，首先，设计甄别问题"在过去半年里，您在网上买东西时，您是否有过不满意的网购经历？"以筛选出有效被调查者。其次，恳请他们尽可能详细描述令其印象最深刻的一次不满的网购经历（起因、经过和结果）。最后，针对这次不满经历，要求他们认真填答问卷。

根据亚马逊中国发布的《2014 年度网络购物趋势及 2015 年消费热点报告》，从年龄上看，35 岁以下占比为 80%、25 岁以下占比为 35%，从学历上看，逾九成用户持有本科以上学历。为此，选取高校学生作为调研对象具有代表性。

在天津市五所高校发放 500 份调查问卷，剔除甄别不符与填答不认真等无效问卷，得到 435 份有效问卷，有效回收率为 87%。样本特征如表 6-1 所示。

表 6-1　　　　　　　　　　　样本特征

问项		频率	百分比（%）	问项		频率	百分比（%）
性别	男	120	27.59	网购频次	1 次/半年	16	3.68
	女	315	72.41		1 次/年	2	0.69
年龄	20 岁以下	12	2.76	每次平均支出	100 元以下	102	23.56
	20～25 岁	376	86.44		100～200 元	227	52.42
	26～30 岁	38	8.74		201～300 元	73	16.86
	31～35 岁	8	1.84		301～500 元	22	5.08
	35 岁以上	1	0.23		500 元以上	9	2.08
教育程度	本科生	280	64.37	网购产品类型	书籍	224	20.90
	研究生	151	34.71		服装	354	33.02
	博士生	4	0.92		数码产品/电器	120	11.19
月生活费支出	600 元以下	46	10.57		化妆品	184	17.16
	600～1200 元	261	60.00		食品类	107	9.98
	1201～1800 元	80	18.39		其他	83	7.74
	1801～2400 元	26	5.98	网购商店类型	淘宝商城	403	32.58
	2400 元以上	22	5.06		京东商城	202	16.33
网购经历时间	1 年以下	54	12.41		卓越亚马逊	160	12.93
	1～2 年	152	34.94		当当网	167	13.50
	3～4 年	171	39.31		凡客诚品	105	8.49
	5～6 年	41	9.43		聚美优品	92	7.44
	6 年以上	17	3.91		好乐买	14	1.13
网购频次	1 次/周	112	25.75		一号店	61	4.93
	1 次/月	237	54.48		拍拍网	21	1.70
	1 次/季度	67	15.40		其他	12	0.97

3. 共同方差变异

由于本研究数据都来源于被调查者的自我报告，所以很可能会存在共同方法偏差，这会降低变量的效度，提高假设检验犯 I 类和 II 类错误的概念（Teo，2011）。为此，采用 Harman 单因子检验法，对所有观察问项进行探索性因子分析，抽取出第一个公因子，其变异量为 24.05%，未能解释大部分变异，说明本研究的共同方法偏差在可接受范围内。在变量较多时，单个因子一般很难解释大部分变异，因而 Harman 单因子检验法存在不足。根据构念效度进一步判定共同方差变异（Podsakoff 等，2003），下文效度分析发现，各变量具有很好的判别效度，再次说明不存在显著的共同方差变异。

4. 分析方法

本研究所构建的理论模型隶属于结构方程，为此主要采用结构方程模型分析法。鉴于采用的是大样本随机调查，而且数据结果呈现出近似多元正态分布特征，由此采用基于极大似然估计的协方差分析法（Jöreskog，1978）对结构方程模型进行估计。统计分析使用的分析软件是 AMOS 17.0。

四、数据分析

1. 测量模型分析

为评价测量模型，进行信度与效度分析。从表 6–2 可知，所有潜变量的 Cronbach's a 值介于 0.708 至 0.909 之间，均大于临界值 0.7，这说明量表的内部一致性很好。此外，所有潜变量的组合信度介于 0.787 至 0.930 之间，均大于临界值 0.7，这再次验证量表的可靠性很高。此外，所有测量题项的标准化载荷系数都大于 0.699，并都达到显著性水平 0.001，而且各潜变量的平均方差萃取量（Average Variance Extracted，AVE）介于 0.553 至 0.820 之间，超过其临界值 0.5。由此，量表的收敛效度很好。

表 6-2　　　　　　　　　　　信度、收敛效度分析

问项	标准载荷	T值	a值	组合信度	AVE
我后悔选择这家网店	0.764	—	0.835	0.839	0.637
我本该选择另一家网店	0.736	14.907			
我对选择该网店感到遗憾	0.886	16.404			
我对这次网购感到愤怒	0.880	—	0.928	0.930	0.816
我对这次网购感到非常生气	0.957	29.923			
我对这次网购感到非常不满	0.871	25.608			
我认为我从这次网购中学到了很多	0.716	—	0.831	0.835	0.628
我认为这是为生活教训所付出的代价	0.807	14.543			
我将这次网购视作汲取经验教训的机会	0.849	14.607			
我和别人谈论我的感受	0.794	—	0.848	0.867	0.620
我让别人知道我是多么的不高兴	0.819	17.073			
我向别人说出并求证了我的想法	0.753	15.734			
我毫无保留地表达了我的不满	0.782	14.115			
我尽力忘记这次令我不满的网购	0.836	—	0.801	0.879	0.710
我设法不想起这次令我不满的网购	0.938	15.949			
我多么希望没有遭遇这次令我不满的网购	0.743	11.643			
我经常无意识地想起这次令我不满的网购	0.905	—	0.904	0.901	0.820
我的脑海中经常浮现这次令我不满的网购	0.906	13.140			
思考"我为什么会网购失败而别人没有"	0.770	—	0.794	0.787	0.553
思考"我为什么不能把网购处理得更好"	0.759	12.748			
思考"网购失败是不是因为自己的性格"	0.699	12.342			
我向亲朋好友诉说过这次负面体验	0.771	8.989	0.708	0.854	0.646
我劝阻过将要去这家网店购物的人	0.831	8.887			
我在网上对这次网购发布负面评价	0.808	—			
总之，我再没去过这家网店购物	0.882	23.873	0.909	0.909	0.770
总之，我将转向其他网店进行购物	0.870	23.464			
总之，我绝不会再去这家网店购物	0.880	—			

为检验判别效度，从表 6-3 可知，各潜变量 AVE 值的平方根，即表中对角线上的数值（0.744 ~ 0.906），均大于各潜变量之间相关系数的绝对值（0.101 ~ 0.677），这充分说明各潜变量之间具有很好的判别效度。

表 6-3　　　　　　　　　　　　判别效度分析

潜变量	1	2	3	4	5	6	7	8	9
1	0.798	–	–	–	–	–	–	–	–
2	0.498	0.903	–	–	–	–	–	–	–
3	0.159	0.106	0.792	–	–	–	–	–	–
4	0.309	0.432	0.259	0.787	–	–	–	–	–
5	0.144	0.195	0.265	0.315	0.843	–	–	–	–
6	0.258	0.315	0.145	0.319	0.233	0.906	–	–	–
7	0.169	0.113	0.213	0.326	0.211	0.498	0.744	–	–
8	0.514	0.363	0.351	0.628	0.261	0.335	0.267	0.804	–
9	0.677	0.349	0.324	0.301	0.193	0.134	0.101	0.552	0.877

注：1= 后悔，2= 愤怒，3= 积极应对，4= 表达应对，5= 回避应对，6= 侵入沉思，7= 反省深思，8= 负向口碑相传，9= 转换意向

2. 结构模型分析

对理论模型进行统计检验，发现不仅存在不显著路径，而且拟合指数也未达标（X^2/df =3.733，RMSEA=0.079，GFI=0.837，CFI=0.872，PGFI=0.679）。为此，对理论模型进行修正。首先，根据显著性水平，逐一删除不显著路径。在依次删除愤怒→积极应对（H2a）、后悔→回避应对（H1c）、积极应对→侵入沉思（H3a）三条路径之后，除了反省深思→转换意向（H6b）的路径系数在 0.1 水平上显著之外，其余路径系数均在 0.05 水平上显著，并且修正模型拟合有所改善（X^2/df =3.707，RMSEA=0.079，GFI=0.836，CFI=0.872，PGFI=0.686）。其次，再根据修正指数（MI）依次增加误差项之间的相关关系，所得模型拟合指标均达到适配标准或临界值，X^2/df =2.324<3，RMSEA=0.055<0.08，GFI=0.900=0.9，CFI=0.940>0.9，PGFI=0.712>0.5。由此，修正模型与实际数据拟合得较好。修

正模型的路径分析结果如表 6-4 所示。

表 6-4   修正模型的路径分析

假设	非标准化系数	标准化系数	标准误	临界比	P 值
H1a：后悔→积极应对	0.149	0.165	0.051	2.925	0.003
H1b：后悔→表达应对	0.150	0.139	0.065	2.288	0.022
H2b：愤怒→表达应对	0.349	0.374	0.056	6.247	–
H2c：愤怒→回避应对	0.192	0.204	0.049	3.933	–
H3b：表达应对→侵入沉思	0.277	0.324	0.047	5.951	–
H3c：回避应对→侵入沉思	0.133	0.156	0.043	3.078	0.002
H4a：积极应对→反省深思	0.116	0.136	0.048	2.401	0.016
H4b：表达应对→反省深思	0.226	0.315	0.042	5.39	–
H4c：回避应对→反省深思	0.080	0.112	0.039	2.067	0.039
H5a：侵入沉思→负面口传	0.272	0.273	0.061	4.449	–
H5b：侵入沉思→转换意向	0.168	0.113	0.079	2.121	0.034
H6a：反省深思→负面口传	0.231	0.194	0.074	3.113	0.002
H6b：反省深思→转换意向	0.183	0.104	0.1	1.826	0.068

拟合指数：$X^2/df=2.324$，RMSEA=0.055，GFI=0.900，CFI=0.940，PGFI=0.712

注：***，表示 $P<0.001$。

后悔会正向影响积极应对（$\beta=0.165$，$P<0.05$）与表达应对（$\beta=0.139$，$P<0.05$），而愤怒会正向影响表达应对（$\beta=0.374$，$P<0.05$）与回避应对（$\beta=0.204$，$P<0.001$）。表达应对（$\beta=0.324$，$P<0.001$）和回避应对（$\beta=0.156$，$P<0.05$）会正向影响侵入沉思，但前者的作用效应更强。积极应对（$\beta=0.136$，$P<0.05$）、表达应对（$\beta=0.315$，$P<0.001$）和回避应对（$\beta=0.112$，$P<0.05$）都会正向影响反省深思，但表达应对的作用效应最强。侵入沉思会正向影响负面口碑相传（$\beta=0.273$，$P<0.001$）与转换意向（$\beta=0.113$，$P<0.05$），但前

者的作用效应更强。同样，反省深思也会正向影响负面口碑相传（β=0.194，P<0.05）与转换意向（β=0.104，P<0.1）。

五、结论与展望

1. 研究结论与贡献

（1）后悔者与愤怒者会采取不同的应对策略。消费者越后悔，越会进行积极与表达应对，而不会进行回避应对，可能是因为后悔者会自责，会认为否定或逃避是徒劳无益的，会希望汲取经验并与他人交流。消费者越愤怒，越会进行表达与回避应对，而不会进行积极应对，或许是因为愤怒者会失去理性，很难积极处理消极事件，会向他人诉说并设法忘记。也就是说，后悔者会积极看待令其不满的网购事件，并向他人宣泄不满；愤怒者不仅会向他人宣泄不满，而且还会设法忘记此事。已有研究对后悔、愤怒与应对策略的关系并未达成共识（Strizhakova 等，2012；Duhachek，2005；Yi 和 Baumgartner，2004），并且鲜有文献在网络购物背景下对其进行探讨。该结论在理论上对进一步理解三者间关系做了补充。

（2）表达与回避应对既会增加侵入沉思，又会增加反省深思，但是前者的作用效应会更强。不过，积极应对不会增加侵入沉思，但会增加反省深思。这可能是因为积极应对有助于问题解决，而表达与回避应对只注重缓解情绪（Patrick 等，2003）。换言之，当目标得以或即将实现时，消极事件通常不会萦绕在脑海中。反之，虽然消极情绪得到缓解，但是相关信息仍处在激活状态（Wang 等，2013）。本研究借鉴心理学中的沉思理论，首次将顾客沉思划分为非适应性的侵入沉思与适应性的反省深思。不仅验证了这两种沉思的存在，而且还剖析了二者与应对策略及行为意向的关系，丰富了顾客沉思理论。

（3）无论是侵入沉思，还是反省深思，都会提高负面口碑相传与转换意向。对网商来说，两者都是有害的。然而，考虑到侵入沉思是非适应性的，而反省深思是适应性的，为此对消费者而言，侵入沉思是有害的，而反省深思是有益的。

侵入沉思与行为意向的关系已得到验证（Strizhakova 等，2012），但未曾有研究揭示反省深思与行为意向的关系。本研究不仅发现反省深思会提高负面口碑相传与转换意向，而且还发现侵入沉思对它们的积极作用效应会更强，有助于我们深入理解顾客沉思与行为意向的关系。

2．实践启示与建议

上述结论有助于消费者调节后悔与愤怒，对网商优化服务补救有重要启示。首先，消费者应该采取恰当的应对策略以缓解甚至消除消极情绪。具体来看，后悔者有必要积极看待消极事件以汲取经验，从而促进积极主动地反复思考。后悔者与愤怒者都需要向他人诉说以宣泄情绪，而愤怒者还可以设法忘记消极事件，但在抑制侵入沉思的同时，他们更应注重反省深思。其次，网商应该优化服务补救以提高消费者应对效果并阻止顾客沉思。一方面，对一线员工进行技能培训以提高他们识别并处理消极事件或情绪的能力。另一方面，鼓励后悔者进行经验总结并与网商进行双向交流，给予愤怒者情感支持以使他们尽快忘记不满经历，还能向后悔者与愤怒者及时提供宣泄渠道，避免他们向亲朋好友以及微信等公众渠道扩散。

3．不足与未来展望

本研究还存在不足，有待进一步探索。首先，尽管数据样本具有一定的代表性，但是过于关注年轻群体与在校学生。为提高外部效度，建议扩大样本覆盖面，对研究结论进行再次检验。其次，消极体验引发的消极情绪不只是后悔与愤怒，还有失望、担心和忧郁等。由此，可以探究消费者对它们的心理反应机制，即消费者会采取何种应对策略，并会如何影响顾客沉思与行为意向。再次，已有研究表明自我效能会调节愤怒对应对策略的影响（Duhachek，2005）。因而，很有必要检验自我效能等变量的调节效应。

第二节　网购顾客后悔应对策略的量表研究

一、问题提出

根据压力－应对理论（Stress-and-coping theory，Lazarus & Folkman，1984），由消极事件所诱发的消极情绪会激活情绪、认知和行为资源，进而产生不同的应对策略（Strizhakova 等，2012）。

按此逻辑，顾客会因后悔而采取应对策略。比如，Patrick 等（2003）研究发现，行动后悔者会采取制定行动计划、尽力避免干扰其他活动与向亲朋好友寻求建议等，而不行动后悔者会采取向他人寻求建议、向他人表达愤怒与尽力保持自己的感受等。Yi 和 Baumgartner（2004）研究指出，在购后，消费者越后悔，其越有可能采用积极再解释和接受的应对策略，后悔与计划解决及心理摆脱等其他应对策略并不存在显著关系。不过，他们并未就顾客后悔的应对策略达成共识，也未探究网购顾客后悔的应对策略。

其实，并没有普遍有效或无效的应对策略，这取决于个体与情境（Patrick 等，2003）。因此，Patrick 等（2003）、Yi 和 Baumgartner（2004）在研究中提到的后悔应对策略或许并不适用于刻画网购顾客后悔的应对策略，这有待进一步的论证与检验。比如，因网购而后悔的顾客很有可能会在社交平台上分享经验、宣泄不满。

二、文献回顾与维度识别

1. 应对策略的概念

精神分析学家最早提出应对（coping）概念以描述个体解决心理冲突的自我防御机制。其实，应对（或应对策略）是个体为处理超出自己能力范围的内外部需求而做出不断变化的认知与行为努力（Lazaru 和 Folkma，1984）。从中可知，应对强调情境性而非特质倾向，它不同于自动化适应行为、适应结果、控制或掌握（俞磊，1994）。在消费者行为研究中，Duhachek（2005）认为，应对是指为响应情绪唤醒（emotionally arousing）与环境互动带来的压力，由消费者发起的一系列认知和行为过程以获得更好的情绪和更低的压力。这表明应对是情绪的结果变量，同时应对过程是动态的，横跨消费者反应的认知、行为和情感。

2．应对策略的类型

应对策略多种多样。例如，在对女性癌症患者压力应对策略进行研究时，Barinkov 和 Mesaroova（2013）基于相关文献选取了 14 种应对策略：积极应对、情感支持、物质／工具支持、积极重构、计划、幽默、接受、信仰宗教、分散注意力、拒绝、使用药物、行为脱离、宣泄、自责。前 8 种为适应性（adaptive）应对，而后 6 种是非适应性（maladaptive）应对。

起初，根据应对的指向性，Lazaru 和 Folkma（1984）提出所有的应对策略都能划归为问题关注应对（problem-focused coping）或是情绪关注应对（emotion-focused coping）。前者强调直接解决问题，而后者注重调节情绪。两者并非相互排斥，而是互为补充。这种分类的应用十分广泛（如 Gabbott 等，2011；Lewin 和 Sager，2008），但也存在一些不足（Duhachek，2005）。例如，社会支持既可能是问题关注又可能是情绪关注，这依赖于消费者请求支持的内容（Duhachek 和 Iacobucci，2005）。

针对这些不足，文献中主要有两种观点：一是设计更为合理的分类。例如，Patrick 等（2003）提出，从调节聚焦（行为 vs 情绪）和目标聚焦（追寻 vs 回避）2 个维度将消费者应对策略划分为 4 部分。Duhachek（2005）应用验证性因子分析从 8 种消费者应对策略中抽取出 3 个维度，即积极应对（行动、理性思考和积极思考）、表达应对（情绪发泄、工具支持和情感支持）与回避应对（回避和拒绝）。Duhachek 和 Iacobucci（2005）进一步对不同分类标准进行比较研究发现，采用二维结构最为合理，并认为处理（approach）与回避（avoidance）维度划分优于问题关注与情绪关注。二是仅对具体应对策略进行研究。例如，Yi 和 Baumgartner（2004）借鉴心理学家的研究成果提出 8 种消费者应对策略，即计划解决、直言不讳、寻求社会支持、心理摆脱、行为脱离、积极再解释、自我控制和接受。显然，第一种是对应对策略高阶构念的探讨，而第二种是对其低阶构念的研究。

在探讨与其他变量之间的关系时，为简化研究，学者们较多地采用应对策略的高阶构念。例如，在服务失败情境下，Tsarenko 和 Strizhakova（2013）研究发现，情绪智能（emotional intelligence）会对积极应对和表达应对产生积极影响，同时会降低拒绝应对；表达应对会带来更大的抱怨，而拒绝会降低抱怨；自我效能对情绪智能与积极应对之间的关系有中介作用，并且自我效能会降低表达应对。

3. 后悔的应对策略

Patrick 等（2003）根据调节聚焦（行为 vs 情绪）和目标聚焦（追寻 vs 回避）2 个维度，将 13 种应对策略划分为 4 类，开创性地对行动后悔与不行动后悔的应对策略做了比较研究，发现行动后悔的应对策略有严肃行动者（如制定行动计划）、情绪回避者（如尽力避免干扰其他活动）、情绪表达者（如向亲朋好友寻求建议）。不行动后悔的应对策略有外露者（如向他人寻求建议和表达感受）、情绪非行动者（如向他人表达愤怒）、不露情绪斗争者（如尽力保持自己的感受）、认真行动者（如谨慎行动以使事情不会更糟）。由此可见，行动后悔和不行动后悔应对策略的内涵极为接近，并没有超越积极应对、情绪表达和回避应对 3 个高阶范畴。

Yi 和 Baumgartner（2004）却指出，在购后，消费者越后悔，其越有可能采用积极再解释和接受的应对策略，后悔与计划解决等其他应对策略并不存在显著关系。为剖析消费者处理不行动后悔的内在机理，Patrick 等（2009）进一步指出，当错过购买是低目标相关时，或者当后续有高目标相关的选择时，消费者会通过回避应对以处理后悔情绪，并可能等待更好的交易出现；反之，当错过购买是高目标相关，并且不容易再次得到时，他们会采用积极应对策略，并在下次机会出现时增加购买意愿。

4．维度识别

在网购情境下，为初步确定顾客后悔应对策略的维度结构，首先，对有关顾客应对策略的现有文献进行梳理，从中提取出可能适用于网购顾客后悔的应对策略；其次，采用2焦点小组座谈法（每组5人），针对从文献中提取的以及是否存在其他类型的应对策略进行充分讨论；最终，经过汇总整理，共得到12种应对策略，见表6-5。

表 6-5　　　　　　　　　网购顾客后悔应对策略的初步维度

维度名称	操作化定义	来源
计划解决	顾客会想尽办法去解决引起后悔的消极事件	Yi 和 Baumgartner（2004）、Patrick 等（2003）、Duhachek（2005）
直言不讳	顾客会向产品或服务提供商直接表现出不满	
寻求社会支持	顾客会向亲朋好友寻求建议或情感支持	
心理摆脱	顾客会设法忘记或拒绝相信这次不满的购物经历	
行为脱离	顾客会认为问题解决是徒劳的而什么也不做	
积极重新解释	顾客会积极看待这次消极事件以汲取经验教训	
自我控制	顾客会尽力保持好的状态并不向他人表现出自己的真实感受	
坦然接受	顾客会认为消极事件是由自己导致的进而接受	
网上寻求安慰	顾客会通过网商的在线评论平台发泄不满，寻求安慰	焦点小组座谈
社交平台诉说	顾客会通过各种网络社交平台诉说引发其后悔的消极事件	
产品再利用	顾客会将令其后悔的网购产品用作他用或送人	
转移注意力	顾客会通过做其他与后悔不相关的事以转移自己的注意力	Patrick 等（2003）、焦点小组座谈

三、题项生成与净化

1. 题项生成

为使各维度的测量题项更为全面，本研究采用英文题项翻译、焦点小组座谈与深度访谈 3 种方式。

首先，对 Yi 和 Baumgartner（2004）、Patrick 等（2003）、Duhachek（2005）等文献中提到的英文测量题项进行中文翻译，并对其进行修改以符合网络购物情境下的表述，共得到 20 个题项。

其次，对维度识别中的 2 次焦点小组座谈收集的资料进行重新分析，从中提取出初步适合的测量题项。在上述 20 个题项的基础上，又增加 15 个题项，共得到 35 个题项。

再次，对 10 位因网购而后悔的顾客进行深度访谈，充分挖掘在体验到后悔后，他们实际或可能采取的各种应对策略。在上述 35 个题项的基础上，又新增了 21 个测量题项，共得到 56 个题项。

各维度的题项分配如下：计划解决 5 个、直言不讳 4 个、寻求社会支持 5 个、心理摆脱 5 个、行为脱离 5 个、积极重新解释 4 个、自我控制 4 个、坦然接受 4 个、网上寻求安慰 5 个、社交平台诉说 6 个、产品再利用 4 个、转移注意力 5 个。

2. 表面效度净化

表面效度旨在通过定性评价以剔除代表性不强的题项。为此，邀请 2 位营销学教授和 3 位营销方向研究生对上述 56 个题项进行背对背评价。具体流程：首先，向各位评判者详细讲解本研究的目的与相关概念界定，并向他们展示一些具有代表性的题项；其次，要求他们对各题项进行代表性（好、中和差）评价；最后，针对每一题项，至少有 3 位评判者选择"好"的代表性才予以保留，否则剔除之。在这个过程中，共删除掉 16 个题项，保留 40 个题项。

各维度的题项分配如下：计划解决 3 个、直言不讳 3 个、寻求社会支持 3 个、心理摆脱 4 个、行为脱离 4 个、积极重新解释 3 个、自我控制 3 个、坦然接受 3 个、网上寻求安慰 3 个、社交平台诉说 4 个、产品再利用 4 个、转移注意力 3 个。

根据这些题项，采用 Likert 五点量表编制初始问卷，其中，"5"表示"非常同意"，"1"表示"非常不同意"。

3．项目分析净化

项目分析净化的目的在于剔除那些区分度不好的题项，即不能鉴别出不同被试反应程度的题项。为此，在天津市 3 所高校的食堂门口，随机发放并回收 100 份问卷，剔除无效问卷后，共得到有效问卷 90 份，有效回收率为 90%。样本特征，如表 6-6 所示。

具体分析步骤如下：计算每个样本的题项总分，依据 30% 分位数划定每个样本的高低组别。其次，对两组样本进行独立样本 t 检验，得到每个题项高低组之间平均数的差异、方差齐次性与 t 值等统计量。再次，在确定方差齐次性的基础上，查看相应条件下的 t 值和显著性水平，如果达到 0.05 的显著性水平，那么该题项的区分度就较好，由此应该保留，否则应该将其剔除以提高问卷质量。分析结果表明，测量直言不讳的 3 个题项，以及测量社交平台诉说与产品再利用其中 1 个题项的区分度较低，为此将它们删除。

表 6-6　　　　　　　　　　描述性统计分析

指标	选项	频数	频率（%）
性别	男	39	43.33
	女	51	56.67
年级	大一	29	32.22
	大二	26	28.89
	大三	19	21.11
	大四	11	12.22
	研究生	5	5.56
月生活费支出	1000 元以下	33	36.67
	1000 ~ 2000 元	47	52.22
	2000 元以上	10	11.11

指标	选项	频数	频率（%）
网购经历时间	3 年以下	47	52.22
	3 ~ 6 年	40	44.44
	6 年以上	3	3.33
月均网购频次	1 次以下	16	17.78
	1 ~ 3 次	43	47.78
	4 ~ 6 次	21	23.33
	6 次以上	10	11.11
每次平均支出	50 元以下	14	15.56
	50 ~ 100 元	32	35.56
	101 ~ 150 元	23	25.56
	151 ~ 200 元	16	17.78
	200 元以上	5	5.56

4. 信度分析净化

信度分析净化是用于剔除那些一致性差的题项，即可靠性低的题项。对此的判断标准有三个：一是测量各应对策略题项的 Cronbach's Alpha 大于 0.6；二是题项的 CITC（Corrected Item–Total Correlation）大于 0.5；三是删除某一题项后所属应对策略的 Cronbach's Alpha 并未得到显著提高。

在进行信度分析后，发现当分别删除计划解决、心理摆脱、坦然接受、网上寻求安慰与社交平台诉说中的一个测量题项后，它们的 Cronbach's Alpha 会得到显著提高。据此，删除计划解决、心理摆脱、坦然接受与网上寻求安慰中对应的那个不合理的测量题项。

最终，保留下来应对策略的测量题项数与其 Cronbach's Alpha 分别为：计划解决 2 个、0.827，寻求社会支持 3 个、0.696，心理摆脱 3 个、0.841，行为脱离 4 个、0.830，积极重新解释 3 个、0.829，自我控制 3 个、0.662，坦然接受 2 个、0.742，网上寻求安慰 2 个、0.914，社交平台诉说 3 个、0.954，产品再利用 3 个、0.626，转移注意力 3 个、0.696。

5. 因子分析净化

因子分析净化是删除那些不能有效测量某一应对策略的相关题项，即有效性低的题项。对此的判断标准主要有两个：一是测量某一应对策略项目的载荷系数值低于 0.5；二是某一测量题项在两个以上应对策略上的载荷系数都较大，均超过 0.5。

在进行探索性因子分析后，发现积极重新解释、自我控制、行为脱离、产品再利用与转移注意力的所有测量题项，或是载荷系数值低于或接近 0.5，或是交叉载荷系数值高于或接近 0.5，由此，删除这 5 种应对策略及其相应的测量题项。此外，寻求社会支持有 1 个测量题项存在上述同样的问题，因此，将该测量题项删除。

接下来，对剩余的测量题项，再次进行因子分析，发现 KMO 值为 0.658，Bartlett 检验达到 0.001 的显著性水平，这说明适合做因子分析。此外，采用方差极大法对因子载荷矩阵实行正交旋转，以特征值大于 1 为标准萃取公因子，共得到 6 个因子，累积解释方差变异达 85.18%，并且所有项目的因子载荷均满足标准。具体结果，如表 6-7 所示。

表 6-7　　　　　　　　　　　探索性因子分析

题项	计划解决	寻求社会支持	心理摆脱	坦然接受	网上寻求安慰	社交平台诉说
我思考该如何更好地处理这次网购	0.891	–	–	–	–	–
我思考应采取哪些措施解决这次网购	0.917	–	–	–	–	–
我设法从亲朋好友那寻求安慰	–	0.786	–	–	–	–
我向亲朋好友就这次网购寻求建议	–	0.871	–	–	–	–
我设法忘记这次网购经历	–	–	0.909	–	–	–
我尽力不想起这次网购经历	–	–	0.924	–	–	–
关于这次网购，我拒绝想得太多	–	–	0.713	–	–	–
我认为我必须接受这次网购	–	–	–	0.863	–	–
我意识到这次网购问题是自己导致的	–	–	–	0.858	–	–
我查看在线评论，看看是否有类似情况	–	–	–	–	0.949	–

题项	计划解决	寻求社会支持	心理摆脱	坦然接受	网上寻求安慰	社交平台诉说
我查看在线评论，看看是否有人受骗	–	–	–	–	0.951	–
我在微博等社交平台上宣泄不满	–	–	–	–	–	0.941
我在微博等社交平台分享这次网购体会	–	–	–	–	–	0.930
我在微博等社交平台分享这次网购经历	–	–	–	–	–	0.946
特征值	1.537	1.109	2.283	1.337	1.834	3.914
方差占比（%）	10.98	7.28	16.30	9.55	13.10	27.96
累积方差（%）	10.98	18.26	34.56	44.11	57.21	85.17
因子分析标准	KMO=0.658；Bartlett's Test，Sig.=0.000					

注：采用方差极大法对因子载荷矩阵实行正交旋转。

四、正式量表检验

1. 调查与样本

在线下与线上进行随机调查，共发放并回收 600 份调查问卷，在剔除甄别不符与无效问卷之后，得到 379 份有效问卷，有效回收率为 63.17%。样本特征，如表 6-8 所示。

表 6-8　　　　　　　　　　描述性统计分析

问项		频率	百分比（%）	问项		频率	百分比（%）
性别	男	179	47.23	月均收入	4001～6000 元	116	30.61
	女	200	52.77		6001～8000 元	47	12.40
年龄	20 岁及以下	31	8.18		8000～10000 元	37	9.76
	21～30 岁	142	37.47		10000 元以上	17	4.49
	31～40 岁	147	38.79	网购经历时间	2 年及以下	60	15.83
	41～50 岁	42	11.08		3～5 年	131	34.56
	51～60 岁	14	3.69		6～8 年	126	33.25
	60 岁以上	3	0.79		8 年以上	62	16.36

续表

问项		频率	百分比（%）	问项		频率	百分比（%）
教育程度	高中及以下	19	5.01	月均网购频次	1次以下	33	8.71
	大专	46	12.14		1～3次	127	33.51
	本科	231	60.95		4～6次	147	38.79
	研究生	65	17.15		6次以上	72	19.00
	博士	18	4.75	每次平均支出	100元以下	39	10.29
职业类型	全日制学生	56	14.78		100～200元	143	37.73
	公司职员	136	35.88		201～300元	93	24.54
	公司管理人员	61	16.09		301～400元	45	11.87
	事业单位人员	47	12.40		401～500元	30	7.92
	个体经营者	39	10.29		500元以上	29	7.65
	其他类	40	10.55				
月均收入	2000元以下	35	9.23				
	2001～4000元	127	33.51				

2．竞争模型分析

为识别出最佳因子模型，对大样本调研数据分别进行探索性因子分析与验证性因子分析。

探索性因子分析结果显示，KMO 为 0.704，Bartlett 检验的显著性水平为 0.000，这表明样本数据适合做因子分析。采用方差极大法对因子载荷矩阵实行正交旋转，提炼出 6 个公因子，分别是计划解决、寻求社会支持、心理摆脱、坦然接受、网上寻求安慰和社交平台诉说。同时，各题项的载荷系数值中最小的为 0.743，并且所有题项都不存在交叉载荷问题。另外，这 6 个公因子可以解释 79.58% 的方差。由此，大样本探索性因子分析结果与前文小样本题项净化后所得因子结果完全一致。

接下来，对各种竞争性模型进行验证性因子分析，对比它们的拟合指数值，发现六因子模型是最佳的。从表 6-9 可知，鉴于竞争性模型过多，并且双因子、三因子与四因子模型的拟合指数值与六因子模型的差距较大，由此对它们进行了省略。无论是绝对拟合指数，还是相对拟合指数，六因子模型的拟合指数值都优于五因子模型，并且都达到了拟合标准。尽管有两个五因子模型的节俭调整指数优于六因子模型，但是它们的绝对与相对拟合指数值都差于六因子模型，并且其中一些拟合指标并未达到拟合标准。

总体上看，六因子模型是最佳模型，其包括计划解决、寻求社会支持、心理摆脱、坦然接受、网上寻求安慰和社交平台诉说。

表 6-9 竞争性模型分析

模型	绝对拟合指数			相对拟合指数			节俭调整指数	
	X^2/df	GFI	RMSEA	CFI	NFI	IFI	PNFI	PCFI
单因子	14.467	0.648	0.207	0.429	0.416	0.433	0.352	0.363
双因子（例）	11.334	0.718	0.181	0.568	0.548	0.571	0.458	0.474
三因子（例）	10.469	0.735	0.174	0.614	0.594	0.618	0.483	0.499
四因子（例）	7.027	0.814	0.141	0.757	0.732	0.760	0.571	0.591
五因子（全）	4.511	0.881	0.106	0.870	0.842	0.872	0.620	0.641
	5.085	0.867	0.114	0.849	0.821	0.851	0.605	0.626
	5.231	0.863	0.116	0.844	0.816	0.846	0.601	0.621
	3.875	0.899	0.096	0.894	0.864	0.895	0.636	0.658
	4.851	0.872	0.111	0.858	0.830	0.860	0.611	0.632
	6.006	0.854	0.126	0.815	0.789	0.818	0.581	0.600
	3.419	0.904	0.088	0.911	0.880	0.912	0.648	0.671
	5.731	0.856	0.123	0.825	0.799	0.828	0.588	0.608
	5.858	0.857	0.124	0.821	0.794	0.823	0.585	0.604
	3.311	0.908	0.086	0.915	0.884	0.916	0.651	0.673
	6.761	0.815	0.135	0.787	0.762	0.790	0.561	0.580
	6.712	0.814	0.135	0.789	0.764	0.792	0.563	0.581
	3.543	0.900	0.090	0.906	0.876	0.907	0.645	0.667
	3.632	0.898	0.092	0.903	0.872	0.904	0.642	0.665
	5.561	0.857	0.121	0.832	0.805	0.834	0.592	0.612
六因子	2.308	0.938	0.065	0.955	0.925	0.956	0.630	0.651
指数建议值	1 至 3	>0.9	<0.08	>0.9	>0.9	>0.9	越接近 1 越好	

3．量表信度检验

从表 6-10 可知，计划解决、寻求社会支持、心理摆脱、坦然接受、网上寻求安慰和社交平台诉说的 Cronbach's Alpha 分别为 0.762、0.836、0.773、0.706、0.817 和 0.884，它们都超过了临界值 0.7，这表明量表具有较好的信度。

同时，各题项的 CITC 都大于 0.5，而且删除题项后的 Cronbach's Alpha 都没有显著提高。由此，各题项都应予以保留，这与题项净化的结果一致。由此，测量各潜变量题项的内部一致性信度较高。

此外，从表 6-10 可知，各潜变量的组合信度都超过了 0.7，这再次说明测量各潜变量的一组题项都具有较好的一致性。

表 6-10　　　　　　　　　　　信度分析

变量	题项	删除题项后的刻度均值	删除题项后的刻度方差	校正题项与总体相关性	删除题项后Cronbach's Alpha	Cronbach's Alpha
计划解决	WT1	3.98	0.519	0.617	—	0.762
	WT2	4.01	0.465	0.617	—	
寻求社会支持	XQ1	3.29	1.015	0.718	—	0.836
	XQ2	3.18	1.007	0.718	—	
心理摆脱	XL1	6.86	2.448	0.605	0.700	0.773
	XL2	6.89	2.223	0.727	0.552	
	XL3	6.82	3.045	0.510	0.764	
坦然接受	TR1	3.66	1.169	0.544	—	0.706
	TR2	3.73	0.777	0.544	—	
网上寻求安慰	WS1	3.66	0.939	0.696	—	0.817
	WS2	3.89	0.730	0.696	—	
社交平台诉说	SJ1	6.00	4.169	0.667	0.827	0.884
	SJ2	5.71	3.558	0.846	0.770	
	SJ3	5.63	3.717	0.819	0.796	

4. 量表效度检验

从表6-11可知，所有测量题项的标准化载荷系数都大于0.709，并且都达到0.05的显著性水平。同时，各潜变量的平均方差萃取量（Average Variance Extracted，AVE）都大于0.619，超过其临界值0.5，这表明各潜变量能够较好地解释对应的测量题项。由此，各潜变量量表的收敛效度较好。

表6-11　　　　　　　　　　　　　收敛效度分析

变量	题项	载荷系数	T 值	组合信度	AVE
计划解决	WT1	0.759	—	0.764	0.619
	WT2	0.813	7.391		
寻求社会支持	XQ1	0.830	—	0.836	0.719
	XQ2	0.865	10.606		
心理摆脱	XL1	0.709	—	0.851	0.658
	XL2	0.928	10.374		
	XL3	0.781	9.592		
坦然接受	TR1	0.761	2.962	0.858	0.753
	TR2	0.963	—		
网上寻求安慰	WS1	0.803	10.747	0.822	0.698
	WS2	0.867	—		
社交平台诉说	SJ1	0.800	15.054	0.918	0.788
	SJ2	0.952	23.024		
	SJ3	0.905	—		

从表6-12可知，对角线上的数值是各潜变量平均方差萃取量的算术平方根，同时它们明显大于各潜变量之间相关系数的绝对值，这表明各潜变量之间具有较好的判别效度。

表 6-12　　　　　　　　　　判别效度分析

潜变量	计划解决	寻求社会支持	心理摆脱	坦然接受	网上寻求安慰	社交平台诉说
计划解决	0.787	–	–	–	–	–
寻求社会支持	0.328	0.848	–	–	–	–
心理摆脱	0.141	0.297	0.811	–	–	–
坦然接受	−0.011	0.209	0.193	0.868	–	–
网上寻求安慰	0.464	0.366	0.075	−0.172	0.835	–
社交平台诉说	0.246	0.357	0.136	0.013	0.357	0.888

5. 因子模型比较

为识别出最佳的维度结构，采用验证性因子分析法，依次对一阶和高阶因子模型进行对比分析。在多次的一阶验证性因子分析中，发现六因子模型在绝对拟合指数（$1 < X^2/df = 2.308 < 3$，GFI=0.938 > 0.9，RMSEA=0.065 < 0.08）和相对拟合指数（CFI=0.955 > 0.9，NFI=0.925 > 0.9，IFI=0.956 > 0.9）上均优于五因子、四因子、三因子、双因子和单因子模型。但其节俭调整指数（PNFI=0.630，PCFI=0.651）并非最好。

那么，在六个因子中是否会存在高阶因子？为此，对各维度之间的协方差与相关系数的大小及其显著性进行综合评价，为构建高阶因子做准备。从表6-13 可知，网上寻求安慰和社交平台诉说、寻求社会支持和社交平台诉说、寻求社会支持和网上寻求安慰的协方差都超过了 0.256，而三者的相关系数都大于 0.357，并均达到 0.001 显著性水平。这说明它们都存在显著的共变关系。换言之，它们之间或许能够组成高阶因子。

表 6-13　　　　　　　　　　协方差与相关系数分析

变量关系	协方差	相关系数	T 值	P 值
计划解决 ↔ 寻求社会支持	0.141	0.328	4.141	***
计划解决 ↔ 心理摆脱	0.049	0.141	1.987	0.047
计划解决 ↔ 坦然接受	−0.006	−0.011	−0.158	0.874
计划解决 ↔ 网上寻求安慰	0.201	0.464	5.421	***
计划解决 ↔ 社交平台诉说	0.12	0.246	3.461	***
寻求社会支持 ↔ 心理摆脱	0.169	0.297	4.047	***
寻求社会支持 ↔ 坦然接受	0.181	0.209	3.172	0.002
寻求社会支持 ↔ 网上寻求安慰	0.256	0.366	4.912	***
寻求社会支持 ↔ 社交平台诉说	0.281	0.357	5.08	***
心理摆脱 ↔ 坦然接受	0.136	0.193	2.96	0.003
心理摆脱 ↔ 网上寻求安慰	0.043	0.075	1.124	0.261
心理摆脱 ↔ 社交平台诉说	0.087	0.136	2.136	0.033
坦然接受 ↔ 网上寻求安慰	−0.15	−0.172	−2.639	0.008
坦然接受 ↔ 社交平台诉说	0.013	0.013	0.211	0.833
网上寻求安慰 ↔ 社交平台诉说	0.313	0.395	5.634	***

注：*** 表示显著性水平小于 0.001。

　　尽管一些维度间的协方差和相关系数也较高，但是都不符合理论与实践逻辑。比如，计划解决和网上寻求安慰的协方差为 0.201，相关系数为 0.464，并达到 0.001 显著性水平。然而，依据 Duhachek（2005）的观点，消费者应对策略有 3 个二阶维度，分别是积极应对、表达应对和回避应对。显然，计划解决属于积极应对，寻求社会支持属于表达应对，心理摆脱属于回避应对。可见，计划解决和网上寻求安慰的差异较大，分属于不同的二阶维度。另外，他的研究中并未提及网上寻求安慰、社交平台诉说与坦然接受。实际上，前两者也属于表达应对，只是表达的对象不是人，而是购物网站或是社交平台。综上推理，网上寻求安慰和社交平台诉说适合构建二阶维度网上表达应对，进而与网下表达应对（寻求社会支持）构成三阶维度表达应对。据此，将六因子模型改变为高阶因子模型，如图6-1所示。

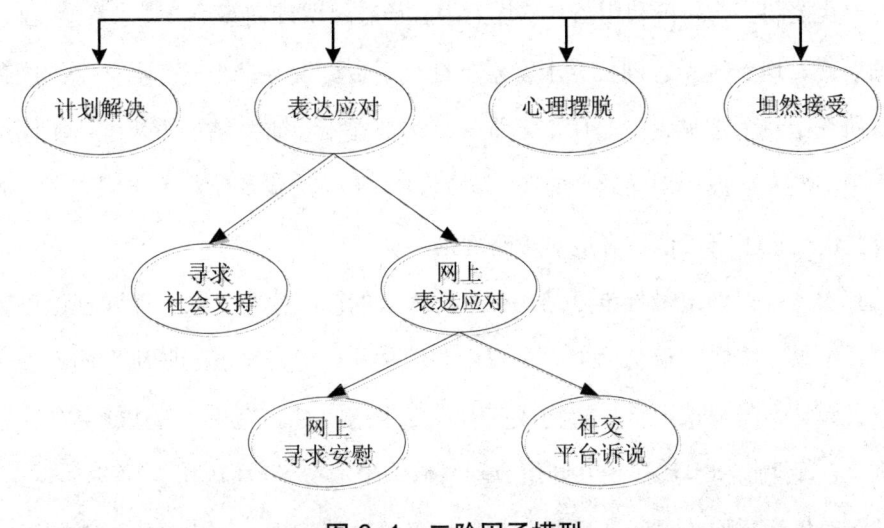

图6-1　二阶因子模型

对高阶因子模型进行验证性因子分析，发现高阶因子模型的拟合指数值均达到标准。绝对拟合指数：$1 < X^2/df = 2.596 < 3$，GFI=0.925 > 0.9，RMSEA=0.071 < 0.08；相对拟合指数：CFI=0.941 > 0.9，NFI=0.909 > 0.9，IFI=0.942 > 0.9；节俭调整指数：PNFI=0.669，PCFI=0.693。将其与六因子模型的拟合指数进行比较，发现在相对拟合指数和节俭调整指数上，高阶因子模型的表现相对更好。因而，高阶因子模型对样本数据具有良好的拟合效果。由此，最佳维度结构应该是计划解决、表达应对、心理摆脱与坦然接受，而表达应对又包括网下的寻求社会支持以及网上表达应对（网上寻求安慰和社交平台诉说）。

五、结论与展望

1. 研究结论与贡献

当消费者因网络购物而后悔时，他们必然会采取某些应对策略。然而，相关的理论探讨很少。据此，本研究对网络购物中消费者后悔应对策略的维度与量表进行定性分析与定量检验，所得结论具有重要的理论贡献。

首先，在相关文献分析与焦点小组座谈的基础上，得到应对策略的 12 种初始维度。继而，经过量表开发过程，删除直言不讳、行为脱离、积极重新解释、自我控制、产品再利用与转移注意力，最终保留计划解决、寻求社会支持、心理摆脱、坦然接受、网上寻求安慰与社交平台诉说 6 个维度。前 4 个维度在已有研究中较为常见，但是后 2 个维度首次被提出。研究结论不仅理清了网络购物中消费者后悔应对策略的维度，而且进一步为消费者应对策略增添了新的维度。由此，丰富了消费者应对策略理论。

其次，为识别出最佳维度结构，进行多次的因子模型比较，兼顾理论逻辑与统计结果，本研究认为网上寻求安慰和社交平台诉说构成二阶维度网上表达应对，而它又与寻求社会支持构成三阶维度表达应对。为此，表达应对与计划解决、心理摆脱和坦然接受共同组成网络购物中消费者后悔的应对策略。可见，表达应对极为重要，这是在网络购物情境下的独特发现。后悔者很可能同时进行网上与网下的表达应对。然而，以往研究仅将表达应对局限于实体情境中。实际上，购物网站以及社交平台等网络空间早已成为消费者表达应对的渠道。这从理论上重新界定了表达应对，扩展了它的内涵与外延。

再次，从文献中看，不难发现有不少有关消费者应对策略的量表，但是缺乏专门针对网络购物中消费者后悔应对策略的量表。本研究遵循规范的量表开发流程，对各维度的题项进行多次的评价与论证，最终得到具有良好信度与效度的量表。这为测评网络购物中消费者后悔应对策略提供了一种量化工具，也为实证探讨它的形成与影响机制奠定了基础。尤其是网上表达应对量表被首次提出，这具有重要的理论价值。

值得注意的是，第一节借鉴传统量表来测量应对策略，而本节是在网络购物情境下对顾客后悔应对策略量表进行开发。由此，它们对应对策略的内涵界定存在明显差异。

2．实践启示与建议

本研究提出的网购顾客后悔应对策略量表，对顾客的后悔调节以及网商的后悔管理均有重要的实践意义。

第一，尽管网购后悔者会采用各种应对策略以调节后悔情绪，但是他们并不清楚一般可以使用哪些较为有效的应对策略。本研究结论能够加深他们对网购顾客后悔应对策略的理解，由此建议他们使用计划解决、寻求社会支持、心理摆脱、坦然接受、网上寻求安慰与社交平台诉说6种应对策略来降低后悔。

第二，网商可以基于网上寻求安慰与社交平台诉说两种应对策略来降低顾客后悔。换句话说，网商可以提供专门有关后悔的在线开放平台以供网购后悔者宣泄与交流，并可以基于此平台适时给予必要的解释与引导。由此，可以降低或避免顾客在其他不在网商管理范围内的社交平台上宣泄后悔情绪。

第三，网商可以采取一些激励措施以使网购后悔者在可控的范围内更多地采用网上表达应对，即网上寻求安慰与社交平台诉说。例如，给予因网购而后悔的参与者以积分或折扣奖励。由此，网商仅支出了低廉的成本，却保留住了那些本该会流失的顾客。

3．不足与未来展望

本研究还存在一些不足之处，有待进一步被探索。一是提出的网购顾客后悔应对策略量表是否适用于西方网购情境不得而知。为此，建议开展跨文化调查收集样本以实证检验该量表的普适性。二是并未考虑网购顾客后悔与不同类型应对策略之间的强弱关系，以及是否存在一些重要的调节变量。由此，在后续研究中，可以理清这种关系以便更好地指导实践。三是网购顾客后悔应对策略的影响效应值得探究。尽管前文对网购顾客后悔及其应对策略与顾客沉思和购后行为意向的关系进行了剖析，但是使用的是传统应对策略维度与量表，并未能体现网购的情境差异。所以，基于本节开发的多维量表，可以对上节的理论模型进行修正与再次检验。

第三节　网商视角下的网购顾客后悔管理

一、概念界定

1. 网购顾客后悔的定义

经济学者对后悔的界定过于狭隘（Connolly 等，1997），只关注其带来的经济损失（Bell，1982；Loomes 和 Sugden，1982），而并未考虑其在个体心理上的内涵。

心理学者在反事实思维框架下对后悔进行研究（杜柏玲和万明钢，2009），起初认为后悔是当将实际结果与可能发生的更好结果做比较时，个体由此体验到的痛苦感受（Sugden，1985）。尽管后悔与责任感高度相关（Simonson，1992），但是体验后悔的内涵并不只是包括自责（Connolly 等，1997）。

此后，Zeelenberg 等学者提出的定义得到了学术界的广泛认同。Zeelenberg（1996）将后悔定义为"当个体意识到或想象出若采取不同决策，当前状态会变得更好时，体验到的一种基于认知决策的消极情绪"。Zeelenberg 和 Pieters（2007）进一步将后悔界定为"当个体意识到或想象出若采取不同决策，当前状态会变得更好时，体验到的一种基于比较的、自责的情绪"。

基于此，结合网络购物这一具体情境，本节将网购顾客后悔定义为"消费者通过互联网购买产品或服务后，当意识到或想象出有更好选择时，体验到的一种基于比较的、自责的情绪"。

2. 网购顾客后悔的特征

从定义上，我们并不能清晰地识别出网购顾客后悔的特殊性。不过，网购顾客后悔的特征能够较为准备地描述后悔在网络购物中的情境差异。从前文论述可知，网购顾客后悔的特征包括情境特征、基本特征与核心特征。

（1）情境特征。该类特征是指基于情境差异的个性特征。网购顾客后悔的情境特征聚焦于后悔的差异性。这些特征通常只有在网购顾客后悔时才会出现，或者只有在这种情况下它们的表现才更为显著。基于对比日常生活中的后悔，从网购顾客后悔的典型化事实中可以总结提炼出它的情境特征，分别是频发性、可逆性和易逝性。

（2）基本特征。该类特征是指基于现象概括的外在特征。网购顾客后悔的基本特征聚焦于后悔的外在表现。这些特征很容易被洞察到，但是它们并不专属于网购顾客后悔，各种情境下的后悔都会存在这些特征，不过对于这些特征的解释有所不同，并且它们并未抓住后悔的本质属性。根据现象，结合文献，该类特征包括自责性、两面性和多维性。

（3）核心特征。该类特征是指基于理论抽象的内在特征。网购顾客后悔的内在特征聚焦于后悔的深层次表现。这些特征具有一般性，能够刻画后悔的本质属性。这些核心特征揭示了网购顾客后悔产生的内在心理机制。在文献梳理的基础上，提出网购顾客后悔的三大核心特征，分别是认知性、决策性和比较性。

3．网购顾客后悔的分类

根据不同的标准，后悔有不同的类型。根据行动与否，后悔分为行动后悔和不行动后悔（Kahneman 和 Tversky，1982）。根据时间长短，后悔分为短期后悔和长期后悔（Gilovich 和 Medvec，1994）。另外，Kahneman（1995）又将后悔划分为热后悔和惆怅后悔，前者类似于短期后悔，而后者类似于长期后悔。Gilovich 和 Medvec（1995）在此基础上，又增加了失望后悔。根据后悔发生时间，Janis 和 Mann（1977）将后悔划分为预期后悔和体验后悔。Amsel 等（2005）基于比较基准的不同，进一步将预期后悔划分为预期假想后悔和预期实际后悔。此后，Zeelenberg 和 Pieters（2007）提出展望后悔和回顾后悔，前者等同于预期后悔，而后者等同于体验后悔。根据决策过程，后悔至少可以分为过程后悔、选择后悔和结果后悔（Joseph-Williams 等，2010；Connolly 和 Reb，2005）。

上述后悔分类具有普适性，网购顾客后悔同样存在上述各种类型。

在消费者心理与行为研究中，Lee 和 Cotte（2009）开创性地提出购后顾客后悔的多维结构量表，包括结果后悔（因已选项而后悔和因意义改变而后悔）和过程后悔（因过少考虑而后悔和因过多考虑而后悔）。由此，网购顾客后悔也可以划分为过程后悔和结果后悔。不过，这种划分还是有点过粗，并未能体现出网购顾客后悔的差异性。无论是从实践中，还是从理论上，在描述消费者网购决策过程时，都有必要在消费者购买决策过程中加入购后等待。对于一次网购，消费者可能会因不合理的决策过程而后悔（过程后悔），也可能会因等待时间过长而后悔（等待后悔），也可能会因购后评价不好而后悔（评价后悔）。由于后两种后悔都出现在购后阶段，所以它们都隶属于结果后悔。其中，评价后悔又可分为选项后悔和意义后悔。前者是指因意识到或想象出有更好选项而产生的后悔，而后者是指因产品实用价值降低而产生的后悔。

由此，从网购决策过程看，网购顾客后悔分为过程后悔与结果后悔，后者又分为等待后悔与评价后悔（选项后悔和意义后悔）。

二、管理思路

1. 树立正确的后悔观

后悔是一种消极情绪，它会带来一系列的消极影响。后悔会导致顾客不满（Liao 等，2011；Keaveney 等，2007；Zeelenberg 和 Pieters，2004；Cooke 等，2001；Tsiros 和 Mittal，2000）与抱怨（Sánchez-García 和 Currás-Pérez，2011；Mattila 和 Ro，2008），提高负面口碑相传（张初兵，2013；黄静和王志生，2007；Zeelenberg 和 Pieters，2004）与转换意向（Sánchez-García 和 Currás-Pérez，2011；Mattila 和 Ro，2008；Tokman 等，2007；Zeelenberg 和 Pieters，1999，2004；Zeelenberg 等，2001）。不过，后悔也会给顾客带来积极影响（李东进等，2011；Saffrey 等，2008），比如，李东进等（2011）在对相关文献进行梳理后，发现后悔能够帮助加深对错误决策的认知，促进及时逆转决策，弥

补损失，提高自我控制能力、未来决策合理性和未来行为效用。但是，对商家而言，顾客后悔总是不利的，它会影响他们的销售业绩。

在传统购物情境下，顾客后悔出现的频率较低，它对商家造成的消极影响十分有限，由此商家通常并不关注顾客后悔问题。但是，在网络购物情境下，网购顾客后悔应该引起网商的高度重视。首先，网购顾客经常会体验到后悔情绪。网络购物是一种远程购物，消费者很难对产品或服务进行全面客观的评价，由此他们的实际体验经常未达其预期，进而导致后悔。另外，我国的网络购物市场十分混乱，消费者经常会遭遇各种类型的网购服务失败，这些消极事件会诱发后悔。同时，网络上充斥着各种类似产品或服务的信息，由此消费者很可能在网购后接触到更优选择的信息，这也会使得顾客后悔。其次，网购顾客后悔情绪很容易在网络上传播扩散。在如今的社交媒体时代，只要网购后悔者将自己遭遇的后悔经历发布在网上，那么这种负面口碑就会被越来越多的人阅读或转发。这种消极影响很可能会呈现出指数级增长。

不过，在实际的经营管理过程中，几乎所有的网商都忽略了网购顾客后悔问题。在网购后，网商都会要求顾客对商品与物流进行满意度评价，但是所有的评价内容都没有涉及后悔问题。以京东为例，有一个总体的商品评价，而物流评价包括商品包装、送货速度与配送人员服务。鉴于后悔不同于满意或不满（Liao 等，2011；Keaveney 等，2007；Zeelenberg 和 Pieters，2004；Tsiros 和 Mittal，2000；Taylor，1997），所以满意度评价结果并不能揭示消费者是否后悔。其实，满意的顾客也可能会后悔。为此，网商在进行售后服务管理的过程中，不能只关注于顾客是否满意，还需要知道顾客是否后悔。

2. 后悔管理的一般流程

为更好地管理网购顾客后悔，本节提出网购顾客后悔管理的一般流程（见图6-2）。根据后悔是否出现，将网购顾客后悔划分为潜在后悔与现实后悔。前者强调后悔还没有出现但可能会出现，即在未来消费者极有可能会体验到这种后悔；而后者是指后悔已经出现，换句话说，这种后悔已经被消费者真实体验到。显然，潜在后悔在一定条件下会轻易地转变为现实后悔。这些条件大体可以分为企业内在条件与企业外在条件两类。企业内在条件指的是与网商直接相关的因素，比如，网商大幅降价、网购产品质量差等。反之，企业外在条件指的是与网商间接相关的因素，比如，发现或想象有更优的选择等。

关于潜在后悔，网商可以通过后悔识别策略了解可能会出现哪些后悔以及它们诱发的因素，据此能够提前采取较有针对性的措施对这些潜在后悔进行预防。鉴于消极事件或情绪会诱发后悔，由此后悔识别主要是从后悔诱因入手全面系统地分析哪些因素可能会导致顾客后悔。后悔识别可以从网商、顾客和外部3个视角来探究其诱因，它是一个重复的过程，需要针对内外环境的变化持续进行。为消除这些诱因，网商可以采取真实呈现、充分沟通与凸显差异三种主要的后悔预防策略。

对于现实后悔，消费者已经真实体验到，但是网商在很多时候并未察觉。为此，网商有必要采取措施以对现实后悔进行实时评估。具体的评估策略包括售后调查、在线监测和定期回访。在后悔评估后，网商会发现有哪些顾客后悔以及他们后悔的程度，据此可以对后悔者施加干预以降低甚至消除他们的后悔。基于前文研究成果，本节提出五大干预策略，分别是参与式解决、社会性支持、损失性补偿、可逆性保障与跨期式关怀。由此，网商需要对网购顾客后悔进行实时监测与干预。

管理是要付出代价的，为此要进行绩效评价。为管理网购顾客后悔，网商需要投入各种有形或无形的资源，那么他们就要求这些投入必须带来高额的产出。换句话说，产出减投入的差值越大就越好。由此，绩效评价可以从投入产出比视角来评价网购顾客后悔管理的整体绩效。另外，还可以将实施网购顾客后悔管理前后的经营业绩、顾客忠诚与品牌价值等方面进行比较分析。总体上看，只有综合采用上述两种视角下的绩效评价，才能更为全面客观地评价网购顾客后悔管理的绩效。

由于网购顾客后悔管理的一般流程中涉及一些具体的策略，所以接下来将对每种策略进行详细阐述。

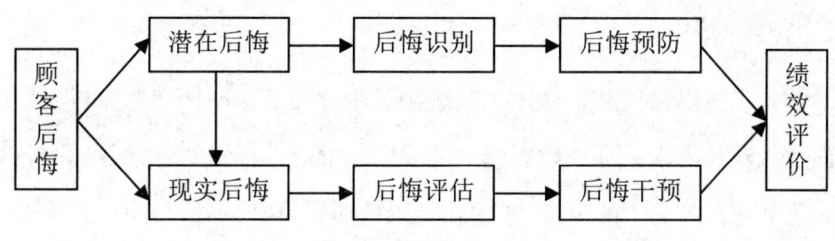

图 6-2　网购顾客后悔管理的一般流程

三、识别策略

根据反事实思维理论（Kahneman 和 Miller，1986），消极的事件或情绪会使人们体验到后悔（Markman 等，1993）。由此，本节认为可以从网商、顾客与外部 3 个方面来识别网购顾客后悔的诱因。

1. 网商诱因

网商首先必须从自身入手，分析在日常经营管理过程中可能存在哪些问题以致诱使网购顾客后悔。

从网购顾客后悔成因分析中，我们发现网购顾客经常会遭遇服务传递失败以及卖家不当行为。其中，服务传递失败出现的频率更高。相对服务传递失败，卖家不当行为会使顾客体验到的后悔程度更强。从细项上看，服务传递失败包括产品缺陷、产品脱销、错误信息、打包出错、延期交货和退换不顺。其中，产品缺陷出现的频率最高，而延期交货、退换不顺与错误信息出现的频率相对较高。卖家不当行为包括售卖假货、修改差评、卖家推诿、卖家失联和网上欺诈。其中，卖家推诿与售卖假货出现的频率相对较高。

由此，网商诱因识别，即是对网商自身的后悔诱因进行识别。鉴于服务传递失败与卖家不当行为两类诱因都可能会诱使网购顾客后悔，所以网商需要对服务传递各个环节以及卖家的不当行为进行全面评估，进而识别出各种网商诱因出现的概率以及由其导致的后悔程度。显然，网商对上述提及诱因的可控性很强。如果网商立足于长远发展，那么他们就必须避免这些诱因出现。

2. 顾客诱因

消费者之所以会网购，是因为其想满足个体需求。即便网商做得再好，如果未能达到顾客需求，那么顾客仍会体验到后悔等消极情绪。顾客诱因就是指那些未能契合顾客需求的因素，主要包括未达期望、尺码不符与冲动购买。其中，未达期望出现的频率最高。

鉴于网络购物是一种远程交易，所以未能契合顾客需求是极其常见的事。从前文探索性分析结果看，在所有的网购顾客后悔诱因中，未能契合顾客需求的占比是最高的，无论是学生样本，还是社会样本，其占比都接近50%。其中，未达期望的占比都超过了30%。由此可见，从网上买东西时，网购顾客很多时候都是因产品或服务的实际绩效未达期望绩效而后悔。这就告诫网商不要夸大宣传所售产品或服务，否则这会提高顾客的期望不一致程度，进而导致顾客后悔。

从网商角度看，他们对顾客诱因的控制力较弱。为消除顾客诱因，网商必须对所售产品或服务与顾客需求的契合度进行分析，尽早识别出诱因所在及其导致的后悔程度，并快速采取措施予以解决。

3. 外部诱因

除网商诱因与顾客诱因之外，购后降价、他人差评和更优选择等网购后外部刺激也会使顾客后悔。为此，类似这些来源于某次网购外部的后悔诱因统称为外部诱因。

相对传统购物，网络购物外部诱因出现的频率更高。首先，购物网站上充斥着大量的产品信息，顾客能够轻易地接触到这些信息。比如，在网购过某一产品后，你在上网时就很可能会看到网站推送的同类产品信息。值得注意的是，当网站推送产品的性价比更高时，你就很自然地会体验到后悔情绪。此外，在传统购物时，顾客往往有亲朋好友的陪伴，他们的即时评价会在购买决策环节发挥作用；但网络购物更多的是独自决策，亲朋好友的即时评价通常只会出现在购后环节，进而对购后评价产生重要影响。在某次网购后，如果亲朋好友给予消极评价，那么无论顾客自己给予的是积极评价还是消极评价，他们都很可能体验到后悔情绪。这种推断也得到了前文的论证。

显然，网商很难控制这些外部诱因。尽管如此，网商仍有必要识别出这些外部诱因出现的概率及其导致的后悔程度，进而通过产品差异化等措施尽力避免出现这些诱因。

四、预防策略

在识别出各类诱因之后，网商可以采取真实呈现、充分沟通与凸显差异3种预防策略来降低甚至消除这些诱因出现的概率。

1. 细致服务

网商在服务传递过程中经常出错，这主要源于他们的服务管理水平较差，其根本原因是他们在服务时不够细致。比如，产品缺陷、错误信息、打包出错、延期交货等。不过，绝大多数延期交货的直接责任方不是网商而是物流公司。鉴于网商对第三方物流公司没有控制权，所以京东等大型网商通过自建物流来保证其高标准的物流服务。显然，中小型网商并不具备自建物流的实力，为此他们只能借助第三方物流公司。建议网商不要过分看重物流配送价格，而要先制定物流服务标准，基于此来选择第三方物流公司。

除此之外，为避免服务传递失败，网商必须恪守细致服务理念，并能做到"2个审查，2个关注"，分别是产品审查、打包审查、配送关注与退换关注。产品审查要求员工对产品库存进行动态监测，并能细致查看产品是否存在瑕疵；打包审查要求员工认真核对是否严格按照订单打包，以及收货人信息是否正确；配送关注要求员工每天查看订单的配送进度，并及时解决配送延误问题；退换关注要求员工及时处理退换问题，并对不予退换给予充分的礼貌解释。

2. 真实呈现

购物网站上呈现的文本、图片或视频信息会影响顾客对商品的评价与购买。为促进商品销售，网商或许会有意在网站上呈现虚假信息。比如，原本不是 100% 羊绒的毛衣，却在产品信息中明确说是如此；服务展示图片经过制图软件的美化处理。显然，这些虚假信息会误导顾客，使他们对商品的期望很高。另外，也有一些网商并未直接呈现虚假信息，而是存在夸大宣传嫌疑，这会提高顾客对商品的期望。比如，有类似"性价比最高""全网销量第一"等宣传口号。总体上看，无论是呈现虚假信息，还是夸大宣传，都会提高顾客预期，进而导致实际绩效偏离预期绩效，最终导致顾客后悔。从短期看，这会促进销售；但是，从长期看，这会使顾客流失。

基于此，建议网商真实呈现商品信息。具体来看，一是坚决不呈现虚假信息。产品信息要客观，不要有意欺骗顾客。二是杜绝采用夸大宣传口号。尽管网络广告很难受到法律监管，但是考虑到网商的长远发展，建议宣传时仍需客观。在实践中，中大型网商基本上能够做到不呈现虚假信息，但是很多时候会进行夸大宣传，这将会对网商产生消极影响。

3. 充分沟通

为更好地与消费者进行沟通，绝大多数网商都会提供在线客服，即以打字聊天的形式进行客户服务。不过，一些中大型网商的在线客服做得并不好。比如，亚马逊就没有在线客户，而京东尽管有在线客户，但是并没有淘宝旺旺便捷。值得注意的是，传统客服主要是指电话客服，此类服务已经形成规范的标准与流程。但是，在线客服管理通常极不规范，尤其是那些以个人为主的小型网商。在线客服做不好会带来两个严重问题：一是使得潜在客户转化为现实客户的概率降低；二是使得现实客户转化为流失客户的概率增加。比如，当在线客服不能及时响应顾客询问时，潜在客户很可能就转向其他网商；当在线客服不能解决售后问题时，会提高现实客户的转换意向与负面口碑相传。对于后者而言，根本原因是在售前、售中或售后，在线客服未能与顾客进行充分沟通。

在未能充分沟通后，网购顾客很可能会遭遇未达期望、尺码不符、冲动购买等问题，这必然会使他们体验到后悔情绪。由此，建议在线客服提高自身素质，与顾客进行充分沟通，这样会显著降低顾客后悔出现的概率。这些素质包括热情的服务态度、严谨的工作作风、熟练的业务知识、积极的学习态度、耐心地向客户解释和虚心听取客户意见等。

4．凸显差异

在网络购物中，商品的同质化程度极高。起初，绝大多数网商主要采用的是价格竞争。比如，2013 年年底，先是京东表示图书价格要比竞争对手低 20%，而后当当出台了 4000 万元的大幅让利促销运动，并把价格竞争扩大至 3C 产品、日用百货等。对应地，京东跟进 8000 万元的让利促销活动；紧接着，卓越也投身于这场价格战中，1 亿元的让利促销更是超越了当当与京东的让利幅度。价格竞争对同质化产品竞争最为有效。对于顾客而言，即将网购者会从中获益，而已经网购者会因降价而后悔。此外，网络上充斥着各种商品信息，顾客在网购后也许会很快发现有更好的替代选择，这也将会使顾客体验到后悔情绪。

为解决上述问题，网商必须能够凸显差异。这一方面可以避免出现恶性的价格竞争；另一方面能够降低出现更优选择的可能性。鉴于此，建议网商从网站、产品与服务 3 个方面来凸显差异。首先，使购物网站专业化、细分化。比如，聚美优品专注于化妆品的网上销售。其次，使所售产品个性化、品牌化。比如，某些网站提供定制化的产品销售。再次，使顾客服务品格化、高效化。比如，京东提供的高品质配送服务。

五、评估策略

网商需要采用售后调查、在线监测和定期回访等措施来实时了解网购顾客的后悔程度。

1．售后调查

目前，几乎所有的网商都会要求顾客在网购后对商品与配送进行满意度评价。但是，在这些众多的评价内容里，并没有包括对网购顾客后悔的评价。

满意与后悔可以同时出现（Boles 和 Messick，1995；Inman，1997；Taylor；1997；Tsiros，1998）。不过，两者比较的参照点不同。满意是基于预期绩效进行比较，而后悔是基于未选或想象绩效进行比较。另外，后悔与选择相关，而满意与结果相关。个体会因不好的结果而不满，却会因导致不好结果的选择而后悔。大量的研究表明，后悔是满意或不满意的前因变量（Taylor，1997；Tsiros 和 Mittal，2000；Zeelenberg 和 Pieters，2004；Keaveney 等，2007；Liao 等，2011）。鉴于此，有必要对网购顾客后悔进行独立评价。

从文献中看，测量后悔的方法主要有 3 种，分别是直接询问法（Tsiros，2009；Van Dijk 和 Zeelenberg，2005；Van der Pligt 和 Zeelenberg，1999）、间接测量法（Zeelenberg 和 Beattie，1997）和量表测量法（Liao 等，2011；Lee 和 Cotte，2009；Marcatto 和 Ferrante，2008；Keaveney 等，2007）。其中，量表测量法应用得最为广泛。正如满意度评价一样，采用量表测量法对网购顾客后悔进行评价是最佳选择。

根据前文对网购顾客后悔维度结构的定量分析结果，建议网商分别测量过程后悔与结果后悔。进一步，可以考虑将后者细分为等待后悔与评价后悔（选项后悔和意义后悔）。为节省评价时间，降低评价难度，针对每种类型的后悔，只需设计 1 个测量题项即可。

2. 在线监测

基于网购顾客后悔应对策略的研究成果，我们发现为降低甚至消除后悔，网购顾客会在网上进行表达应对，具体包括网上寻求安慰与社交平台诉说两种线上表达应对方式。前者是指网购顾客通过网商的在线评论平台发泄不满，寻求安慰；后者是指他们通过各种网络社交平台诉说引发其后悔的消极事件。由此可见，许多顾客很可能会在网上呈现有关后悔的网购经历。显然，在对这些信息内容进行文本挖掘之后，网商就可以较为客观地识别出网购顾客是否后悔以及他们后悔的程度。

两类信息源存在明显差异。网商在线评论信息十分集中且较易获得。比如，在浏览某一产品的售卖网页时，点击网页上的产品评价选项，即可看到各个买家发表的关于这个产品的评论。然而，网络社交平台信息比较分散且较难获得。如今的社交平台很多，比如QQ、微信、微博等。此外，社交平台上的信息量极大，若想从中找到与网商产品评价相关的信息要付出高额的成本。由此可见，中小型实力较弱的网商可以只关注在线评论信息，而实力雄厚的大型网商还可以对社交平台信息进行实时监测。

不过，很多网商并未足够重视在线评论信息与社交平台信息。为此，建议网商对此给予更多关注，并进行实时的在线监测，从在线评论信息做起，在达到一定实力时，再延伸至社交平台信息。为监测网购顾客后悔，在进行内容编码分析时，需要关注与后悔相关的词汇。

3. 定期回访

之所以需要进行定期回访，是由于网购顾客后悔是动态变化的。在一段时间后，满意的顾客也可能会后悔；后悔的顾客或许会更加后悔，或许变得不再后悔。通过定期回访，网商能够及时了解网购顾客后悔的变化，进而为是否需要采取干预措施指明方向。

根据前文的概念界定，在网络购物中，顾客首先会基于期望或价值标准对后悔有个初步判断，即后悔初评价；之后，一些外部刺激因素（如重要他人评价或更优选择出现）又会使其比较标准发生变化，他们相应地会对后悔进行重新评估，即后悔再评价。如果外部刺激因素在网购后很快出现，那么售后调查就能比较全面地测定后悔；反之，售后调查只能测定出后悔初评价，其中并未能测定出后悔再评价。一般来说，绝大多数顾客都只会将自己网购后的短期感受发布在网上，而较少将后续的情感变化再次发布在网上，尤其是网商的在线评论平台上。由此，在线监测受制于信息源的问题，也很难监测到网购顾客后悔的动态变化。

综上可知，网商有必要对网购顾客进行定期回访，其目的在于了解满意的顾客是否变得后悔，后悔的顾客是否变得更加后悔或不后悔。为此，建议网商可以综合采用短信、邮件或电话等多种方式对网购顾客进行定期回访。为降低回访成本，建议网商对一般顾客主要采用短信或邮件回访，而对重点顾客主要采用电话回访。

六、干预策略

当顾客因网购而后悔时，网商可以采取参与式解决、社会性支持、损失性补偿、可逆性保障与跨期式关怀5种干预策略。

1. 参与式解决

一般来说，顾客会采取积极应对策略以降低后悔情绪。比如，顾客会制定行动计划以解决引起后悔的消极事件（Patrick 等，2003）。Yi 和 Baumgartner（2004）却认为顾客并不会采取上述应对方式，而是会积极看待这次消极事件以从中汲取经验教训。前文研究发现，网购顾客越后悔，他们越有可能采取积极应对策略。进一步，对网购顾客后悔应对策略量表进行研究后，发现积极应对策略包括计划解决，但不包括积极再解释。由此，我们认为网购后悔者很可能会思考如何更好地解决令其后悔的网购事件。

为使网购后悔者更好地解决问题，网商可以在问题解决环节让顾客参与其中，让他们承担一定的服务者角色，由此会带来两点好处：一方面，网商能够充分了解顾客的要求，进而找到最佳的解决方案；另一方面，顾客可以对令其后悔的事件进行换位思考，从中体会网商的服务困境。为节省资源，建议网商梳理出几大类网购顾客后悔事件，基于此邀请具有代表性的顾客参与到网购顾客后悔管理过程中，通过多次的交流与实践，最终从根本上解决问题。

2. 社会性支持

关于顾客后悔与表达应对的关系，存在两种对立的观点：Patrick 等（2003）认为，后悔者会进行表达应对，比如，向亲朋好友寻求建议；Yi 和 Baumgartner（2004）却指出，后悔者并不会采取寻求社会支持的表达应对策略。前文研究显示，网购顾客越后悔，他们越有可能进行表达应对。另外还发现，这种表达应对分为线下表达应对（寻求社会支持）与线上表达应对（网上寻求安慰和社交平台诉说）。寻求社会支持主要指的是向亲朋好友寻求帮助与安慰。网上寻求安慰是指顾客会通过网商的在线评论平台发泄不满，寻求安慰。社交平台诉说是指顾客会通过各种网络社交平台诉说引发其后悔的消极事件。

如果将寻求社会性支持的对象扩大到网上，那么线下表达应对也理应隶属于社会性支持范畴。由此，我们认为网购后悔者会从线上与线下寻求安慰。鉴于线下社会性支持的对象是亲朋好友，所以网商很难通过管理这些人来降低网购顾客后悔。类似地，网商通常并没有权限去管理在线评论平台与网络社交平台。由此可见，网商想借助亲朋好友与第三方平台去提供更多的社会性支持是极为困难的。不过，网商可以建立专门的网上讨论区或社群，借此将尽可能多的网购后悔者聚集至此，使他们能够更好地寻求社会支持。

3. 损失性补偿

有研究显示，决策结果的损失大小会影响后悔。结果损失越大，后悔程度就越强（Avni-Babad，2003；张洁海，2004）。显然，如果能够对损失大小进行弥补，那么个体的后悔程度即会降低。为此，针对网购顾客后悔，提出损失性补偿的干预策略。

鉴于导致网购顾客后悔的诱因不同，网商在实施损失性补偿策略时应该做到有所不同。首先，针对网商服务传递失败诱因，应该以直接经济补偿为主。前文对网购服务传递失败做了总结归纳，其包括产品缺陷、产品脱销、错误信息、打包出错、延期交货与退换不顺。鉴于这些消极事件的责任方主要是网商，因此网商必须给予顾客损失以直接的经济补偿，如退还货款与承担运费等。其次，针对外部刺激诱因，应该以间接经济补偿为主。根据前文研究成果，外部刺激主要包括购后降价、他人差评与更优选择。这些刺激会导致网购顾客的比较标准发生变化，由此使他们产生心理落差以致后悔。为此，建议网商给予顾客损失以间接的经济补偿，如提供免费折扣券等。再次，针对顾客需求诱因，若主要责任在网商，应以直接经济补偿为主；反之，若主要责任在顾客，应该以间接经济补偿为主。比如，未达顾客期望，这很可能是由于网商夸大产品宣传，也很可能是由于顾客本身对产品期望太高。显然，对于前者，以直接经济补偿为主；对于后者，以间接经济补偿为主。

在这里，我们只关注经济性补偿，并未考虑非经济性补偿，如道歉。为使经济补偿效果更好，建议网商还需同时进行非经济性补偿。

4. 可逆性保障

当决策结果不可逆时，顾客会认为决策有高度的不确定性，决策风险性更高，更易产生消极结果，进而体验到强烈的后悔；反之，当决策结果可逆时，这种情况就不可能发生，顾客体验到后悔的可能性就越小（Tsiros 和 Mittal，2000）。在网络购物情境下，李东进等（2013）研究发现，退货的确能够缓解顾客后悔，但这种缓解效应会受到退货原因与退货政策的影响。相对质量问题，因偏好问题的退货对后悔的缓解作用更强。如果顾客对宽松退货政策感知到更多的质量信号，那么因质量问题的退货会导致更多的后悔，而因偏好问题的退货会导致更少的后悔。显然，可逆性高会降低后悔。

在新修订的《消费者权益保护法》中，提出消费者"后悔权"制度，明确规定"网购 7 天无理由退货"，这为网购提供了法律保障。但是，网商们并没有严格执法，而都有自己划定的不支持"7 天退货"的商品范围。比如，亚马逊规定，食品类母婴商品、食品类商品、酒类商品、食品类宠物商品；美容化妆类商品、美容类宠物商品；个护健康类（医疗器械类除外）以及血糖仪及血糖试纸类商品等不予办理退换货。据此，我们认为绝大多数网商并没有给予可逆性以保障，而是想方设法限制顾客退货。

总体上看，网商可逆性保障做得并不好，这会进一步加重网购顾客后悔。为维系好客户关系，建议网商提供符合新的《消费者权益保护法》要求的，甚至超越其要求的更为全面的可逆性保障。

5．跨期式关怀

在对网购顾客进行定期回访时，很可能会发现满意者变得后悔，或者后悔者变得更加后悔。由于这些后悔并不是网购后很快就会出现的后悔，所以对它们施加的后悔干预统称为跨期式关怀。鉴于这类后悔只是出现的时点较晚而已，并没有其他的特殊性，因此网商可以综合采用上述提及的 4 种干预策略，分别是参与式解决、社会性支持、损失性补偿、可逆性保障。

第七章　总结与展望

在本章中，首先，对全文得到的研究结论进行汇总归纳；其次，针对不足之处，提出未来进一步研究的方向。

第一节　主要研究结论

一、后悔的概念维度

1. 概念与特征

在借鉴 Zeelenberg 与其同事提出的后悔概念基础之上，为体现网络购物这一具体情境特点，将网购顾客后悔界定为"消费者通过互联网购买产品或服务后，当意识到或想象出有更好选择时，体验到的一种基于比较的、自责的情绪"。

进一步，遵循从具体到抽象、由表及里、由浅入深的认识逻辑，提出网购顾客后悔三个层次的特征，分别是情境特征、基本特征与核心特征。

第一，情境特征是指基于情境差异的个性特征，其包括频发性、可逆性与易逝性。这些特征通常只有在网购顾客后悔时才会出现，或者只有在这种情况下它们的表现才更为显著。

第二，基本特征是指基于现象概括的外在特征，其包括自责性、两面性与多维性。这些特征很容易被洞察到，但是它们并不专属于网购顾客后悔，各种情境下的后悔都会存在这些特征，不过对于这些特征的解释有所不同，并且它们并未抓住后悔的本质属性。

第三，核心特征是指基于理论抽象的内在特征，其包括认知性、决策性与比较性。这些特征具有一般性，能够刻画后悔的本质属性，并能揭示网购顾客后悔产生的内在心理机制。

2．维度结构

后悔的单维结构量表极为常见，为此基于消费者购买决策过程，从多维结构视角对网购顾客后悔进行量表开发与验证。

首先，在消费者购买决策过程模型中加入购后等待，提出消费者网购决策过程模型。在网络购物中，消费者在线提交订单后，消费者不仅需要等待网商处理订单（提交订单→商品出库），而且还需要等待商品配送交付（商品出库→收到货物）。因此，在描述消费者网购决策过程时，提出必须在消费者购买决策过程中加入购后等待。

其次，将需求确认、信息搜集、选择评估与购买决策视作购买过程，而将购后等待与购后评价界定为购后结果。由此，从决策过程角度，提出并验证了网购顾客后悔应该包括过程后悔与结果后悔，其中，结果后悔又包括等待后悔与评价后悔，而评价后悔又包括选项后悔与意义后悔。

二、后悔的形成机理

1．探索性分析

根据"消极事件或情感→上行反事实思维→后悔"的理论逻辑，借鉴网上零售服务失败类型以及现有后悔成因研究成果，采用关键事件法对网购顾客后悔的成因进行探索性研究，发现网购顾客后悔成因包括服务传递失败、顾客需求不符、卖家不当行为和购后外部刺激4大类。

从整体上看，卖家不当行为和购后外部刺激并不是网购顾客后悔的主要成因，而服务传递失败和顾客需求不符才是。不过，由卖家不当行为所导致的后悔程度最强，并且社会样本的后悔程度普遍高于学生样本。从细项上看，无论是学生样本，还是社会样本，未达期望是网购顾客后悔的首要原因，而产品缺陷相对次之。

2. 网购转换成本

众所周知，设置转换成本可以"锁定"现有顾客。为此，在网络购物情境下，探究转换成本、顾客后悔与购后行为意向之间的关系。

首先，网购顾客转换成本包括财务转换成本、风险成本与程序转换成本，但不包括关系转换成本。财务转换成本、程序转换成本对顾客后悔有显著的正向影响；风险成本和程序转换成本对重复购买意向有显著的正向影响。财务转换成本、风险成本和程序转换成本对负面口碑相传均没有显著的直接影响，除风险成本之外，它们都是通过顾客后悔对负面口碑相传产生显著的正向影响。顾客后悔对重复购买意向没有显著影响，但对负面口碑相传有显著的正向影响。

其次，顾客后悔对负面口碑相传有显著的正向影响，积极转换成本对负面口碑相传的负向影响并不显著，但是，如果考虑到顾客后悔的调节作用，即考虑顾客后悔与积极转换成本的交互作用，那么不仅积极转换成本对负面口碑相传的负向影响得到了显著支持，而且顾客后悔还会降低积极转换成本对负面口碑相传负向影响的强度。

3. 感知等待时间

从订单处理阶段和商品配送阶段两个方面划分网购感知等待时间，并剖析它们的消极影响机理。

第一，当不考虑等待不满的中介作用时，无论是订单处理阶段的感知等待时间，还是商品配送阶段的感知等待时间，都会引发等待愤怒与后悔，进而导致转换意向和负面口碑相传。

第二，当考虑等待不满的中介作用时，等待不满对订单处理阶段感知等待时间与后悔的关系有部分的中介作用，但是对订单处理阶段的感知等待时间与等待愤怒、商品配送阶段的感知等待时间与等待愤怒和后悔的关系均有完全的中介作用。

第三，无论是否考虑等待不满的中介作用，订单处理阶段的感知等待时间对后悔的影响效应更强，而商品配送阶段的感知等待时间对等待愤怒的影响更强；但是它们对转换意向和负面口碑相传的影响效应强度比较结果恰好相反。

4. 服务补救公平

在网络购物环境下，实证检验服务补救中感知公平、在线消费者后悔、行为意向和关系质量之间的关系。

感知公平三维度越高时，服务补救后在线消费者感受到的后悔程度就越低，但是无论是两两之间还是三者之间的交互效应对在线消费者后悔都没有显著影响。在服务补救中，在线消费者后悔程度越高时，其越有可能降低自己的重购意向和正面的口碑相传。关系质量水平的高低并不能调节服务补救后在线消费者后悔与积极行为意向的关系。

5. 网商服务质量

为探究网商服务质量对网购顾客后悔的影响，构建了网商服务质量五维度、后悔、满意与忠诚的理论模型。其中，基于形成性测量模型对网商服务质量五维度进行测量。

网商服务质量中的有形性、响应性与移情性对后悔没有影响，但是可靠性与保证性会负向影响后悔，其中保证性的影响效应最强。网商服务质量中的响应性与保证性对满意没有影响，但是有形性、可靠性和移情性会正向影响满意，其中移情性的影响效应最强，可靠性的影响效应次之。后悔负向影响满意，而满意正向影响忠诚。换句话说，后悔对忠诚没有直接影响，而是通过满意间接影响忠诚。响应性对后悔与满意均没有直接影响，但是它会直接正向影响忠诚。

三、后悔的积极影响

后悔不仅会带来消极影响，而且会带来积极影响。不过，对后悔积极影响的探究较少。

首先，采用深度访谈与扎根理论两种质化研究方法对网购顾客后悔的积极影响进行探索性分析。网购顾客后悔积极影响包括积极认知功能和积极行为功能2个维度；积极认知功能包括加深理解、洞察自我与指导决策3个维度；积极行为功能包括纠正错误和增进交流2个维度。另外指出，积极认知功能的理论基础是反事实思维的准备功能，而积极行为功能的理论基础是反事实思维的行为功能以及后悔与口碑相传的关系。

其次，对网购顾客后悔积极影响进行多维量表开发与检验。系统回顾了后悔与反事实思维的关系、反事实思维的功能说以及后悔与口碑相传的关系。据此，对积极认知功能（加深理解、洞察自我和指导决策）和积极行为功能（纠正错误和增进交流）进行了内涵界定。经过规范的量表开发流程，得到含有4个维度的测评量表，分别是加深理解、洞察自我、指导决策与增进交流。

再次，研究后悔与其积极影响不同维度之间的关系，以及性别与网购经验对后悔积极影响的差异化作用。网购顾客后悔对加深理解、洞察自我、指导决策和增进交流均有显著的正向影响。其中，对增进交流的作用效应最强，而对加深理解与指导决策的作用效应相对次之，对洞察自我的作用效应最弱。性别与网购经验对加深理解、洞察自我、指导决策和增进交流均没有显著的影响。

四、后悔的应对策略

当顾客因网购而后悔时，他们会主动采取各种应对策略以降低后悔。不过，鲜有文献在网络购物情境下研究顾客后悔的应对策略。

首先，剖析后悔和愤怒、应对策略、顾客沉思与行为意向之间的关系，发现消费者越后悔，越会进行积极与表达应对，而不会进行回避应对；消费者越愤怒，越会进行表达与回避应对，而不会进行积极应对；表达与回避应对既会增加侵入沉思，又会增加反省深思，但积极应对只会增加反省深思；无论是侵入沉思，还是反省深思，都会提高负面口碑相传与转换意向。

其次，设计开发出网购顾客后悔应对策略的多维量表，包括计划解决、表达应对、心理摆脱与坦然接受，而表达应对又包括网下寻求社会支持以及网上表达应对（网上寻求安慰和社交平台诉说）。

鉴于上述两个研究的侧重点不同，它们对应对策略的内涵界定也存在明显差异。在第六章中，第一节借鉴传统量表来测量应对策略，而第二节是在网络购物情境下对顾客后悔应对策略量表进行开发。

五、后悔的管理策略

对顾客而言，后悔既有积极影响，也有消极影响。但是，对网商而言，后悔只会带来消极影响。由此，从网商视角，研究网购顾客后悔管理问题。在概念界定的基础上，建议网商树立正确的后悔观，并提出网购顾客后悔管理的一般流程。

根据后悔是否出现，将网购顾客后悔划分为潜在后悔与现实后悔。潜在后悔在一定条件下会轻易地转变为现实后悔。一方面，从网商、顾客与外部3个方面来识别网购顾客潜在后悔的诱因，据此提出真实呈现、充分沟通与凸显差异3种预防策略。另一方面，通过售后调查、在线监测和定期回访3种措施来评估现实后悔的程度，并提出参与式解决、社会性支持、损失性补偿、可逆性保障与跨期式关怀5种干预策略。同时，建议从投入产出比以及前后业绩差两种思路来综合评价网购顾客后悔管理的绩效。

第二节　未来研究展望

一、关于后悔的特征维度

经济学与心理学对后悔的概念界定差异较大。前者从表面上描述了后悔现象，而后者从本质上阐明了后悔内涵。由此，绝大多数营销学者都是借用心理学中的后悔概念，但他们忽略了顾客后悔概念、特征及其维度的情境差异。在网络购物情境下，本书阐述了网购顾客后悔的概念、三层次特征以及多维量表。

对此，还有进一步探索的空间。

首先，将结果后悔分为等待后悔、选项后悔与意义后悔，但是过程后悔只有1种，并且涉及4个决策阶段。建议对过程后悔的多维结构进行探究。比如，是否可以将其分为搜索后悔（Reynolds 等，2006）与考虑后悔（Lee 和 Cotte，2009）。

其次，移动购物与社交购物[1]等新型网购形式的出现正在逐步改变消费者的购物心理与行为。因而，有必要分析这些新情境下的顾客后悔是否会有新的特征与维度。

二、关于后悔的形成机理

在本书中，探究了转换成本、感知等待时间、服务补救公平、网商服务质量对网购顾客后悔的影响。其中，在分析服务补救公平与网购顾客后悔之间的关系时，考虑了关系质量的调节作用。另外，采用关键事件法，对网购顾客后悔的成因做了探索性分析。在后续研究中，可以剖析其他前置因素的影响。

首先，在网络购物中，顾客面对的选择集规模更大，选择集结构更为复杂。以往研究发现选择集规模既会直接影响后悔，又会通过自我责备间接影响后悔（Su 等，2009）。选择集规模越大，个体就越难控制，更会进行外部归因，由此，在网络购物中，这种直接关系或许并不显著。另外，选择集属于有意识集，其对立面即为无意识集（Lin 和 Huang，2006）。在网络购物中，比较信息来源于无意识集的概率更高，为此有必要探究无意识集的规模、结构与出现顺序对顾客后悔的影响。

其次，从实践上看，网购顾客经常会进行未计划购买决策，这会使他们体验到后悔情绪。但是，对未计划网购决策与后悔之间的关系进行理论探究的文献较少。Saleh（2012）研究发现，未计划购买决策对顾客后悔产生显著的正向影响，而且这种直接影响效应会受到家庭收入与性别的调节作用。不过，该研

---

[1] 社交购物指的是通过 Facebook、Twitter、微博、微信等社交网络的推荐完成的购物行为。

究没有对未计划购买类型进行细分。Solomon（2002）指出，未计划购买包括未计划购买、冲动购买与强迫购买三种类型。在网络购物情境下，建议分别对冲动购买、强迫购买与顾客后悔的关系进行探索。

再次，在网购顾客后悔的形成过程中，需要考虑决策时间、人格特质与决策模式等变量的调节作用。比如，当有足够的时间进行选择时，选择集规模并不会影响体验后悔（Inbar 等，2011）。当决策失误时，个体的神经质程度越高，他们的后悔程度相应地就越强（Lauriola 和 Levin，2001）。在决策时，谨慎者会进行更多的比较，由此他们体验到后悔的频率与强度都会高于直觉者，并且这种关系会受到动机干扰的中介影响（Kuhnle 和 Sinclair，2011）。由此，有必要检验有哪些调节变量在网购顾客后悔的形成中发挥着重要作用。

除此之外，鉴于网购顾客后悔有多种类型，所以还需对不同类型后悔的形成机理进行比较分析。

三、关于后悔的积极影响

尽管后悔是一种消极情绪，但是它会对个体产生积极影响（李东进等，2011；Saffrey 等，2008）。鉴于相关研究较少，本书对网购顾客后悔积极影响进行探索性分析，并设计开发出网购顾客后悔积极影响的多维量表。不过，缺乏对其形成与影响的深入分析。

首先，论证了网购顾客后悔积极影响包括积极认知功能（加深理解、洞察自我和指导决策）与积极行为功能（增进交流）。不过，只关注网购顾客后悔的积极影响，并没有考虑传统购物中的后悔积极影响。由此，基于本书提出的量表，建议可以对其进行拓展，收集线上和线下两组样本数据，进行对比分析，对该量表的普适性进行再次论证。

其次，并未探究网购顾客后悔积极影响的形成机理。比如，后悔与其积极影响之间的关系可能会受到人格特质与任务类型等变量的调节作用。Allen 等（2014）曾指出，个性会影响反事实思考，那么鉴于后悔的形成基于反事实思考，所以个性也很可能会调节后悔与其积极影响之间的关系。

再次，网购顾客后悔积极影响与购后行为之间存在何种关系不得而知。一般来说，体验后悔会导致不满与抱怨，提高转换行为、负面口碑相传与不作为惯性，降低重复购买意向。那么，后悔积极影响与购后行为之间是因果关系，还是相关关系，有待理论推演与实证检验。

四、关于后悔的应对策略

一般来说，个体会采取调节策略或应对策略以缓解甚至消除后悔。基于此，本书对网购顾客后悔与其应对策略的关系，以及它的多维量表进行了实证检验。为完善相关研究，还需继续探究下述问题。

首先，并未考虑各种调节变量对网购顾客后悔与其应对策略关系的影响。比如，鉴于愤怒对应对策略的影响会受到自我效能的调节（Duhachek，2005），所以预测自我效能也会调节后悔与其应对策略的关系，即高自我效能者更易采取积极应对，低自我效能者更易采取回避应对，而自我效能不会显著调节后悔与表达应对的关系。除此之外，性别、人格特质、网购经验与关系质量等变量均有可能调节网购顾客后悔与其应对策略的关系。

其次，需要对网购顾客后悔应对策略多维量表进行再次论证，并探究后悔对不同维度应对策略的差异化影响，以及存在哪些变量会调节两者之间的关系。另外，为剖析应对策略的影响效应，本书对网购顾客后悔、应对策略、顾客沉思与购后行为意向的关系进行了研究，但是其使用的是传统应对策略维度与量表，并未能体现网购的情境差异。基于本书设计开发的多维量表，可以重新构建理论模型，并对其进行实证检验。

五、关于后悔的管理策略

从网商视角，首次对网购顾客后悔管理进行了直接探索。在概念界定的基础上，提出网购顾客后悔管理的一般流程，并详细阐述了识别策略、预防策略、评估策略与干预策略。对此，还有很多问题有待深入研究。

首先，提出的网购顾客后悔管理一般流程并未得到现实验证。为此，建议采取扎根理论等定性研究法或问卷调查等定量研究法对其进行科学求证。

其次，无论是潜在后悔，还是现实后悔，都是从顾客体验后悔角度来界定的，而并未提出对网购顾客预期后悔的管理。因而，在未来，是否可以考虑将预期后悔管理整合进来，或是单独探究网商应该如何管理网购顾客的预期后悔。

再次，对网购顾客后悔管理的绩效评价缺乏深度剖析。由此，后续工作可以关注网购顾客后悔管理绩效评价指标体系的构建与检验。

总体上看，从组织视角直接对顾客后悔进行管理的研究十分少见。鉴于顾客后悔这种现象在日常消费中变得越来越普遍，所以顾客后悔管理问题很可能会成为未来理论界与实践界探究的重点。

六、关于预期后悔的探索

预期后悔是指在决策前，人们预测到将来可能发生的各种后悔（Janis 和 Mann，1977）。相对传统购物，消费者在网络购物前更易产生预期后悔。鉴于此，有必要探究网购预期后悔的情境差异。

首先，探究存在哪些因素会影响网购预期后悔。比如，网站上的商品定价过低会使顾客在购买前更易产生预期后悔。类似地，网站上的负面评论也会促使顾客产生预期后悔。由此，可以考虑研究网站信息内容与环境线索对预期后悔的影响。另外，上述关系又可能会受人格特质、网购经验与任务类型等变量的调节。

其次，探究网购预期后悔会带来哪些消极或积极的影响。比如，相比向上预期后悔，向下预期后悔更易使顾客进行冲动性购买（银成钺和于洪彦，2009）。为此，至少可以对网络购物中预期后悔与未计划购买的关系进行深入探索。

再次，鉴于预期后悔与体验后悔两者之间存在交互作用（陈荣，2007），所以可以考虑这种交互效应对网购顾客心理与行为的影响。

七、关于后悔的神经机制

神经科学关注情绪产生与发展的脑神经机制。后悔的产生可能与眶额叶皮层、扣带前回、海马和杏仁核等脑区域有关（索涛等，2009）。在具备相应实验器材的条件下，可以尝试探究网购顾客后悔与其他情境下的后悔在脑神经机制上是否存在显著差异。

参考文献

〔1〕查金祥,王立生.网络购物顾客满意度影响因素的实证研究〔J〕.管理科学，2006，19（1）：50-58.

〔2〕常亚平，刘艳阳，阎俊，等.B2C环境下网络服务质量对顾客忠诚的影响机理〔J〕.系统工程理论与实践，2009，30（6）：94-106.

〔3〕常亚平，罗劲，阎俊.服务补救悖论形成机理研究〔J〕.管理评论，2012，21（3）：100-107.

〔4〕常亚平，肖万福，阎俊，等C2C环境下服务质量对阶段信任的影响研究〔J〕.管理学报，2014，11（8）：1215-1223.

〔5〕陈俊，贺晓玲，张积家.反事实思维两大理论：范例说和目标-指向说〔J〕.心理科学进展，2007，15（3）：416-422.

〔6〕陈荣，贾建民，何枫后悔对消费选择倾向的动态影响研究〔J〕.系统工程理论与实践，2005（12）：25-31.

〔7〕陈荣，贾建民.消费者选择中后悔和不确定性的作用研究〔J〕.管理科学学报，2005，8（6）：19-25.

〔8〕陈荣.预期后悔与体验后悔在消费者动态选择过程中的作用机制〔J〕.南开管理评论，2007，10（3）：29-34.

〔9〕陈瑞，郑毓煌，刘文静中介效应分析：原理、程序、Bootstrap方法及其应用〔J〕.营销科学学报，2013，9（4）：120-135.

〔10〕单标安，蔡莉，费宇鹏，等.新企业资源开发过程量表研究［J］.管理科学学报，2013，16（10）：81-94.

〔11〕董大海，权小妍.顾客价值动态性及其对竞争优势的影响［J］.预测，2004，23（1）：11-15.

〔12〕杜柏玲，万明钢.后悔理论研究模型：冲突与进展［J］.心理研究，2009，2（2）：3-8.

〔13〕杜建刚，范秀成.服务补救中情绪对补救后顾客满意和行为的影响——基于情绪感染视角的研究［J］.管理世界，2007，8：85-94.

〔14〕杜建刚，范秀成.服务失败情境下顾客损失、情绪对补救预期和顾客抱怨倾向的影响［J］.南开管理评论，2007，10（6）：4-10.

〔15〕范广伟，刘汝萍，马钦海.其他顾客的不当行为引发服务失败的责任归因——基于关键事件法的探索性研究［J］.中大管理研究，2013（2）：20-36.

〔16〕范秀成，杜建刚.服务质量五维度对服务满意及服务忠诚的影响［J］.管理世界，2006，6：111-118.

〔17〕范秀成.服务质量管理：交互过程与交互质量［J］.南开管理评论，1999（1）：8-12.

〔18〕方杰，温忠麟，张敏强，等.基于结构方程模型的多重中介效应分析［J］.心理科学，2014，3：35-46.

〔19〕费显政，肖胜男.同属顾客对顾客不当行为反应模式的探索性研究［J］.营销科学学报，2013（2）：13-38.

〔20〕费显政，游艳芬，杨辉，等.营销互动中的消费者内疚——对关键事件的探索性研究［J］.管理世界，2011（9）：116-126.

〔21〕高红梅，张燕，许燕，等.后悔的内部发展过程：影响因素、后效及研究展望［J］.心理学探新，2013（2）：110-117.

〔22〕高学德，周爱保，宿光平.反事实思维与内疚和羞耻的关系——以

大学生和青少年罪犯为例［J］.心理发展与教育，2008，24（4）：113-118.

〔23〕高学德，周爱保.内疚和羞耻的关系——来自反事实思维的验证［J］.心理科学，2009，32（1）：126-129.

〔24〕高学德.大学生心理控制源与内疚感和羞耻感对反事实思维的影响［J］.心理发展与教育，2013，29（2）：159-165.

〔25〕郭国庆，张中科，陈凯，等.口碑传播对消费者品牌转换意愿的影响：主观规范的中介效应研究［J］.管理评论，2010（12）：62-69.

〔26〕侯如靖，张初兵，易牧农.服务补救情境下在线消费者后悔对行为意向的影响——基于关系质量的调节［J］.经济管理，2012（9）：101-111.

〔27〕胡琳丽，蔡晨.想象重要他人对自我评价转移的影响［J］.心理科学，2012，35（3）：701-705.

〔28〕胡小勇，车璐，郭永玉.依恋类型在重要他人影响目标追求过程中的调节作用［J］.心理与行为研究，2013，11（5）：679-684.

〔29〕黄静，童泽林，张友恒，等.负面情绪和说服策略对品牌关系再续意愿的影响［J］.心理学报，2012，44（8）：1114-1123.

〔30〕黄静，王志生.满意情景下的消费者后悔对口传的影响研究［J］.商业经济与管理，2007，184（2）：63-68.

〔31〕贾跃千，宝贡敏.结构方程模型中的构成型测量模型研究前沿探析［J］.外国经济与管理，2009，31（5）：52-59.

〔32〕金立印.服务转换成本对顾客忠诚的影响——满意度与替代者吸引力的调节效应［J］.管理学报，2008（6）：912-920.

〔33〕赖志刚，时勘.后悔倾向、后悔反应与风险偏好的关系研究［J］.管理评论，2007，19（3）：3-7.

〔34〕李东进，李研，马云飞.消费者后悔功效说［J］.现代管理科学，2011（10）：96-98.

〔35〕李东进，李研，武瑞娟.网络购物中产品价格信息对折中效应的影

响〔J〕.当代财经，2012（11）：67-79.

〔36〕李东进，马云飞，李研.错过购买后不行动后悔的形成机制——禀赋效应的中介作用〔J〕.营销科学学报，2013（1）：32-49.

〔37〕李东进，马云飞.涨价对同品牌相似产品购买意向的影响——基于后悔的视角〔J〕.现代管理科学，2011（2）：14-16.

〔38〕李东进，吴波，李研.远程购物环境下退货对购后后悔影响研究〔J〕.南开管理评论，2013，16（5）：77-89.

〔39〕李东进，武瑞娟，李研.消费者选择结果效价，放弃方案信息，满意和后悔〔J〕.营销科学学报，2011，7（4）：15-28.

〔40〕李芳芳，周庭锐，贾志永.结果、过程与评估视角下的消费者后悔研究〔J〕.华东经济管理，2010，24（1）：28-31.

〔41〕李芳芳，周庭锐.消费者的后悔过程探析〔J〕.预测，2008，27（2）：13-19.

〔42〕李坚飞，韩庆兰.零售企业服务质量的复杂性特征及实证研究〔J〕.南开管理评论，2014（3）：133-141.

〔43〕李先国，段祥昆.转换成本、顾客满意与顾客忠诚：基于移动通信客户行为的研究〔J〕.中国软科学，2011（4）：154-160.

〔44〕刘波，叶勇.顾客购后评价：失望、后悔与不公平〔J〕.管理评论，2004，16（2）：54-58.

〔45〕刘波，叶勇.价格变化、后悔与交易价值损失对抱怨的影响〔J〕.山西财经大学学报，2008，30（9）：73-82.

〔46〕刘波.降价及后悔对消费者价值损害的影响实证研究〔J〕.管理评论，2009，21（6）：69-75.

〔47〕刘龙辫，胡赛全，赵小华，等.决策过程后悔还是结果后悔——调节聚焦对后悔类型的影响〔J〕.中国软科学，2013（12）：173-184.

〔48〕刘荣.预期后悔与体验后悔在消费者动态选择过程中的作用机制

〔J〕.南开管理评论，2007，10（3）：29-34.

〔49〕刘霞，陶沙.压力和应对策略在女性大学生负性情绪产生中的作用〔J〕.心理学报，2006，37（5）：637-649.

〔50〕罗跃嘉，古若雷，陈华，等.社会认知神经科学研究的最新进展〔J〕.心理科学进展，2008，16（3）：430-434.

〔51〕马庆国，王小毅.从神经经济学和神经营销学到神经管理学〔J〕.管理工程学报，2006，20（3）：129-132.

〔52〕逢晓鸣，汪玲，肖凤秋，等.反事实思维与后悔的关系：调节模式的调节作用〔J〕.心理科学，2012（5）：1137-1143.

〔53〕彭军锋，景奉杰.关系品质对服务补救效果的调节作用〔J〕.南开管理评论，2006，9（4）：8-15.

〔54〕卿素兰，方富熹.反事实思维与情绪的关系〔J〕.中国心理卫生杂志，2006，20（10）：692-694.

〔55〕桑辉.网上顾客转换成本的影响因素及其结果的实证研究〔J〕.南开管理评论，2007（6）：33-39.

〔56〕申艳娥.应对方式问卷（COPE）在中小学教师样本中的修订〔J〕.中国健康心理学杂志，2009（9）：1124-1125.

〔57〕施承孙，董燕，侯玉波，等.应付方式量表的初步编制〔J〕.心理学报，2002，34（4）：414-420.

〔58〕施俊琦，王垒，彭凯平.作为效应的象征性与利益性影响因素：后悔理论的经济心理学分析〔J〕.心理科学，2004，27（4）：1016-1018.

〔59〕寿志钢，王峰，贾建民.顾客累积满意度的测量——基于动态顾客期望的解析模型〔J〕.南开管理评论，2011（3）：142-150.

〔60〕宋竞，郭贤达，邹绍明.顾客抱怨行为的前置因素及调节因素分析〔J〕.南开管理评论，2010，13（2）：68-78.

〔61〕苏淞，陈荣，黄劲松.不作为惰性的调节：基于"向前看"的多参

照点视角［J］.心理学报，2013，45（12）：1393-1409.

〔62〕索涛，冯廷勇，王会丽，等.后悔的认知机制和神经基础［J］.心理科学进展，2009，17（2）：334-340.

〔63〕汪纯孝，温碧霞.服务质量、消费价值、旅客满意感与行为意向［J］.南开管理评论，2001，4（6）：11-15.

〔64〕汪旭晖，徐健.基于转换成本调节作用的网上顾客忠诚研究［J］.中国工业经济，2008（12）：113-123.

〔65〕王斐，许燕，张宏宇.大学新生的心理健康——沉浸与大学适应的作用［J］.中国健康心理学杂志，2012（8）：1225-1227.

〔66〕王念新，仲伟俊，梅姝娥.我国管理学研究中的测量模型误设及仿真分析［J］.管理工程学报，2011，25（2）：109-117.

〔67〕王滔，张大均，陈建文.大学生情绪应对策略问卷的编制及信效度检验［J］.中国心理卫生杂志，2013，27（3）：224-231.

〔68〕王晓丽，李西营，邵景进.形成性测量模型：结构方程模型的新视角［J］.心理科学进展，2011，19（2）：293-300.

〔69〕韦福样，韩经纶.文化差异对顾客服务质量感知影响的实证研究［J］.南开管理评论，2003，6（3）：77-80.

〔70〕温忠麟，侯杰泰，张雷.调节效应与中介效应的比较和应用［J］.心理学报，2005，37（2）：268-274.

〔71〕温忠麟，张雷，侯杰泰，等.中介效应检验程序及其应用［J］.心理学报，2004，36（5）：614-620.

〔72〕温忠麟，张雷，侯杰泰，等.中介效应检验程序及其应用［J］.心理学报，2004，36（5）：614-620.

〔73〕吴波，李东进.远程购物消费者退货后的反应研究［J］.当代财经，2013（7）：67-76.

〔74〕吴宁，蒋京川.关注心灵的独白：从自我反刍到共同反刍［J］.社会

心理科学，2011（Z2）：140-143.

〔75〕谢赞，赵平.构成型模型在用户满意度测量模型中的应用［J］.南开管理评论，2005，8（2）：4-8.

〔76〕谢兆霞，李莉.转移成本对感知质量与满意之间关系的调节作用——对B2B电子中介买方用户的实证研究［J］.管理评论，2012，24（1）：82-89.

〔77〕杨红升，黄希庭.关于反事实思维的研究［J］.心理学动态，2000，8（3）：12-18.

〔78〕杨娟，姚树桥，彭萍，等.高中生不同类型的沉思对抑郁症状发展的中介作用［J］.心理与行为研究，2010（4）：279-283.

〔79〕杨娟，章晨晨，姚树桥.高中生沉思与应激性生活事件对抑郁症状的影响：1年追踪研究［J］.心理学报，2010（09）：939-945.

〔80〕杨青，陈姣艳.反事实思维的新学说：功能说［J］.社会心理科学，2012，27（5）：10-18.

〔81〕叶宝娟，温忠麟.有中介的调节模型检验方法：甄别和整合［J］.心理学报，2013，45（9）：1050-1060.

〔82〕银成钺，于洪彦.预期后悔对消费者冲动性购买行为的影响研究［J］.管理评论，2009，21（12）：71-79.

〔83〕俞磊.应付的理论、研究思路和应用［J］.心理科学，1994（3）：169-174.

〔84〕原琳，彭明，黄俊红，等.沉浸-反思问卷在中国大学生中的应用［J］.中国临床心理学杂志，2010（6）：701-703.

〔85〕张初兵，陈亚峰，易牧农.转换成本四维度对顾客保留影响的实证研究［J］.经济管理，2011（3）：93-100.

〔86〕张初兵，侯如靖，易牧农.网购服务补救后感知公平、情绪与行为意向的关系——基于关系质量的调节中介模型［J］.山西财经大学学报，2014（1）：54-64.

〔87〕张初兵.网购顾客转换成本对购后行为意向影响的实证研究——顾客后悔的中介作用〔J〕.当代财经，2013（6）：77–86.

〔88〕张慧君，周立明，罗跃嘉.责任对后悔强度的影响：来自ERP的证据〔J〕.心理学报，2009，41（5）：454–463.

〔89〕张结海，邓赐平.后悔内容的影响因素研究：基于中美的初步比较〔J〕.心理科学，2013（5）：1223–1229.

〔90〕张结海.短期后悔与长期后悔的差异：三种不同的解释〔J〕.心理学动态，2000，8（4）：63–68.

〔91〕张结海.后悔的"状态改变——状态继续"效应：一个概念框架〔J〕.心理学报，2003，35（5）：701–710.

〔92〕张结海.后悔的一致性模型：理论和证据〔J〕.心理学报，1999，31（4）：451–459.

〔93〕张坤，李其维.儿童反事实思维的研究述评〔J〕.心理科学，2006，29（5）：1164–1166.

〔94〕张坤.3~5岁幼儿反事实思维的发展研究〔J〕.心理学探新，2007，27（1）：57–60.

〔95〕张圣亮，高欢.服务补救方式对消费者情绪和行为意向的影响〔J〕.南开管理评论，2011，14（2）：37–43.

〔96〕张跃先，马钦海，刘汝萍.期望不一致、顾客情绪和顾客满意的关系研究述评〔J〕.管理评论，2010（4）：56–63.

〔97〕赵晶，诸燕.眶额皮层的情绪功能研究综述〔J〕.健康研究，2009，29（4）：290–293.

〔98〕郑秋莹，范秀成.网上零售业服务补救策略研究——基于公平理论和期望理论的探讨〔J〕.管理评论，2007，19（10）：17–23.

〔99〕Ajzen L，Driver B L. Prediction of participation beliefs：an application of the theory of planned behavior〔J〕. Leisure Science，1991（13）：185.

〔100〕Ali A， Ramay M I. Post purchase antecedents： Interplay between buyer regret， social classes and product types〔J〕. Interdisciplinary Journal of Contemporary Research in Business， 2011, 2（12）： 504-513.

〔101〕Aljukhadar M， Senecal S， Daoust C. Using Recommendation Agents to Cope with Information Overload〔J〕. International Journal of Electronic Commerce, 2012, 17（2）： 41-70.

〔102〕Allen M S， Greenlees I， Jones M V. Personality， counterfactual thinking and negative emotional reactivity〔J〕. Psychology of Sport and Exercise, 2014, 15（2）： 147-154.

〔103〕Alotaibi Y， Liu F. Average waiting time of customers in a new queue system with different classes〔J〕. Business Process Management Journal， 2013, 19（1）： 146-168.

〔104〕Andersen S M， Baum A. Transference in Interpersonal Relations： Inferences and Affect Based on Significant - Other Representations〔J〕. Journal of personality， 1994， 62（4）： 459-497.

〔105〕Andersen S M， Chen S. The relational self： an interpersonal social-cognitive theory〔J〕. Psychological review， 2002， 109（4）： 619-645.

〔106〕Antonides G， Verhoef P C， Van Aalst M. Consumer Perception and Evaluation of Waiting Time： A Field Experiment〔J〕. Journal of Consumer Psychology， 2002, 12（3）： 193-202.

〔107〕Arnold M J， Reynolds K E， Ponder N， et al. Customer delight in a retail context： investigating delightful and terrible shopping experiences〔J〕. Journal of Business Research， 2005， 58（8）： 1132-1145.

〔108〕Aschbrenner K， Bartels S， Mueser K， et al. Consumer perspectives on involving family and significant others in a healthy lifestyle intervention〔J〕. Health Soc Work， 2012, 37（4）： 207-215.

〔109〕Baer R A, Sauer S E. Relationships Between Depressive Rumination, Anger Rumination and Borderline Personality Features〔J〕. PersonalityDisorders: Theory, Research and Treatment, 2011, 2（2）: 142-150.

〔110〕Bagozzi R P, Gopinath M, Nyer P U. The role of emotions in marketing〔J〕. Journal of the Academy of Marketing Science, 1999, 27（2）: 184-206.

〔111〕Balabanis G, Mitchell V W, Bruce I, et al. A Conceptual Stress-Coping Model of Factors Influencing Marketplace Engagement of Visually Impaired Consumers〔J〕. Journal of Consumer Affairs, 2012, 46（3）: 485-505.

〔112〕Barinkov A K, Mesaroova M. Anger, coping and quality of life in female cancer patients〔J〕. Social Behavior and Personality, 2013, 41（1）: 135-142.

〔113〕Barrick M R, Mount M K. The big five personality dimensions and job performance: a meta - analysis〔J〕. Personnel psychology, 1991, 44（1）: 1-26.

〔114〕Baxter R. Reflective and formative metrics of relationship value: A commentary essay〔J〕. Journal of Business Research, 2009, 62（12）: 1370-1377.

〔115〕Benlian A, Titah R, Hess T. Differential effects of provider recommendations and consumer reviews in E-commerce transactions: an experimental study〔J〕. Journal of Management Information Systems, 2012, 29（1）: 237-272.

〔116〕Bennett R. Regret and Satisfaction as Determinants of Lapsed Donor Recommencement Decisions〔J〕. Journal of Nonprofit and Public Sector Marketing, 2009, 21: 347-366.

〔117〕Berry L L, Seiders K, Grewal D. Understanding service convenience

〔J〕. Journal of marketing, 2002, 66（3）: 1–17.

〔118〕Bielen F, Demoulin N. Waiting time influence on the satisfaction-loyalty relationship in services〔J〕. Managing Service Quality, 2007, 17（2）: 174–193.

〔119〕Bingen J, Sage J, Sirieix L. Consumer coping strategies: a study of consumers committed to eating local〔J〕. International Journal of Consumer Studies, 2011, 35（4）: 410–419.

〔120〕Bonifield C, Cole C A. Better him than me: social comparison theory and service recovery〔J〕. Journal of the Academy of Marketing Science, 2008, 36（4）: 565–577.

〔121〕Bonifield C, Cole C. Affective responses to service failure: Anger, regret, and retaliatory versus conciliatory responses〔J〕. Marketing Letter, 2007, 18: 85–99.

〔122〕Bougie R, Pieters R, Zeelenberg M. Angry Customers Don't Come Back, They Get Back: The Experience and Behavioral Implications of Anger and Dissatisfaction in Services〔J〕. Academy of Marketing Science, 2003, 31（4）: 377–393.

〔123〕Brehaut J C, O'Connor A M, Wood T J, et al. Validation of a decision regret scale〔J〕. Medical Decision Making, 2003, 23（4）: 281–292.

〔124〕Bui M, Krishen A S, Bates K. Modeling regret effects on consumer post-purchase decisions〔J〕. European Journal of Marketing, 2011, 45（7/8）: 1068–1090.

〔125〕Burnham T A, Frels J K, Mahajan V. Consumer switching costs: a typology, antecedents and consequences〔J〕. Academy of Marketing Science, 2003（Spring）: 109–126.

〔126〕Burns P, Riggs K J, Beck S R. Executive control and the experience of regret [J]. Journal of Experimental Child Psychology, 2012, 111: 501–515.

[127] Butcher K, Kayani A. Waiting for service: modelling the effectiveness of service interventions [J]. Service Business, 2008, 2 (2): 153–165.

[128] Cai Y, Cude B. Reference prices and consumers' feeling of regret [J]. International Journal of Consumer Studies, 2011, 35: 441–447.

[129] Caldwell D F, Burger J M. Learning about unchosen alternatives: When does curiosity overcome regret avoidance? [J]. Cognition and Emotion, 2009, 23 (8): 1630–1639.

[130] Cater T E, May L N, Byrd D A. Dealing with Hurt: An Assessment of Dispositional Style and Ethnicity in Coping Strategies [J]. Current Psychology, 2012, 31 (2): 182–194.

[131] Chang C. Choice, Perceived Control, And Customer Satisfaction: The Psychology of Online Service Recovery [J]. Cyberpsychology and Behavior, 2008, 11 (3): 321–328.

[132] Chang D S, Wang T H. Consumer preferences for service recovery options after delivery delay when shopping online [J]. Social Behavior & Personality: An International Journal, 2012, 40 (6): 1033–1043.

[133] Charinsarn A, Wattanasuwan K. When Would Extroversion in Me Come Out? Personality Paradox in Different Contexts [J]. Advances in Consumer Research, 2010, 39: 805–806.

[134] Chebat J, Filiatrault P. The Impact of Waiting in Line on Consumers [J]. International Journal of Bank Marketing, 1993, 11 (2): 35–40.

[135] Chebat J, Slusarczyk W. How Emotions Mediate The Effects of Perceived Justice on Loyalty in Service Recovery Situations: An Empirical Study [J]. Journal of Business Research, 2005, 58 (5): 664–673.

[136] Chen J, Hui E, Wang Z. Perceived Risk, Anticipated Regret and

Post-purchase Experience in the Real Estate Market: The Case of China [J] . Housing Studies, 2011, 26 (3) : 385-402.

[137] Chen R, Jia J. Regret and Performance Uncertainty in Consumer Repeat Choice [J] . Marketing Letters, 2012 (23) : 353-365.

[138] Chen S, Chang T. A descriptive model of online shopping process: some empirical results [J] . International Journal of Service Industry Management, 2003, 14 (5) : 556-569.

[139] Cho Y C. Analyzing online customer dissatisfaction toward perishable goods [J] . Journal of Business Research, 2011, 64 (11) : 1245-1250.

[140] Ciesla J A, Dickson K S, Andrson N L, et al. Negative Repetitive Thought and College Drinking: Angry Rumination, Depressive Rumination, Co-Rumination, and Worry [J] . Cognitive Therapy and Research, 2011, 35: 142-150.

[141] Clarke P D, Mortimer G. Self-gifting guilt: an examination of self-gifting motivations and post-purchase regret [J] . Journal of Consumer Marketing, 2013, 30 (6) : 472-483.

[142] Coltman T, Devinney T M, Midgley D F, et al. Formative versus reflective measurement models: two applications of formative measurement [J] . Journal of business research, 2008, 61 (12) : 1250-1262.

[143] Connolly T, Butler D. Regret In Economic and Psychological Theories of Choice [J] . Journal of Behavioral Decision Making, 2006, 19: 139-154.

[144] Connolly T, Ordonez L D, Coughlan R. Regret and Responsibility in the Evaluation of Decision Outcomes [J] . Organizational Behavior and Human Decision Processes, 1997, 70 (1) : 73-85.

[145] Contractor S H, Kumar P. The Effects of Personal Agency on Regret [J] . Journal of Behavioral Decision Making, 2013, 26 (3) : 304-315.

〔146〕Conway M, Csank P A R, Holm S L, et al. On assessing individual differences in rumination on sadness〔J〕. Journal of personality assessment, 2000, 75（3）: 404-425.

〔147〕Cooke A D J, Meyvis T, Schwar A. Avoiding Future Regret in Purchase-Timing Decisions〔J〕. Journal of Consumer Research, 2001, 27（4）: 447-459.

〔148〕Corcoran K, Crusius J, Mussweiler T. Social comparison: Motives, standards and mechanisms〔J〕. Theories in social psychology, 2011: 119-139.

〔149〕Corcoran K, Mussweiler T. The efficiency of social comparisons with routine standards〔J〕. Social Cognition, 2009, 27（6）: 939-948.

〔150〕Costa Jr P T, Busch C M, Zonderman A B, et al. Correlations of MMPI factor scales with measures of the five factor model of personality〔J〕. Journal of Personality Assessment, 1986, 50（4）: 640-650.

〔151〕Cote J A, Foxman E R, Cutler B D. Selecting an Appropriate Standard of Comparison for Post - Purchase Evaluations〔J〕. Advances in Consumer Research, 1989, 16: 502-506.

〔152〕Creyer E H. The development and use of a regret experience measure the effectes of outcome feedback on regret and subsequent choice〔J〕. Marketing Letters, 1999, 10（4）: 379-392.

〔153〕Debenedetti A, Gomez P. How Unwanted and Recurrent Thoughts Can Perturbate the Purchasing Behavior〔J〕. Advances in Consumer Research, 2010, 37: 785-786.

〔154〕Demoulin N T M, Djelassi S. Customer responses to waits for online banking service delivery〔J〕. International Journal of Retail & Distribution Management, 2013, 41（6）: 442-460.

〔155〕Devaraj S, Easley R F, Crant J M. Research note-how does personality matter? Relating the five-factor model to technology acceptance and use [J]. Information Systems Research, 2008, 19 (1): 93-105.

[156] Diamantopoulos A, Riefler P, Roth K P. Advancing formative measurement models [J]. Journal of Business Research, 2008, 61 (12): 1203-1218.

[157] Díaz A B C, Ruíz F J M. The Consumer's Reaction to Delays in Service [J]. International Journal of Service Industry Management, 2002, 13: 118-140.

[158] Diecidue E, Rudi N, Tang W. Dynamic purchase decisions under regret Price and availability [J]. Descision Analysis, 2012, 9 (1): 22-30.

[159] Duhachek A, Iacobucci D. Consumer personality and coping: Testing rival theories of process [J]. Journal of Consumer Psychology, 2005, 15 (1): 52-63.

[160] Duhachek A. Coping: A multidimensional, hierarchical framework of responses to stressful consumption episodes [J]. Journal of Consumer Research, 2005, 32 (1): 41-53.

[161] Dutta S, Biswas A, Grewal D. Regret from Postpurchase Discovery of Lower Market Prices: Do Price Refunds Help? [J]. Journal of Marketing, 2011, 75: 124-138.

[162] Edwards J R, Bagozzi R P. On the nature and direction of relationships between constructs and measures [J]. Psychological methods, 2000, 5 (2): 155-174.

[163] Eisenbarth C. Coping Profiles and Psychological Distress A Cluster Analysis [J]. North American Journal of Psychology, 2012, 14 (3): 485-496.

[164] Elliott I, Coker S. Independent self-construal, self-reection and self-rumination: A path model for predicting happiness [J]. Australian Journal of Psychology, 2008, 60 (3): 127-134.

〔165〕Ellwart T, Konradt U. Formative Versus Reflective Measurement: An Illustration Using Work - Family Balance〔J〕. The Journal of psychology, 2011, 145（5）: 391-417.

〔166〕Epstude K, Roese N J. Functional Aspects of Global Versus Local Processing: Relations Among the Structure and Content of Goals Counterfactuals and Regrets〔J〕. Psychological Inquiry, 2010, 21: 209-212.

〔167〕Feltham T. Significant Others: The Role of Perceived Risk, Perceived Value and Perceived Importance in the Brand Decisions of Young Adults〔J〕. Marketing Management Journal, 2000, 10（2）: 63-75.

〔168〕Forbes L P, Kelley S W, Hoffman K D. Typologies of e-commerce retail failures and recovery strategies〔J〕. Journal of Services Marketing, 2005, 19（5）: 280-292.

〔169〕Fornell C, Larcker D F. Evaluating structural equation models with unobservable variables and measurement error〔J〕. Journal of Marketing Research, 1981, 18（1）: 39-50.

〔170〕Friedman H H, Friedman L W. Reducing the "wait" in waiting-line systems: Waiting line segmentation〔J〕. Business horizons, 1997, 40（4）: 54-58.

〔171〕Friman M. Affective dimensions of the waiting experience〔J〕. Transportation Research Part F: Traffic Psychology and Behaviour, 2010, 13（3）: 197-205.

〔172〕Fuentes-Blasco M, Saura I, Berenguer-Contr G, et al. Measuring the antecedents of e-loyalty and the effect of switching costs on website〔J〕. The Service Industries Journal, 2010, 30（11）: 1837-1852.

〔173〕Funches V. The consumer anger phenomena: causes and consequences〔J〕. Journal of Services Marketing, 2011, 25（6）: 420-428.

〔174〕Gabbott M, Tsarenko Y, Mok W H. Emotional intelligence as a moderator of coping strategies and service outcomes in circumstances of service failure 〔J〕. Journal of Service Research. 2011, 14（2）: 234-248.

〔175〕Ganesh J, Arnold M J, Reynolds K E. Understanding the Customer Base of Service Providers: An Examination of the Differences between Switchers and Stayers 〔J〕. The Journal of Marketing, 2000, 64（3）: 65-87.

〔176〕Garcia D, Archer T, Moradi S, et al. Waiting in Vain: Managing Time and Customer Satisfaction at Call Centers 〔J〕. Psychology, 2012, 3（2）: 213-216.

〔177〕Gomez P, Debenedetti A. Mental Rumination: How Unwanted and Recurrent Thoughts Can Perturbate the Purchasing Behavior 〔J〕. Advances in Consumer Research, 2010, 31: 785-786.

〔178〕Grewal D, Roggeveen A L, Tsiros M. The Effect of Compensation On Repurchase Intentions in Service Recovery 〔J〕. Journal of Retailing, 2008, 84（4）: 424-434.

〔179〕Groth M, Gilliland S W. Having to Wait for Service: Customer Reactions to Delays in Service Delivery 〔J〕. Applied Psychology An International Review, 2006, 55（1）: 107-129.

〔180〕Gudergan S P, Ringle C M, Wende S, et al. Confirmatory tetrad analysis in PLS path modeling 〔J〕. Journal of Business Research, 2008, 61（12）: 1238-1249.

〔181〕Hair J F, Ringle C M, Sarstedt M. PLS-SEM: Indeed a silver bullet 〔J〕. The Journal of Marketing Theory and Practice, 2011, 19（2）: 139-152.

〔182〕Hair Jr J F, Hult G Tt M, Ringle C, et al. A primer on partial least squares structural equation modeling （PLS-SEM）〔M〕. Califorina: SAGE

Publications, Incorporated, 2013.

〔183〕Harris K E, Grewal D, Mohr L A, et al. Consumer Responses to Service Recovery Strategies: The Moderating Role of Online Versus Offline Environment [J]. Journal of Business Research, 2006, 59: 425–431.

〔184〕Harrison–Walker L J. The role of cause and affect in service failure [J]. Journal of Services Marketing, 2012, 26（2）: 115–123.

〔185〕Harrison–Walker L J E. Complaining: A Content Analysis of an Internet Complaint Forum [J]. Journal of Services Marketing, 2001, 15: 397–412.

〔186〕Hayes A F. Introduction to mediation, moderation and conditional process analysis: A regression–based approach 〔M〕. Guilford: Guilford Press, 2013.

〔187〕Heineke J, Davis M M. The emergence of service operations management as an academic discipline [J]. Journal of Operations Management, 2007, 25（2）: 364–374.

〔188〕Henseler J O R, Fassott G, Dijkstra T K, et al. Analysing quadratic effects of formative constructs by means of variance–based structural equation modelling [J]. European Journal of Information Systems, 2011, 21（1）: 99–112.

〔189〕Henseler J, Ringle C M, Sinkovics R R. The use of partial least squares path modeling in international marketing [J]. Advances in international marketing, 2009, 20: 277–319.

〔190〕Hensley R L, Sulek J. Customer satisfaction with waits in multi–stage services [J]. Managing Service Quality, 2007, 17（2）: 152–173.

〔191〕Herr P M, Kardes F R, Kim J. Effects of Word–of–Mouth and Product–Attribute Information on Persuasion: An Accessiblity – Diagnosticity Perspective [J]. Journal of Consumer Research, 1991, 17（4）: 454 – 462.

〔192〕Hirigoyen G E R, Labaki R. The role of regret in the owner-manager decision-making in the family business: A conceptual approach〔J〕. Journal of Family Business Strategy, 2012, 3（2）: 118-126.

〔193〕Holloway B B, Beatty S E. Satisfiers and Dissatisfiers in the Online Environment A Critical Incident Assessment〔J〕. Journal of Service Research, 2008, 10（4）: 347-364.

〔194〕Holloway B B, Wang S, Parish J T. The role of cumulative online purchasing experience in service recovery management〔J〕. Journal of Interactive Marketing, 2005, 19（3）: 54-66.

〔195〕Holloway B B, Beatty S E. Service Failure in Online Retailing: A Recovery Opportunity〔J〕. Journal of Service Research, 2003, 6（1）: 92-105.

〔196〕Hong W, Hess T J, Hardin A. When filling the wait makes it feel longer: a paradigm shift perspective for managing online delay〔J〕. MIS Quarterly, 2013, 37（2）: 383-406.

〔197〕Hornik J. Subjective vs. objective time measures: A note on the perception of time in consumer behavior〔J〕. Journal of Consumer Research, 1984, 11（6）: 615-618.

〔198〕Hsieh C, Kuo P, Yang S, et al. Assessing blog-user satisfaction using the expectation and disconfirmation approach〔J〕. Computers in Human Behavior, 2010, 26（6）: 1434-1444.

〔199〕Huang K H, Yang W I. The effects of electronic word-of-mouth messages, psychological endowment and anticipated regret on online bidding behavior〔J〕. Expert Systems with Applications, 2011, 38: 4215-4221.

〔200〕Hui M K, Thakor M V, Gill R. The Effect of Delay Type and Service Stage on Consumers' Reactions to Waiting〔J〕. Journal of Consumer Research, 1998, 24（4）: 469-480.

〔201〕Hung S, Cheng M, Chen P. Reexamining the Factors for Trust in Cultivating Online Customer Repurchase Intentions: The Moderating Effect of Perceived Waiting〔J〕. International Journal of Human-Computer Interaction, 2012, 28（10）: 666-677.

〔202〕Hwang J, Lambert C U. The interaction of major resources and their influence on waiting times in a multi-stage restaurant〔J〕. International Journal of Hospitality Management, 2008, 27（4）: 541-551.

〔203〕Hwang J, Yoon S, Bendle L J. Desired privacy and the impact of crowding on customer emotions and approach-avoidance responses: Waiting in a virtual reality restaurant〔J〕. International Journal of Contemporary Hospitality Management, 2012, 24（2）: 224-250.

〔204〕Inbar Y, Botti S, Hanko K. Decision speed and choice regret: When haste feels like waste〔J〕. Journal of Experimental Social Psychology, 2011, 47: 533-540.

〔205〕Inman J J, Dyer J S, Jia J. A Generalized Utility Model of Disappointment and Regret Effects on Post-Choice Valuation〔J〕. Marketing Science, 1997, 16（2）: 97-111.

〔206〕Inman J J, Zeelenberg M. Regret in repeat purchase versus switching decisions: the attenuating role of decision justifiability〔J〕. Journal of Consumer Research, 2002, 29（1）: 116-128.

〔207〕Inman J J. Regret Regulation: Disentangling Self-Reproach From Learning〔J〕. Journal of Consumer Psychology, 2007, 17（1）: 19-24.

〔208〕Inman J J, Zeelenberg M. Regret in Repeat Purchase Versus Switching Decisions: The Attenuating Role of Decision Justi ability〔J〕. Journal of Consumer Research, 2002, 29（6）: 116-128.

〔209〕James Y S, Handelman J M, Taylor S F. Magical thinking and consumer coping [J] . Journal of Consumer Research, 2011, 38 (4) : 632-649.

[210] Jani D, Han H. Personality, social comparison, consumption emotions, satisfaction and behavioral intentions: How do these and other factors relate in a hotel setting? [J] . International Journal of Contemporary Hospitality Management, 2013, 25 (7) : 970-993.

[211] Jarvis C B, MacKenzie S B, Podsakoff P M. A critical review of construct indicators and measurement model misspecification in marketing and consumer research [J] . Journal of consumer research, 2003, 30 (2) : 199-218.

[212] Jiang L A, Yang Z, Jun M. Measuring consumer perceptions of online shopping convenience [J] . Journal of Service Management, 2013, 24 (2) : 191-214.

[213] Jones M A, Mothersbaugh D L, Beatty S E. Why Customers Stay: Measuring the Underlying Dimensions of Services Switching Costs and Managing their Differential Strategic Outcomes [J] . Journal of Business Research, 2002 (55) : 441-450.

[214] Jones M A, Reynolds K E, Mothersbaugh D L, et al. The Positive and Negative Effects of Switching Costs on Relational Outcomes [J] . Journal of Service Research, 2007, 9 (4) : 335-355.

[215] Jreskog K G. Structural analysis of covariance and correlation matrices [J] . Psychometrika, 1978, 43 (4) : 443-477.

[216] Joseph-Williams N, Edwards A, Elwyn G. The importance and complexity of regret in the measurement of 'good' decisions: a systematic review and a content analysis of existing assessment instruments [J] . Blackwell Publishing Ltd Health Expectation, 2010, 14: 58-83.

[217] Kahneman D, Tversky A. The psychology of preferences [J] .

Scientific American, 1982, 246: 160–173.

〔218〕Kawaf F, Tagg S. Online shopping environments in fashion shopping: An S–O–R based review〔J〕. The Marketing Review, 2012, 12（2）: 161–180.

〔219〕Kayao lu M N. Impact of Extroversion and Introversion on Language–Learning Behaviors〔J〕. Social Behavior and Personality: an international journal, 2013, 41（5）: 819–825.

〔220〕Keaveney S M, Huber F, Herrmann A. A model of buyer regret: Selected prepurchase and postpurchase antecedents with consequences for the brand and the channel〔J〕. Journal of Business Research, 2007, 60: 1207–1215.

〔221〕Keinan A, Kive R. Remedying Hyperopia: The Effects of Self–Control Regret on Consumer Behavior〔J〕. Journal of Marketing Research, 2008, 45（6）: 676–689.

〔222〕Kennett P A, Sneath J Z. The Impact of Explanatory Style on Event–Induced Stress and Buying–Related Manifestations of Coping Behavior〔J〕. Advances in consumer research, 2002, 29（1）: 251–253.

〔223〕Kim H R. Developing an index of online customer satisfaction〔J〕. Journal of financial services marketing, 2005, 10（1）: 49–64.

〔224〕Kim M, Lennon S J. Consumer response to online apparel stockouts〔J〕. Psychology & Marketing, 2011, 28（2）: 115–144.

〔225〕Kirke ben G, Teigen K H. Pre–outcome regret Widespread and overlooked〔J〕. Journal of Behavioral Decision Making, 2011, 24: 267–292.

〔226〕Klarner P, Sarstedt M, Hoeck M, et al. Disentangling the Effects of Team Competences, Team Adaptability and Client Communication on the Performance of Management Consulting Teams〔J〕. Long Range Planning, 2013, 46: 258–286.

〔227〕Kokkinou A, Cranage D A. Using self–service technology to reduce customer waiting times [J]. International Journal of Hospitality Management, 2013, 33: 435-445.

[228] Krishen A S, Bui M, Peter P C. Retail kiosks: how regret and variety influence consumption [J]. International Journal of Retail and Distribution Management, 2010, 38 (3): 173-189.

[229] Kuhnle C, Sinclair M. Decision mode as an antecedent of flow, motivational interference and regret [J]. Learning and Individual Differences, 2011, 21: 239-243.

[230] Kuo Y, Wu C. Satisfaction and post-purchase intentions with service recovery of online shopping websites: Perspectives on perceived justice and emotions [J]. International Journal of Information Management, 2012, 32 (2): 127-138.

[231] Lam S Y, Venkateshs M. Customer Value, Satisfaction, Loyalty and Switching Costs: An Illustration from a Business-to-Business Service Context [J]. Journal of Academy of Marketing Science, 2004, 32 (3): 293-311.

[232] Lazarus R S, Folkman S. Stress, appraisal and coping [M]. Berlin: Springer Publishing Company, 1984.

[233] Lee S H, Cotte J. Post-Purchase Consumer Regret: Conceptualization and Development of the PPCR Scale [J]. Advances in Consumer Research, 2009, 26: 456-462.

[234] Lee W, Lambert C U. The Effect of Waiting Time and Affective Reactions on Customers' Evaluation of Service Quality in a Cafeteria [J]. Journal of Foodservice Business Research, 2005, 8 (2): 19-37.

[235] Lee Y, Chen A N K, Ilie V. Can Online Wait be Managed the Effect of Filler Interfaces and Presentation Modes on Perceived Waiting Time Online [J]. MIS Quarterly, 2012, 36 (2): 365-394.

〔236〕Lew Y K, Sinkovics R R. Crossing borders and industry sectors: behavioral governance in strategic alliances and product innovation for competitive advantage〔J〕. Long Range Planning, 2013, 46（1）: 13-38.

〔237〕Lewin J E, Sager J K. Salesperson burnout: A test of the coping-mediational model of social support〔J〕. Journal of personal selling and sales management, 2008, 28（3）: 233-246.

〔238〕Liao C, Liu C, Liu Y. Applying the Expectancy Disconrmation and Regret Theories to Online Consumer Behavior〔J〕. Cyberpsychology, Behavior and Social Networking 2011, 14（4）: 241-246.

〔239〕Liao T, Keng C. Online shopping delivery delay: Finding a psychological recovery strategy by online consumer experiences〔J〕. Computers in Human Behavior, 2013, 29（4）: 1849-1861.

〔240〕Lin C, Huang W. The influence of unawareness set and order effects in consumer regret〔J〕. Journal of Business and Psychology, 2006, 21（2）: 293-311.

〔241〕Linnarsson J R, Bubini J, Perseius K. Review: a meta-synthesis of qualitative research into needs and experiences of significant others to critically ill or injured patients〔J〕. Journal of Clinical Nursing, 2010, 19（21-22）: 3102-3111.

〔242〕Lu I R R, Kwan E, Thomas D R, et al. Two new methods for estimating structural equation models: An illustration and a comparison with two established methods〔J〕. International Journal of Research in Marketing, 2011, 28（3）: 258-268.

〔243〕Luo P, Bao Z. Affectivity, emotional exhaustion and service sabotage behavior: The mediation role of rumination〔J〕. Social Behavior and Personality, 2013, 41（4）: 651-661.

〔244〕Magill M, Mastroleo N R, Apodaca T R, et al. Motivational interviewing with significant other participation: Assessing therapeutic alliance and patient satisfaction and engagement〔J〕. Journal of Substance Abuse Treatment, 2010, 39（4）: 391-398.

〔245〕Malkin M L, Zeigler-Hill V, Barry C T, et al. The view from the looking glass: how are narcissistic individuals perceived by others?〔J〕. Journal of personality, 2013, 81（1）: 1-15.

〔246〕Mano H, Oliver R L. Assessing the dimensionality and structure of the consumption experience: evaluation, feeling and satisfaction〔J〕. Journal of Consumer research, 1993, 20（3）: 451-66.

〔247〕Marcatto F, Ferrante D. The regret and Disappointment Scale: An instrument for assessing regret and disappointment in decision making〔J〕. Judgment and Decision Making, 2008, 3（1）: 87-99.

〔248〕Mart I N S S, Camarero C, Jos E R S. Does involvement matter in online shopping satisfaction and trust?〔J〕. Psychology & Marketing, 2011, 28（2）: 145-167.

〔249〕Martin L L, Tesser A. Some ruminative thoughts〔J〕. Advances in social cognition, 1996, 9: 1-47.

〔250〕Martín S S, Camarero C, José R S. Does involvement matter in online shopping satisfaction and trust?〔J〕. Psychology and Marketing, 2011, 28（2）: 145-167.

〔251〕Maxham J G I., Netemeyer R G. A longitudinal study of complaining customers' evaluations of multiple service failures and recovery efforts〔J〕. Journal of Marketing, 2002, 66（4）: 57-72.

〔252〕Mccann T V, Lu S. Medication adherence and significant others' support of consumers with schizophrenia in Australia〔J〕. Nursing & Health Sciences,

2009，11（3）：228-234.

〔253〕McCann T V, Lubman D I, Clark E. Views of young people with depression about family and significant other support: Interpretative phenomenological analysis study〔J〕. International Journal of Mental Health Nursing, 2012, 21（5）: 453-461.

〔254〕Mccoll-Kennedy J R, Sparks B A. Application of Fairness Theory To Service Failures and Service Recovery〔J〕. Journal of Service Research, 2003, 5（3）: 251-266.

〔255〕McCrae R R, John O P. An introduction to the five - factor model and its applications〔J〕. Journal of personality, 1992, 60（2）: 175-215.

〔256〕McGuire K A, Kimes S E, Lynn M, et al. A framework for evaluating the customer wait experience〔J〕. Journal of Service Management, 2010, 21（3）: 269-290.

〔257〕McKinney V, Yoon K, Zahedi F M. The measurement of web-customer satisfaction: an expectation and disconfirmation approach〔J〕. Information systems research, 2002, 13（3）: 296-315.

〔258〕Meuter M A, Ostrom R I, Roundtree M J, et al. Self-Service Technologies: Understanding Customer Satisfaction with Technology-Based Service Encounters〔J〕. Journal of Marketing, 2000, 64（3）: 50-64.

〔259〕Miller E G, Kahn B E, Luce M F. Consumer wait management strategies for negative service events: a coping approach〔J〕. Journal of Consumer Research, 2008, 34（5）: 635-648.

〔260〕Miranda R, Andersen S M, Edwards T. The relational self and pre-existing depression: Implicit activation of significant-other representations exacerbates dysphoria and evokes rejection in the working self-concept〔J〕. Self and Identity, 2013, 12（1）: 39-57.

〔261〕Morris B A, Shakespeare-Finch J. Rumination, post-traumatic growth and distress: structural equation modelling with cancer survivors〔J〕. Psycho-Oncology, 2011, 20: 1176-1183.

〔262〕Mount M K, Barrick M R, Scullen S M, et al. Higher - order dimensions of the big five personality traits and the big six vocational interest types〔J〕. Personnel Psychology, 2005, 58（2）: 447-478.

〔263〕Na W, Marshall R. Validation of the "Big Five" Personality Traits in Korea: A Comparative Approach〔J〕. Journal of International Consumer Marketing, 1999, 12（1）: 5-19.

〔264〕Nah F F. A study on tolerable waiting time: how long are Web users willing to wait?〔J〕. Behaviour & Information Technology, 2004, 23（3）: 153-163.

〔265〕Naito T, Matsuda T, Ounthitiwat J, et al. Gratitude for, and regret toward, nature: relationships to proenvironmental intent of university students from Japan〔J〕. Social Behavior and Personality, 2010, 38（7）: 993-1008.

〔266〕Nasiry J, Popescu I. Advance Selling When Consumers Regret〔J〕. Management Science, 2012, 58（6）: 1160-1177.

〔267〕Nicolle A, Bach D R, Driver J, et al. A Role for the Striatum in Regret-related Choice Repetition〔J〕. Journal of Cognitive Neuroscience, 2010, 23（4）: 845-856.

〔268〕Nolen-Hoeksema S, Morrow J. A prospective study of depression and posttraumatic stress symptoms after a natural disaster: the 1989 Loma Prieta Earthquake〔J〕. Journal of personality and social psychology, 1991, 61（1）: 115-121.

〔269〕Nolen-Hoeksema S, Stice E, Wade E, et al. Reciprocal relations between rumination and bulimic, substance abuse, and depressive symptoms in female adolescents [J]. Journal of abnormal psychology, 2007, 116（1）: 198–207.

[270] Nolen–Hoeksema S, Wisco B E, Lyubomirsky S. Rethinking Rumination [J]. Association for Psychological Science, 2008, 3（5）: 400–424.

[271] Nolen–Hoeksema S. Sex differences in unipolar depression: evidence and theory [J]. Psychological bulletin, 1987, 101（2）: 259–282.

[272] Nowlis S M, Mandel N, McCabe D B. The effect of a delay between choice and consumption on consumption enjoyment [J]. Journal of Consumer Research, 2004, 31（3）: 502–510.

[273] Nyer P U. A study of the relationships between cognitive appraisals and consumption emotions [J]. Journal of the Academy of Marketing Science, 1997, 25（4）: 296–304.

[274] O'Hara R, Harker D, Raciti M, et al. Risky Alcohol Consumption by Young, Female Australians: The Influence of Significant Others [J]. Social Marketing Quarterly, 2007, 13（4）: 26–46.

[275] Oliver R L, Rust R T, Varki S. Customer delight: foundations findings, and managerial insight [J]. Journal of Retailing, 1997, 73（3）: 311–336.

[276] Oliver R L. A cognitive model of the antecedents and consequences of satisfaction decisions [J]. Journal of marketing research, 1980: 460–469.

[277] Oliver R L. Satisfaction: A Behavioral Perspective on the Consumer [M]. Singapore: McGraw–Hill, 1997.

[278] Patrick V M, Lancellotti M P, Demello G. Coping with NonPurchase: Managing the Stress of Inaction Regret [J]. Journal of Consumer Psychology, 2009, 19: 463–472.

[279] Patrick V M, Lancellotti M, de Mello G E. Coping with it: Regret for

action vs. inaction in the consumer context [J]. Advances in consumer research, 2003, 30: 241-248.

[280] Patrick V M, Lancellotti M, Hagtvedt H. Getting a second chance the role of imagery in the influence of inaction regret on behavioral intent [J]. Journal of the Academy of Marketing Science, 2009, 37: 181-190.

[281] Peevers G, McInnes F, Morton H, et al. The mediating effects of brand music and waiting time updates on customers' satisfaction with a telephone service when put on-hold [J]. International Journal of Bank Marketing, 2009, 27 (3): 202-217.

[282] Peng Y, Hsiung H, Chen K. The Level of Concern about Feng Shui in House Purchasing: The Impacts of Self-efficacy, Superstition and the Big Five Personality Traits [J]. Psychology and Marketing, 2012, 29 (7): 519-530.

[283] Petter S, Straub D, Rai A. Specifying formative constructs in information systems research [J]. Mis Quarterly, 2007: 623-656.

[284] Pieters R, Zeelenberg M. A theory of regret regulation 1.1 [J]. Journal of Consumer Psychology, 2007, 17 (1): 29-35.

[285] Polo Y, Sesé F J. How to Make Switching Costly [J]. Journal of Service Research, 2009, 12 (2): 119-137.

[286] Pratten J D. The importance of waiting staff in restaurant service [J]. British Food Journal, 2003, 105 (11): 826-834.

[287] Prebensen N K, Foss L. Coping and co-creating in tourist experiences [J]. International Journal of Tourism Research, 2011, 13 (1): 54-67.

[288] Rajamma R K, Paswan A K, Hossain M M. Why do shoppers abandon shopping cart? Perceived waiting time, risk and transaction inconvenience [J]. Journal of Product & Brand Management, 2009, 18 (3): 188-197.

〔289〕Rao S, Griffis S E, Goldsby T J. Failure to deliver? Linking online order fulfillment glitches with future purchase behavior〔J〕. Journal of Operations Management, 2011, 29（7-8）: 692-703.

〔290〕Rao S, Griffis S E, Goldsby T J. Failure to deliver? Linking online order fulfillment glitches with future purchase behavior〔J〕. Journal of Operations Management, 2011, 29（7-8）: 692-703.

〔291〕Reb J, Connolly T. The effects of action, normality and decision carefulness on anticipated regret: Evidence for a broad mediating role of decision justifiability〔J〕. Cognition and Emotion, 2010, 24（8）: 1405-1420.

〔292〕Reichheld F F, Schefter P. E-Loyalty: your secret weapon on the web〔J〕. Harvard Business Review, 2000（7）: 105-113.

〔293〕Reynolds K E, Folse J A G, Jones M A. Search regret: Antecedents and consequences〔J〕. Journal of Retailing, 2006, 82（4）: 339-348.

〔294〕Riel A C R V, Semeijn J, Ribbink D, et al. Waiting for service at the checkout: Negative emotional responses, store image and overall satisfaction〔J〕. Journal of Service Management, 2012, 23（2）: 144-169.

〔295〕Rigdon E E, Ringle C M, Sarstedt M. Structural modeling of heterogeneous data with partial least squares〔J〕. Review of marketing research, 2010, 7: 255-296.

〔296〕Rio-Lanza A B, Vazquez-Casielles R, Diaz-Martin A. Satisfaction With Service Recovery: Perceived Justice and Emotional Responses〔J〕. Journal of Business Research, 2009, 62: 775-781.

〔297〕Roberts K, Varki S, Brodie R. Measuring The Quality of Relationships in Consumer Services: an Empirical Study〔J〕. European Journal of Marketing, 2003, 37（1-2）: 169-196.

〔298〕Rose A J. Co - rumination in the friendships of girls and boys〔J〕.

Child development, 2002, 73（6）: 1830–1843.

［299］Rose G M, Meuter M L, Curran J M. On–line waiting: The role of download time and other important predictors on attitude toward e–retailers［J］. Psychology and Marketing, 2005, 22（2）: 127–151.

［300］Rose G M, Straub D W. The Effect of Download Time on Consumer Attitude Toward the e–Service Retailer［J］. e–Service Journal, 2001, 1（1）: 55–76.

［301］Rose G, Khoo H, Straub D W. Current technological impediments to business–to–consumer electronic commerce［J］. Communications of the AIS, 1999, 1（16）: 1–74.

［302］Roslow S, Nicholls J A F, Tsalikis J. Time and quality: twin keys to customer service satisfaction［J］. Journal of Applied Business Research（JABR）, 2011, 8（2）: 80–86.

［303］Ryan G, Valverde M. Waiting for service on the internet: Defining the phenomenon and identifying the situations［J］. Internet Research, 2005, 15（2）: 220–240.

［304］Saffrey C, Summerville A, Roese N J. Praise for regret: people value their regret above other negative emotions［J］. Motivation Emotion, 2008, 32（1）: 46–54.

［305］Saleh M A H. An Investigation of the Relationship between Unplanned Buying and Post–purchase Regret［J］. International Journal of Marketing Studies, 2012, 4（4）: 106–120.

［306］Sánchez–García I, Currás–Pérez R. Effects of dissatisfaction in tourist services: The role of anger and regret［J］. Tourism Management, 2011, 32（6）: 1397–1406.

［307］Sandberg T, Conner M. Anticipated regret as an additional predictor in the theory of planned behaviour: A meta-analysis [J]. British Journal of Social Psychology, 2008, 47: 589-606.

[308] Schoefer K, Ennew C. The Impact of Perceived Justice on Consumers' Emotional Responses to Service Complaint Experiences [J]. Journal of Services Marketing, 2005, 19 (5): 261-270.

[309] Seta C E, Seta J J, McElroy G T, et al. Regret: the roles of consistency-fit and counterfactual salience [J]. Social Cognition, 2008, 26 (6): 700-719.

[310] Sevdalis N, Kokkinaki F. The differential effect of realistic and unrealistic counterfactual thinking on regret [J]. Acta Psychologica, 2006, 122 (2): 111-128.

[311] Shieh C, Ling I. The Effects of Music and Queuing Information on Perception of Download Waiting Time [C]. 2010 Northeast Decision Sciences Institute Proceedings, 2010, 3: 45-50.

[312] Shiozaki M, Hirai K, Koyama A, et al. Negative support of significant others affects psychological adjustment in breast cancer patients [J]. Psychology & health, 2011, 26 (11): 1540-1551.

[313] Siu N Y, Zhang T J, Yau C J. The Roles of Justice and Customer Satisfaction in Customer Retention: A Lesson from Service Recovery [J]. Journal of Business Ethics, 2013, 114 (4): 675-686.

[314] Smith A K, Bolton R N. The Effects of Customers, Emotional Responses to Service Failures on Their Recovery Effort Evaluations and Satisfaction Judgments [J]. Journal of the Academy of Marketing Science, 2002, 30 (1): 5-23.

[315] Smith C A, Ellsworth P C. Patterns of cognitive appraisal in emotion [J]. Journal of Personality and Social Psychology, 1985, 48: 813-838.

[316] Stake J E, Huff L, Zand D. Trait self-esteem, positive and negative

events and event-specific shifts in self-evaluation and affect [J]. Journal of Research in Personality, 1995, 29 (2): 223-241.

[317] Stoia-Caraballo R, Rye M S, Pan W, et al. Negative affect and anger rumination as mediators between forgiveness and sleep quality [J]. Journal of Behavioral Medicine, 2008, 31: 478-488.

[318] Strizhakova Y, Tsarenko Y, Ruth J A. "I'm Mad and I Can't Get That Service Failure Off My Mind" Coping and Rumination as Mediators of Anger Effects on Customer Intentions [J]. Journal of Service Research, 2012, 15 (4): 414-429.

[319] Su S, Chen R, Zhao P. Do the size of consideration set and the source of the better competing option influence post-choice regret [J]. Motivation Emotion, 2009, 33: 219-228.

[320] Sukhodolsky D G, Golub A, Cromwell E N. Development and validation of the anger rumination scale [J]. Personality and Individual Differences, 2001, 31 (5): 689-700.

[321] Sun T, Wu G. Trait predictors of online impulsive buying tendency: A hierarchical approach [J]. The Journal of Marketing Theory and Practice, 2011, 19 (3): 337-346.

[322] Sweeney J C, Soutar G N. Consumer perceived value: the development of a multiple item scale [J]. Journal of retailing, 2001, 77 (2): 203-220.

[323] Taylor K A. A regret theory approach to assessing consumer satisfaction [J]. Marketing Letters, 1997, 8 (2): 229-238.

[324] Taylor S. Waiting for Service: The Relationship between Delays and Evaluations of Service [J]. The Journal of Marketing, 1994, 58 (2): 56-69.

[325] Tiggemann M, Polivy J. Upward and downward: Social comparison processing of thin idealized media images [J]. Psychology of Women Quarterly,

2010, 34（3）: 356-364.

〔326〕Tom G, Lucey S. A Field Study Investigating the Effect of Waiting Time on Customer Satisfaction〔J〕. The Journal of Psychology, 1997, 131（6）: 655-660.

〔327〕Treynor W, Gonzalez R, Nolen-Hoeksema S. Rumination reconsidered: A psychometric analysis〔J〕. Cognitive Therapy and Research, 2003, 27（3）: 247-259.

〔328〕Tsarenko Y, Strizhakova Y. Coping with service failures: The role of emotional intelligence, self-efficacy and intention to complain〔J〕. European Journal of Marketing, 2013, 47（1/2）: 71-92.

〔329〕Tsiros M. Releasing the Regret Lock: Consumer Response to New Alternatives after a Sale〔J〕. Journal of Consumer Research, 2009, 35: 1039-1059.

〔330〕Tsiros M, Mittal V. Regret: A Model of Its Antecedents And Consequences in Consumer Decision Making〔J〕. Journal of Consumer Research, 2000, 26（3）: 401-417.

〔331〕Van de Ven N, Zeelenberg M. Regret aversion and the reluctance to exchange lottery tickets〔J〕. Journal of Economic Psychology, 2011, 32: 194-200.

〔332〕Van Dijk E, Zeelenberg M. On the psychology of 'if only': Regret and the comparison between factual and counterfactual outcomes〔J〕. Organizational Behavior and Human Decision Processes, 2005, 97: 152-160.

〔333〕Van Harreveld F, van der Pligt J, Nordgren L. The relativity of bad decisions: Social comparison as a means to alleviate regret〔J〕. British Journal of Social Psychology, 2008, 47: 105-117.

〔334〕Verstraeten K, Bijttebier P, Vasey M W, et al. Speci city of worry and rumination in the development of anxiety and depressive symptoms in children [J]. British Journal of Clinical Psychology, 2011, 50: 364-378.

〔335〕Viniky G, Mazursky D. The effects of cognitive thinking style and ambient scent on online consumer approach behavior experience approach behavior and search motivation [J]. Psychology & Marketing, 2011, 28 (5): 496-519.

〔336〕Viswanathan M, Rosa J A, Harris J E. Decision making and coping of functionally illiterate consumers and some implications for marketing management [J]. Journal of Marketing, 2005, 69: 15-31.

〔337〕Voorhees C M, Baker J, Bourdeau B L, et al. It Depends: Moderating the Relationships Among Perceived Waiting Time, Anger and Regret [J]. Journal of Service Research, 2009, 12 (2): 138-155.

〔338〕Watkins E R. Constructive and unconstructive repetitive thought [J]. Psychological bulletin, 2008, 134 (2): 163-206.

〔339〕Wenzlaff R M, Luxton D D. The role of thought suppression in depressive rumination [J]. Cognitive Therapy and Research, 2003, 27 (3): 293-308.

〔340〕Whiting A, Donthu N. Closing the gap between perceived and actual waiting times in a call center: results from a field study [J]. Journal of Services Marketing, 2009, 23 (5): 279-288.

〔341〕Wilson A E, Darke P R. The Optimistic Trust Effect: Use of Belief in a Just World to Cope with Decision-Generated Threat [J]. Journal of Consumer Research, 2012, 39 (3): 615-628.

〔342〕Wu L, Cai Y, Liu D. Online shopping among Chinese consumers: an exploratory investigation of demographics and value orientation [J]. International Journal of Consumer Studies, 2011, 35 (4): 458-469.

〔343〕Xiao Z, Wang D, Liu Y. Economic environment and personality:

how do they influence investment decision and regret? [J] . Social Behavior and Personality, 2009, 37 (10) : 1297–1304.

〔344〕Yi S, Baumgartner H. Coping With Negative Emotions in Purchase-Related Situations [J] . Journal of Consumer Psychology, 2004, 14 (3) : 303–317.

〔345〕Yüksel A, Yüksel F. Comparative performance analysis: tourists' perceptions of Turkey relative to other tourist destinations [J] . Journal of Vacation Marketing, 2001, 7 (4) : 333–355.

〔346〕Zeelenberg M, Pieters R. A theory of regret regulation 1.0 [J] . Journal of Consumer Psychology, 2007, 17 (1) : 3–18.

〔347〕Zeelenberg M, Pieters R. Beyond valence in customer dissatisfaction: A review and new findings on behavioral responses to regret and disappointment in failed services [J] . Journal of Business Research, 2004, 57: 445–455.

〔348〕Zeelenberg M, Pieters R. Comparing service delivery to what might have been behavioral responses to regret and disappointment [J] . Journal of Service Research, 1999, 2 (1) : 86–97.

〔349〕Zeelenberg M, Van Dijk W W, Manstead A S R, et al. On bad decisions and disconfirmed expectancies: The psychology of regret and disappointment [J] . Cognition and Emotion, 2000, 14: 521–541.

〔350〕Zeelenberg M, Pieters R. Beyond Valence in Customer Dissatisfaction: A Review and New Findings on Behavioral Responses to Regret and Disappointment In Failed Services [J] . Journal of Business Research, 2004, 57: 445–455.

〔351〕Zeithaml V A, Parasuraman A, Malhotra A. Service quality delivery through web sites: a critical review of extant knowledge [J] . Journal of the academy of marketing science, 2002, 30 (4) : 362–375.

〔352〕Zeithaml V A. Consumer perceptions of price, quality and value: a means-end model and synthesis of evidence〔J〕. The Journal of Marketing, 1988: 2-22.

〔353〕Zell D, McGrath C, Vance C M. Examining the Interaction of Extroversion and Network Structure in the Formation of Effective Informal Support Networks〔J〕. Journal of Behavioral and Applied Management, 2014, 15（2）: 59.

〔354〕Zhao X, Lynch J G, Chen Q. Reconsidering Baron and Kenny: Myths and truths about mediation analysis〔J〕. Journal of Consumer Research, 2010, 37（2）: 197-206.

〔355〕Zhu F, Zhang X. Impact of online consumer reviews on sales: The moderating role of product and consumer characteristics〔J〕. Journal of Marketing, 2010, 74（2）: 133-148.